MÜNCHEN

일러두기

1. 외국어 표기는 외래어표기법에 따랐으며, 표기법과 다르게 표기된 외래어는 관용을 따랐다.
2. 외국 인명 및 지명은 최초 1회에 한해 원어를 병기했으며, 그 기준은 편집부의 판단에 따랐다.
3. 여러 곡이나 악장을 모은 악곡명 및 장편소설, 희곡, 시집 등을 포함한 단행본은 『 』로 표기했다.
4. 악곡의 부제, 단악장으로 이루어진 곡, 노래 제목, 그림 및 조각명, 영화 제목은 「 」로 표기했다.
5. 논문, 중단편소설, 시, 잡지, 단행본 속의 소제목, 기타 독립된 짧은 글 제목 역시 「 」로 표기했다.

풍월당 문화 예술 여행 03
MÜNCHEN

뮌헨

예술과 역사가 도처에 드리워진
독일의 아테네

박종호

PUNG WOL DANG

풍월당 문화 예술 여행 시리즈를 펴내며

이제 유럽 여행은 우리에게도 흔한 일이 되었다. 그런데 간혹 유럽까지 가서 여전히 이름난 장소에서 사진을 찍고 명품 숍만 기웃거리는 사람들을 볼 때면 안타깝기 짝이 없다. 유럽은 모두가 알고 있듯이 문화와 예술이 가장 발달한 보고寶庫다. 그런 만큼 유럽 여행의 정수는 문화의 뿌리를 알고 예술을 누려 보는 데 있다고 생각한다. 그것은 행위 자체로 더할 나위 없는 즐거움이기도 하며, 그런 여행은 여행에서 돌아와서의 생활을 보다 풍요롭고 가치 있게 바꾸어 줄 수 있다.

국내에 많은 여행안내서가 나와 있지만, 대부분 일회적 감상 위주거나 반대로 단순 가이드북 수준이다. 간혹 전문 예술 분야 안내서가 있긴 하지만 미술이나 건축 아니면 음식 같은 특정 분야에 한정되어 있는 것이 대부분이다. 하지만 도시에서 미술 작품만 감상하거나 음식만 먹으며 다닐 수는 없다. 우리는 유서 깊은 문화를 담고 있는 장소나 카페 그리고 현지에서의 수준 높은 공연도 원한다.

이 책은 그런 문화와 예술에 관한 본격 여행안내서다. 이것은 문화와 예술을 찾아서 한 시기에 유럽을 편력했고 지금도 그러고 있는 저자가 두 발로 쓴 책이다. 이 책이 여행에 대한 범위와 깊이를 더해 주기를 소망하면서, 세상에 내놓는다.

차례

풍월당 문화 예술 여행 시리즈를 펴내며   5

뮌헨이라는 도시
우리에게 뮌헨이란   19
우리가 전해들은 첫 뮌헨   20
처음 가 본 뮌헨   22

문화와 예술의 도시 뮌헨
박물관과 미술관의 도시   24
음악과 오페라의 도시   26

레지덴츠 부근
막스 요제프 광장   33
바이에른 국립 오페라극장   34
인물 카를로스 클라이버   40
식당 슈파텐하우스   42
식당 춤 프란치스카너   43
레지덴츠 궁전   43
쿠빌리에 극장   46
헤르쿨레스잘   49
바이에른 방송교향악단   49

인물 마리스 얀손스	52
레지덴츠 박물관	54
막시밀리안 슈트라세	56
캄머슈필 극장	57
호텔 피어 야레스차이텐 켐핀스키	58
5대륙 박물관	58
막시밀리아네움	59

오데온 광장 부근

오데온 광장	63
펠트헤른할레	65
역사 맥주홀 폭동	66
인물 프리드리히 폰 게르트너	68
드뤼케버거 가세	70
카페 아르츠밀러	70
카페 카페 탐보시	70
테아티너 교회	71
문학의 집	71
카페 오스카 마리아 브라세리	72
카페 카페 루이트폴트	72
비텔스바허 광장	75
호텔 바이에리셔 호프	76
프로메나드 광장	76

플라츨 부근

플라츨 지역	79

식당	오를란도하우스	80
식당	호프브로이하우스	81
식당	아잉거스	83
식당	피스터뮐레	83
	마술피리	84
식당	슈나이더 브로이하우스	85
식당	파울라너 임 탈	86
	이자르 문	86
	인물 알폰스 슈벡	88

마리엔 광장 부근

마리엔 광장	93
신 시청사	93
구 시청사	96
루드비히 벡	97
달마이어	97
바우어 히버	100
후겐두벨	100
성 페터 교회	101
빅투알리엔 시장	102
쿤스트할레	104
성모 교회	104
프라우엔 광장	105
식당 아우구스티너 클로스터비르트	106
식당 춤 아우구스티너	106

쿤스트아레알

쿤스트아레알	111
쾨니히 광장	114
인물 루드비히 1세	116
프로필레엔	118
글립토테크	119
슈타틀리헤 안티켄잠룽엔	119
알테 피나코테크	120
노이에 피나코테크	122
인물 레오 폰 클렌체	124
피나코테크 데어 모데르네	126
브란트호르스트 미술관	127
카페 발라베니 아이스크림	131
터키 문	131
이집트 미술관	132
렌바흐하우스	132
인물 아우구스트 마케	136
인물 프란츠 렌바흐	138

영국 정원 부근

샤크 미술관	141
바이에른 민족 박물관	143
인물 아돌프 프리드리히 폰 샤크	144
하우스 데어 쿤스트	146
영국 정원	147
인물 토마스 만	152

슈바빙 부근

바이에른 주립도서관	155
뮌헨 대학교	155
게슈비스터 숄 광장, 후버 교수 광장 및 백장미단 기념관	156
지게스 문	158
역사 백장미단	160
소설 아무도 미워하지 않는 자의 죽음	162
영화 소피 숄의 마지막 날들	163
뮌헨 미술 아카데미	165
슈바빙	165
워킹 맨	165
카페 카페 라이트슐레	166
식당 제로제	166
인물 전혜린	168

가슈타이크 부근

가슈타이크	171
뮌헨 시립도서관	174
뮌헨 필하모닉 오케스트라	174
인물 세르주 첼리비다케	176
독일 박물관	178
게르트너플라츠 극장	179

테레지엔비제 부근

명예의 전당	181
바바리아 상	182

옥토버페스트 183

올림피아파크 부근

올림피아파크 187
올림피아투름 187
역사 뮌헨 대학살 / 뮌헨 올림픽 참사 188
BMW 벨트 191
BMW 본사 191

뮌헨 교외 지역

그레펠핑 묘지 195
인물 이미륵 198
소설「압록강은 흐른다」 200
님펜부르크 성 202
알리안츠 아레나 205
다하우 수용소 206
소설「다하우에서 온 편지」 208

뮌헨의 주변 도시

아우크스부르크

아우크스부르크 215
시청 218
카페 뮐레 219
콜로니알 219
카페 콘디토라이 에우링거 220
푸거라이 221

식당	타펠데커 인 데어 푸거라이	223
인물	야코프 푸거	224
	브레히트 하우스	226
	푸스테트 서점	227
인물	베르톨트 브레히트	228
	대성당	230
	모차르트하우스	231
인물	레오폴트 모차르트	232
	막시밀리안 슈트라세와 모리츠 광장	235
	푸거하우스	235
	드라이 모렌 호텔	236
	셰츨러 궁전	237
	성 울리히와 아프라 교회	238
식당	빌라 하크 및 아으구스트	239
역사	아우크스부르크 종교화의	240
	글라스팔라스트	241
	아우크스부르크 시립극장	243

퓌센

	퓌센	244
	슈반가우	245
	노이슈반슈타인 성	245
	호엔슈반가우 성	251
	바이에른 왕가 박물관	253
	린더호프 성	254
인물	루드비히 2세	256

인물 리하르트 바그너 258

무르나우

무르나우 260
뮌터하우스 261
호텔 알펜호프 무르나우 265
인물 가브리엘레 뮌터 266
인물 바실리 칸딘스키 268
프란츠 마르크 미술관 270
인물 프란츠 마르크 272
슈트라우스 빌라 274
리하르트 슈트라우스 연구소 276
에피소드 전쟁 속의 슈트라우스 빌라 277
인물 리하르트 슈트라우스 278

레겐스부르크

레겐스부르크 282
슈타이네르네 다리 286
식당 히스토리쉐 부르스트쿠흘 286
구도심 287
대성당 288
레겐스부르크 대성당 소년합창단 288
아들러 약국 290
카페 담프누델 울리 290
구 시청사 291
레겐스부르크 극장 291
투른 운트 탁시스 성 291

왕의 빌라 및 빌라 공원	293
발할라	293
해방의 전당	296

파사우

파사우	300
페스테 오버하우스	301
구도심	301
성 슈테판 대성당	304
파사우 현대미술관	305
세 강 합류점	305

부록

뮌헨의 호텔	306
뮌헨의 카페 및 식당	314
가는 방법	324
추천 투어 코스	328

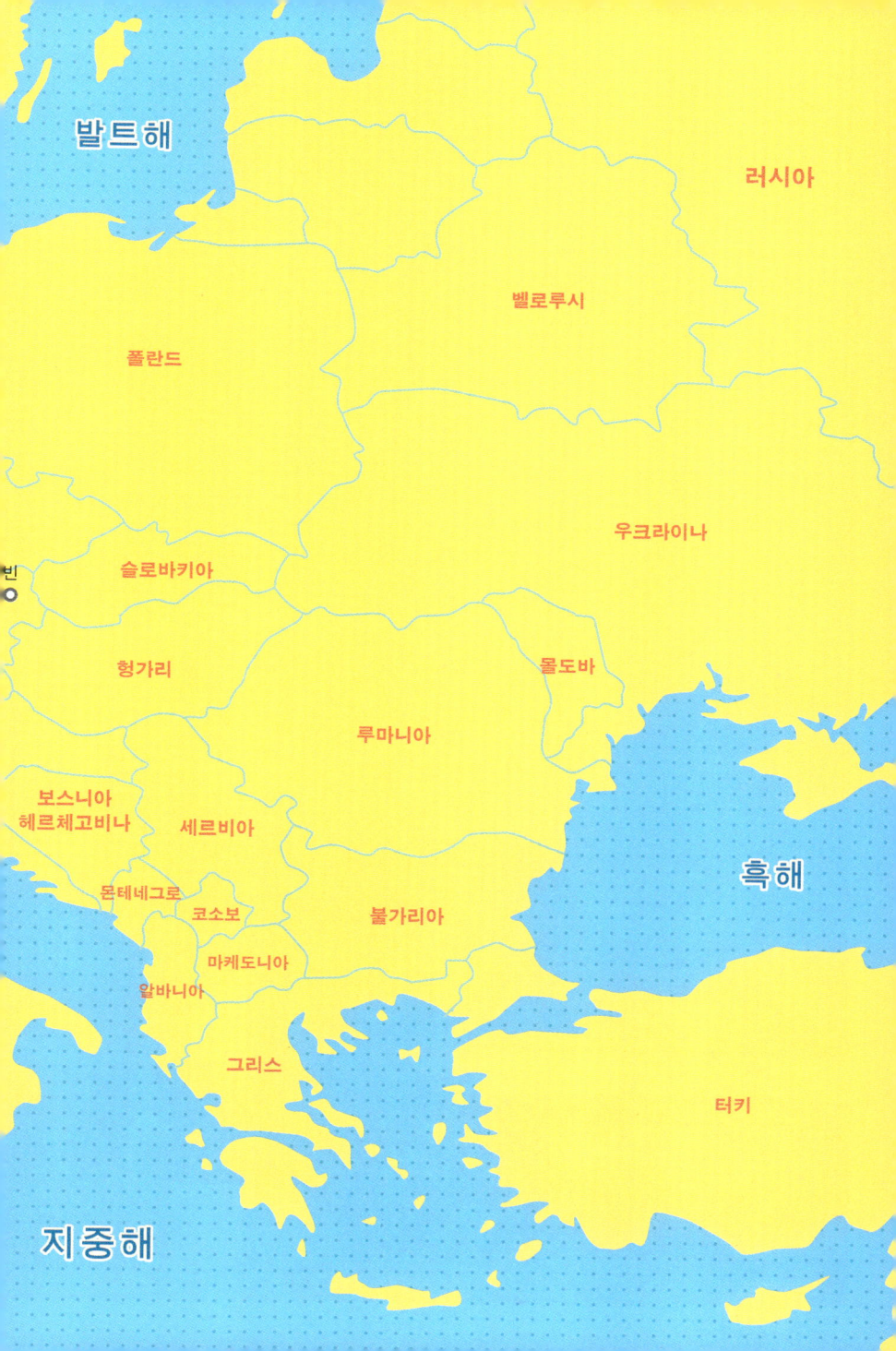

뮌헨이라는 도시

우리에게 뮌헨이란

뮌헨München을 간다고 하면 사람들에게서 나오는 이야기는 거의 같았다. "맥주 많이 마시고, 소시지 먹고 오겠네요." 거기에 보태면 "가서 축구도 보나요?"라는 정도였다. 거기에 좀 더 보태서 나오는 화제가 있다면 자동차다. 뮌헨에는 잘 알려진 자동차 브랜드인 BMW 본사가 있고 인근에 있는 소도시 잉골슈타트에는 아우디 본사가 있다. 그래, 다 좋다. 하지만 맥주와 소시지 먹고, 축구 보고, BMW를 찾으면 뮌헨 여행이 완성될까?

물론 뮌헨의 맥주는 맛있고 소시지도 좋다. 또한 특히 남자들이 자동차에 관심이 많은 것도 잘 안다. 하지만 뮌헨까지 와서 이것들만 보고 간다면 너무 안타까운 일이다. 그러나 많은 사람들은 이게 안타까운 일이라는 것조차 모르고 있다.

축구와 자동차와 맥주에 대해 얘기해 보자. 내가 만난 뮌헨 사람들 중에는 축구에 관심조차 없는 사람들이 수두룩했다. 그들은 주말이면 자연을 보기 위해서 야외에 나가는 게 유일한 취미거나, 시장을 봐와서 가족들과 요리하면서 보내는 게 최고의 낙이라고 했다. 그리고 뮌헨에서는 화석 연료로 움직이는 자동차에 대한 거부감이 만만치 않아서, 적지 않은 젊은이들이 자전거로 출퇴근을 한다. 지금 뮌헨은 도심 가운데까지 자전거 전용도로가 잘 정비되어 있어서 많은 젊은이들에게 자동차는 남의 얘기일 뿐이다. 또한 어떤 보고에 의하면 독일에서 가장 많이 찾는 주류는 (우리가 짐작하는 바와는 달리)맥주가 아니라 와인이다. 지금 그들은 맥주보다도 와인에 관심이 훨씬 더 많다. 그리고 독일에서 가장 많이 소비되는 음료는 맥주가 아니라 커피다.

즉, 뮌헨 사람들은 모두 맥주에 소시지를 먹고, 주말이면 축구 보고, 하나같이 BMW를 모는 사람들이 아니다. 어쩌면 이런 이미지는 뮌헨에 대해서 우리나라 사람들이 만들어낸 선입견, 그러니까 그저 껍데기일지도 모른다. 물론 뮌헨의 상인들이나 우리나라의 여행사들이 이 이미지를 이용하여 장사를 하고 있는 것도 사실이다. 그러나 입장을 바꿔서 생각해 보자. 우리나라 사람들이라고 매일 막걸리에 파전을 먹고 집에 가서 태권도를 하지는 않는다. 진정한 삶은 선입견 바깥에 있다. 이제 진정한 뮌헨의 모습을 찾아볼 때가 되지 않았을까?

우리가 전해들은 첫 뮌헨

뮌헨이 우리에게 알려진 계기는 조금 특별하다. 우리나라 기성세대에게 뮌헨의 이미지가 처음 각인된 데에는 전혜린(168쪽)의 영향을 빼놓을 수 없다. 독일이라는 곳이 까마득히 먼 나라였고 뮌헨이 어디쯤에 있는지도 잘 모르던 시절에, 일찍이 1950년대에 뮌헨에서 유학을 하고 돌아왔던 그녀는 뮌헨을 이야기했다.

 이국에 대한 그리움을 불러일으키는 그녀의 수필은 사람들에게 뮌헨에 대한 동경憧憬을 갖게 하고도 남았다. 당시 여성으로서 서울법대에 진학했다든지, 전공을 법학에서 독문학으로 바꾸어 뮌헨으로 유학을 갔다든지, 루이제 린저나 하인리히 뵐 같은 독일 작가들을 처음 소개했다든지, 30세의 젊은 나이에 교수가 되었다든지 하는 사실들만으로도 사람들은 그녀에 대한 관심을 키워갔다. 그 절정은 결국 31세에 그녀 스스로 생을 마감한 일이었다. 때문에 1960~70년대에 전혜린의 글에 대한 열풍은 상당했다. 나도 중학교 시절에 누나들이 읽고 던져서 집안에 굴러다니던 그녀의 에세이집을 책가방에 넣고 다니면서 『얄개전』이나 읽던 친구들 앞에서 치기를 부렸던 기억이 있다. 이렇게 널리 탐독되던 전혜린의 모든 글과 이미지의 뒤에는 늘 뮌헨이라는 도시의 그림자가 따라다니고 있었다.

그녀의 에세이 속 가장 강력한 이미지는 뮌헨이었다. 마치 다른 행성과 같이 낯선 땅 뮌헨에 홀로 떨어진 그녀의 이야기는 뮌헨에 대한 구체적인 이미지를 우리에게 만들어 주었다. 뮌헨 대학이 있는 슈바빙 Schwabing이라는 동네에 방을 얻은 그녀는 아는 사람 하나 없는 도시에서 매일 학교와 집을 오가면서 공부하는 일상을 그렸다. 특히 창밖으로 내보이는 회색 건물들에 대한 묘사, 전후의 독일 학생들이 보여주는 검소한 일상과 공부에 대한 진지한 자세, 그 속에서 이방인으로 살아가는 그녀의 외로움은 국내 독자들에게 인상적으로 다가왔다. 결국 우리에게 뮌헨은 회색의 쓸쓸한 도시가 되었고, 독일에서 가고 싶은 동네는 슈바빙(아는 동네 이름이라곤 이것밖에 없었지만)이 되고 말았던 것이다. 그리하여 우리에게 뮌헨은 곧 슈바빙이며, 슈바빙에서 낙엽을 날리는 쓸쓸한 바람은 뮌헨을 대표하는 이미지로 치환되었다.

처음 가 본 뮌헨

그리고 수십 년이 지났다. 난생 처음 두 발을 뮌헨에 들여놓았다. 뮌헨은 내가 처음으로 방문한 독일 도시였다. 분명 전혜린의 영향이 있었다. 책으로만 만났던 그녀는 나를 결국 뮌헨으로 이끌고 말았다. 뮌헨 도심의 화려한 궁전과 거대한 사원들을 뒤로 하고 가장 먼저 달려간 곳이 슈바빙이었다.

하지만 슈바빙이 어디인지도 정확히 알 수가 없었다. 슈바빙이라는 동네는 있고 지하철역도 있지만, 그곳은 꽤 넓은 지역의 이름이다. 거기서 어디를 찾아가야 할 지 알 수가 없었다. '서울 신림동'이라는 말만들고 서울을 찾아와서 어디를 가야 할 것인가, 신림동을 알려면 어떡해야 하는가, 신림동에 살았다는 한 외국인의 흔적을 어떻게 찾을 수 있겠는가…. 대체 슈바빙이라는 동네에서 어디를 가야 할지를 몰랐다. 결론적으로 전혜린의 흔적은 찾을 수 없었다. 그녀의 책 속에 나왔던 도시는 이미 사라지고 없었다. 종전 직후 몰락한 뮌헨은 이제 완전히 개발되어 세련된 도시로 바뀌어 있었다. 그녀가 자주 갔다는 식당도 찾았지만, 너무 바뀌어서 상호와 주소만 같을 뿐, 같은 곳이라고는 볼 수 없었다.

하루 종일 슈바빙을 쏘다녔다. 슈바빙 골목을 돌다가 지친 발걸음은 어느덧 부근에 있는 커다란 공원인 영국 정원으로 향했다. 그 정원을 하염없이 걸었다. 내 평생 그렇게 큰 공원은 처음 보았다. 공원 안에 강도 있고 구릉도 있고 중국식 정원도 있고 고대 그리스풍의 정자도 있었다. 발이 아프도록 걸었다. 그곳을 걸으면서 오늘의 뮌헨이 점점 보이기 시작했다.

문화와 예술의 도시 뮌헨

박물관과 미술관의 도시

뮌헨은 많은 박물관을 보유한 도시다. '박물관의 도시'라고 불리기도 할 만큼 뮌헨에는 많은 박물관들이 있다. 박물관이란 많은 돈과 짓고 싶은 의지만 가지고 만들어지는 게 아니다. 그 안에 들어갈 수많은 전시물을 보유하기 위해서는 돈과 의지뿐만 아니라, 오랜 세월 쌓인 전문적인 식견과 남다른 열정과 주변 사회의 지지도 있어야 한다. 뮌헨은 이 모든 것을 갖추었다. 여기서는 상상할 수 있는 거의 모든 분야의 박물관들을 다 찾을 수 있다고 보아도 된다. 게다가 그 박물관들은 거의가 그 분야에서 가장 뛰어난 수준을 자랑한다.

그중에서도 최고는 순수미술을 중심으로 하는 미술관들이다. 세계의 많은 도시들이 거대한 한두 개의 미술관을 내세우며 대표적인 자랑거리로 삼지만, 뮌헨의 경우는 어느 한 군데를 내세우기 힘들 정도로 다양하게 분화된 미술관들이 즐비하다. 그야말로 각 미술관들이 서로 각기 다른 시대와 개성과 장르를 내세우고 있는데, 이런 다양성을 통해 비로소 예술이 얼마나 드넓은 세계인지 체험할 수 있다. 하나하나 방문

바이에른 국립 오페라극장

하면서 배우고 느끼는 즐거움이 참 크다.

　순수 미술관들을 시대별로 정리해 보자. 먼저 근대 이전까지의 미술품을 보유하고 있는 곳이 '알테 피나코테크'다. 근대 이후의 작품들은 '노이에 피나코테크'에 전시되어 있으며, 20세기 초의 뮌헨 청기사파를 중심으로 한 표현주의 작품들을 중심으로 보유하고 있는 '렌바흐하우스'가 있다. 20세기 이후의 작품들과 현대 건축 및 사진 작품들은 '피나코테크 데어 모데르네'에 있으며, 우리 시대 현역 작가들의 전위적인 현대미술품들을 전시하는 곳이 '쿤스트 데어 모데르네'다. 이상 다섯 개의 미술관은 미술사의 시대별 5대 라인업을 형성한다고 할 수 있다. 이 다섯 군데만 들러도 하루로는 부족하다. 자세히 살피려면 며칠을 내야 할

정도다.(자세한 사항은 쿤스트아레알 지역을 다룬 111쪽 참조)

그 외에도 고대 이집트나 그리스로부터 현대까지, 유럽에서부터 먼 아프리카나 라틴 아메리카의 다양한 문화까지, 순수미술에서 디자인이나 그릇, 혹은 자동차 같은 산업미술까지, 그야말로 시대와 대륙과 장르를 가로와 세로로 관통하면서 분화된 미술관들이 즐비한 곳이 뮌헨이다. 국립에서부터 주립, 시립미술관에 이르는 모든 공립미술관이 인기를 얻고 있으며, 이외에도 많은 사립미술관과 개인컬렉션들이 문을 열어놓고 있다. 특히 뮌헨의 미술관들은 늘 방문객을 기다리고 있다는 느낌을 주는데, 입장료가 아주 저렴한 곳도 많고, 안에 있는 식당이나 카페 역시 시중의 고급 식당만큼 훌륭한 곳이 많다.

음악과 오페라의 도시

뮌헨은 음악의 도시이기도 하다. 과거 베를린 필하모닉 오케스트라의 카라얀Herbert von Karajan에 대적할 만한 실력과 카리스마를 겸비한 지휘자로 통했던 세르주 첼리비다케(176쪽)가 여기서 활동했다. 역시 카라얀이 실력을 인정했던 최고의 지휘자였던 카를로스 클라이버(40쪽)가 가장 사랑했고 또 가장 자주 지휘했던 도시도 뮌헨이다. 인구가 150만에 불과한 이 도시는 세계 정상급의 오케스트라만 3개를 보유하고 있다.

현재 뮌헨에서는 뮌헨 필하모닉 오케스트라(174쪽), 바이에른 방송교향악단(49쪽) 그리고 바이에른 국립 오케스트라(바로 바이에른 국립 오페라 극장 오케스트라이다)까지 세 개의 유명 오케스트라가 함께 활동하고 있으니, 그야말로 악단계의 군웅할거다. 뮌헨에서 만났던 한 음악애호가가 뮌헨에서 있었던 일을 내게 자랑한 적이 있었다. 이전 가을에 앞의 3개의 오케스트라가 하필이면 동시에 '말러 교향곡 전곡 연주회'를 펼쳤다는 것이다. 어제는 제임스 레바인James Levine이 지휘하는 뮌헨 필하모닉 오케스트라가 말러의 교향곡 3번을 연주하면, 오늘은 로린 마젤Lorin Maazel의 바이에른 방송교향악단이 교향곡 6번을 연주하고, 내일은 주빈 메타Zubin Mehta가 바이에른 국립 오케스트라와 교향곡 7번을 연주하는 식이다. 각기 뮌헨의 세 오케스트라의 지휘자였던 세 거장이 서로 경쟁하면서 한 시즌에 30여 회의 말러 교향곡 연주회를 열었던 것이다. 그 시즌은 음악가뿐만 아니라 애호가들이 더욱 바빴던, 즐거움과 감흥으로 정신이 없었던 시절이라고 했다. 이런 일이 가능한 도시가 세계에 몇 군데나 될까? 아마 두어 곳을 넘기도 어려울 것이다.

   그런 위용은 지금도 여전히 계속된다. 현재 뮌헨 오케스트라의 지휘자들은 발레리 게르기에프Valery Gergiev(뮌헨 필하모닉 오케스트라), 마리스 얀손스(52쪽)(바이에른 방송 교향악단), 키릴 페트렌코Kirill Petrenko(바이에른 국립 오페라극장) 등이다. 그들의 중량감과 실력은 이전에 비해 전혀 떨어지지 않는다. 지금 이들이 이끄는 세 오케스트라는 유럽 전체에서도 발군의 능력을 보여준다. 게다가 뮌헨에는 이 세 단체 외에도 많은 오케스트라와 실내악단 등 다양한 연주단체들이 있다. 그야말로 음악의 도시다.

   또한 뮌헨은 오페라의 도시이기도 하다. 현재 세계에서 가장 훌륭한 오페라 공연을 올리는 곳은 어느 도시일까? 밀라노? 베를린? 뉴욕? 아니면 바이로이트? 다 틀렸다. 모든 점에서 가장 완벽하고 수준 높은 공연을 올리는 곳은 뮌헨이다. 뮌헨의 대표적인 극장인 바이에른 국립 오페라극장(34쪽)은 베를린 필하모닉 오케스트라의 차기 지휘자로 내정

된 최고의 지휘자 키릴 페트렌코가 이끌며, 최고의 악단인 바이에른 국립 오케스트라가 상주한다. 세계 최고의 오페라 스타들이 출연하는 이 극장은 가장 수준 높고 가장 전위적인 오페라 연출을 선보이는 곳이기도 하다. 가수들의 경우를 보더라도 현재 세계 오페라계를 리드하는 발트라우트 마이어, 에디타 그루베로바, 브리기테 파스벤더, 디아나 담라우, 베셀리나 카사로바, 아냐 하르테로스, 요나스 카우프만, 파볼 블레슬리크, 피오트르 베차 등이 그들의 홈그라운드로 여기는 극장이 바이에른 국립 오페라극장이다. 또한 바이에른 국립 오페라극장 이외에도 쿠빌리에 극장(46쪽), 게르트너플라츠 극장(179쪽) 등 여러 오페라 무대가 한꺼번에 가동이 가능하여, 최고의 수준을 갖춘 극장과 연주장을 도시 곳곳에서 만날 수 있다.

이렇듯 뮌헨은 오케스트라의 수준, 가수들의 명성과 능력, 연출의 완성도 등 오페라가 갖추어야 모든 부분에서 최고의 수준을 유지함으로써 종합예술인 오페라의 정수를 보여주는 곳이다. 더불어 최고의 제작 시스템과 막강한 재정 그리고 수준 높은 레퍼토리의 라인업 역시 뮌헨의 자랑이다.

마지막으로, 뮌헨 오페라의 가장 훌륭한 장점은 관객이다. 뮌헨은 세계 어디와도 비교할 수 없는 높은 수준의 청중으로 유명하다. 객석의 수준이 무대의 수준을 이끄는 법이다. 아무리 극장의 의욕이나 실력이 넘쳐도 객석의 수준이 낮다면 극장은 그에 맞출 수밖에 없다. 뮌헨의 청중은 개개인이 오랫동안 시민적 교양과 지성으로 무장되어 있다. 그래서 뮌헨에서는 이 모든 것이 가능할 수 있었다.

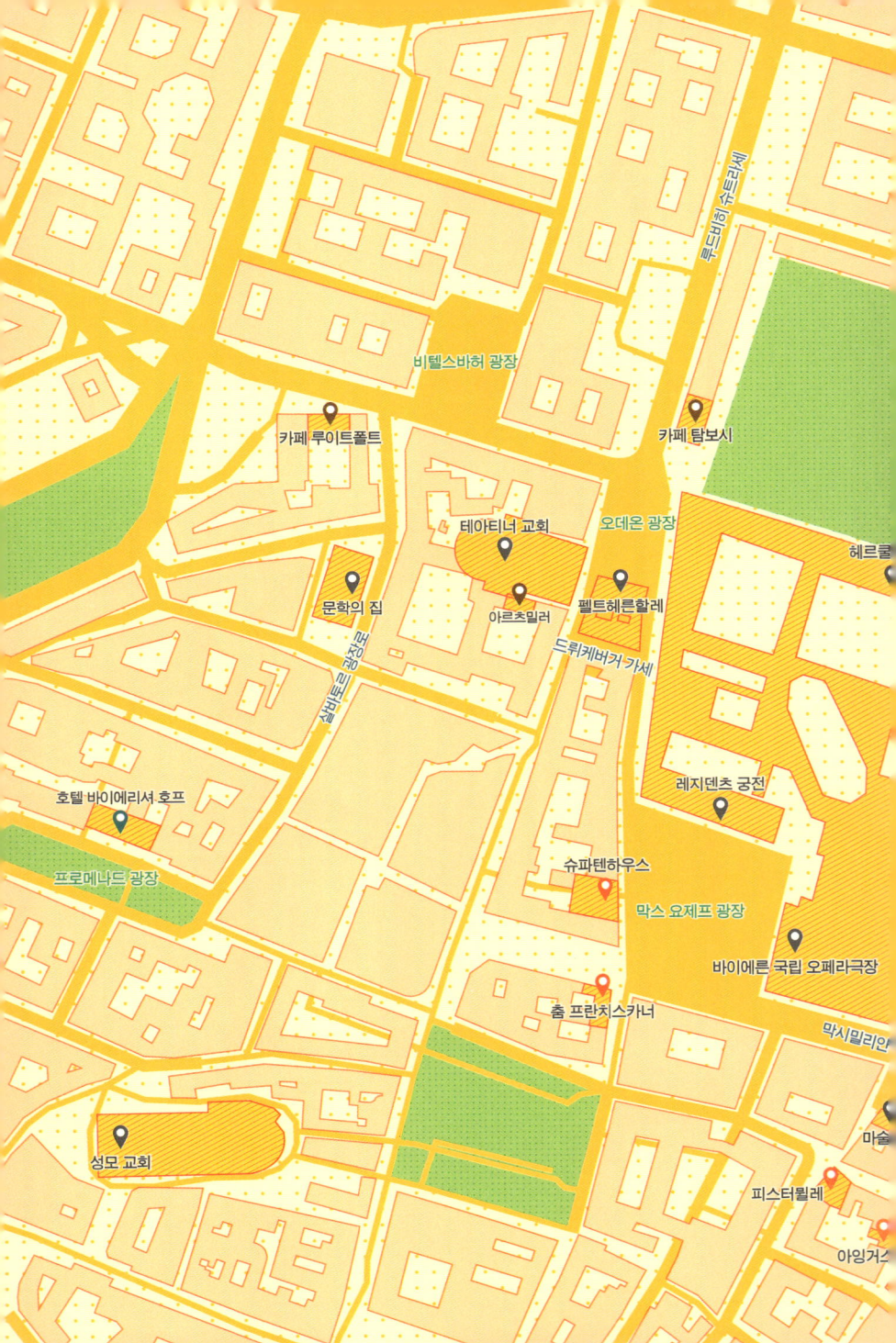

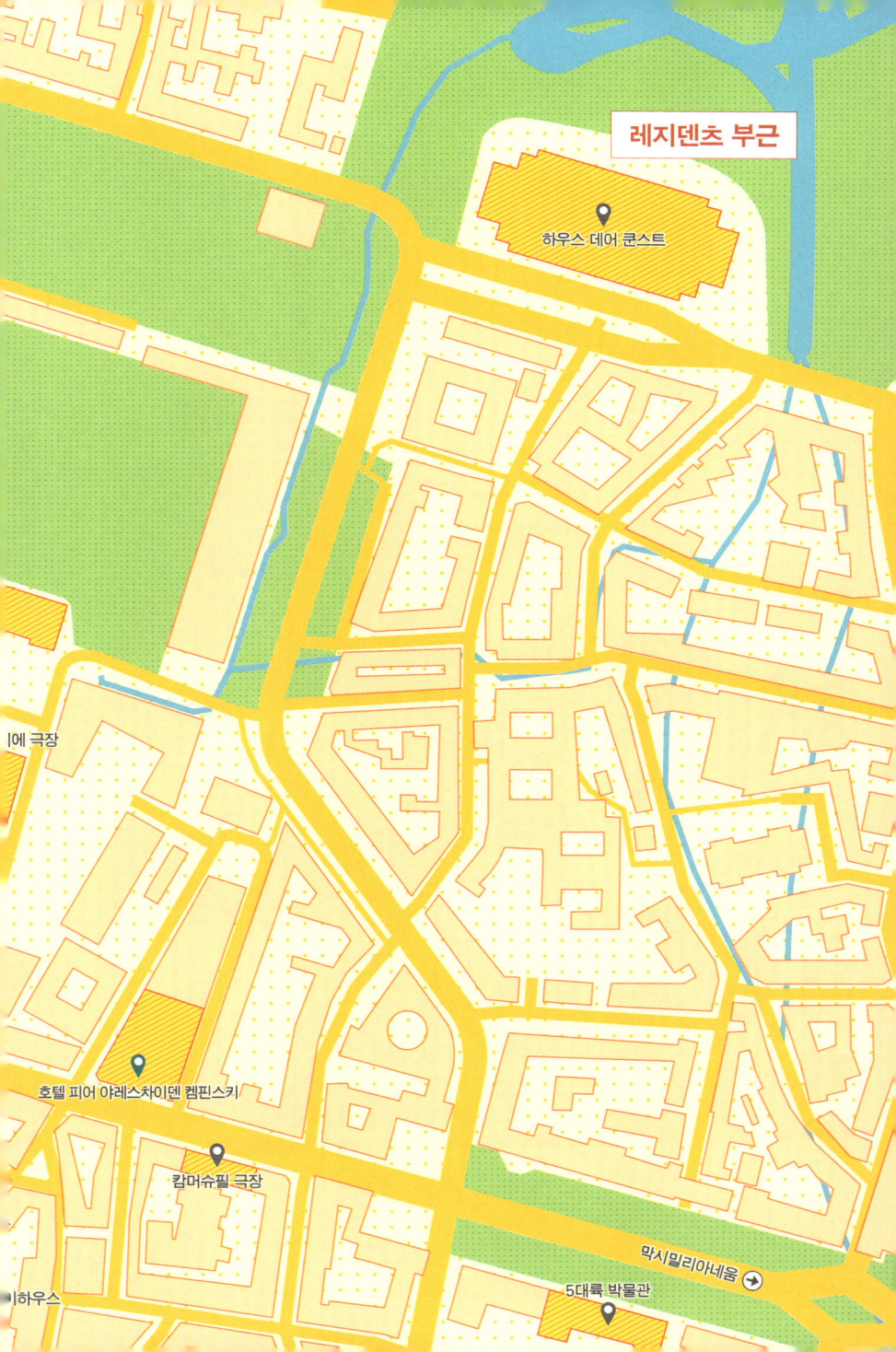

레지덴츠 부근

막스 요제프 광장 Max Joseph Platz

뮌헨을 소개하는 대부분의 관광안내서는 뮌헨 관광의 시작을 시청사가 자리한 마리엔 광장Marienplatz으로 잡고 있다. 마리엔 광장을 뮌헨의 중심이라 부른다. 맞을 수도 있다. 그러나 마리엔 광장은 관광객들과 그들을 상대하는 장사치들의 중심일지는 몰라도, 뮌헨의 예술이나 문화의 중심은 아니며 그 문화를 엿볼 수 있는 곳도 아니다. 실제로 오전 11시에 시작하는 시청사 시계탑의 (좀 썰렁하다고 할 수 있는) 자동인형들의 쇼가 끝나면, 사람들은 각자의 목적지를 향해서 흩어지고 만다. 그렇게 썰물처럼 사람이 빠지고 나면 거기 더 머물며 할 만한 게 아무것도 없다.

만약 진정한 뮌헨의 가치와 내면을 보고자 한다면, 뮌헨의 첫날을 막스 요제프 광장에서 시작해보면 어떨까? 마리엔 광장에서 북쪽으로 작은 세 블록만 걸어가면 탁 트인 광장이 나온다. 분위기가 마리엔 광장과는 확연히 다르다. 일단 사람이 별로 없다. 광장 가운데에는 커다란 청동상이 앉아있는데, 과거 바이에른 왕국의 왕이었던 막시밀리안 1세 요제프Maximilian I(1756~1825)의 상이다. 흔히 줄여서 '막스 요제프'라고 부르는데, 청동상은 그가 죽은 지 10년 후인 1835년에 그에게 헌정된 것이다.

광장 자체가 중요한 것은 아니고, 이 주변이 뮌헨 문화의 핵심이다. 뒤쪽으로 보이는 열주列柱들이 늘어선 신전과 같이 큰 건물이 바이에른 국립 오페라극장이다. 그리고 그 왼편에는 크기는 하지만 화려하지 않고 단순해서 겉보기만으로는 병영이나 감옥이라고 해도 믿겨질 법한 건물이 있다. 이곳이 한때 중부 유럽의 강국이었던 바이에른 왕실의 도시거주지이자 행정청이었던 레지덴츠 궁전Residenz이다.

이 광장은 종종 대형 예술 프로젝트를 위해서 사용된다. 특히 바이에른 국립 오페라극장에서 매년 7월에 벌어지는 오페라 페스티벌의 일환으로 거행되는 프로젝트들이 유명하다. 처음에는 1998년에 미술가 오트마 회를Ottmar Hörl이 뮌헨 오페라 페스티벌의 일환으로 막시밀리안 왕의 동상 주위에 4000개의 격언을 설치했다. 2012년의 오페라 페스티벌에서는 스펜서 튜닉Spencer Tunick이 나신裸身을 빨강과 금색으로 칠한 1,700명의 누드모델들을 촬영해 화제를 불러일으켰다. 또한 이 광장에서는 페스티벌 중에 극장 안으로 들어가지 못한 시민들을 위해서 대형스크린으로 공연을 생중계하거나, '모두를 위한 오페라'라는 제목으로 직접 야외 콘서트를 열어 시민들의 뜨거운 호응을 얻기도 한다.

바이에른 국립 오페라극장 Bayerische Staatsoper

막스 요제프 광장은 바이에른 국립 오페라극장의 마당에 해당한다. 그러니 광장의 주인은 궁전보다는 극장이라고 볼 수 있다. 광장에 서서 올려다보는 극장의 위용은 대단하다. 코린트식 기둥들이 높이 서 있는 극장은 거대해 보인다. 그러나 이 극장은 외관만 큰 게 아니라 그 내용도 대단하다. 어쩌면 현재 유럽에서 아니 세계에서 가장 훌륭한 오페라 공연을 올리는 곳으로 생각해도 무방할 것이다. 이곳은 과거 유럽의 오페라계를 알프스 남쪽의 라 스칼라와 알프스 북쪽의 바이에른 국립 오페라로 양분하여 불렀을 만큼 대단한 극장이며, 특히 최근의 공연 수준으로 따지면 라 스칼라의 그것을 능가한다고 해도 과언이 아닐 것이다.

바이에른 국립 오페라극장

바이에른 국립 오페라극장

이 극장의 뿌리는 바이에른 왕국의 궁정극장이다. 바이에른 궁정극장이 처음 창립된 때는 1653년으로 그 역사가 360년이 넘는다. 궁정극장으로 시작한 이곳은 몇몇 건물을 거치다가 1818년에 건축가 카를 폰 피셔Karl von Fischer의 설계를 바탕으로 현재의 건물을 완성했다. 그리스의 신전을 연상시키는 거대한 코린트식 열주들이 이중으로 겹쳐진 두 개의 삼각형 지붕의 돌출부를 떠받드는 모습이다. 이 예술의 신전은 나중에 건축가 레오 폰 클렌체(124쪽)의 보완을 거쳐 지금의 형태를 완성했다. 이후 제2차 세계대전 때 공습으로 참혹하게 전파되었다가 힘겹게 과거와 같은 모습으로 재건했다. 당시 뮌헨 시민들의 감격은 여러 기록에 남겨져 있다. 그 후로 이 극장은 뮌헨이라는 도시의 경제력과 문화적 수준, 시민들의 교양과 열정 등에 의해서 지금의 지위에 올랐다.

이 극장은 현재 세계에서 가장 크고 가장 중요한 고전주의 건축의 대표작으로 손꼽힌다. 무대의 넓이만 2,500평방미터(약750평)로, 이는 세계적으로 드넓은 오페라 무대에 속한다. 어떤 프로덕션에서 무대 뒤편까지 전체를 다 사용한 모습을 본 적이 있는데, 그 깊이가 주는 스케일이 실로 엄청났다.

바이에른 국립 오페라극장이 널리 알려진 때는 루드비히 2세(256쪽)의 치세 때 궁정극장으로 운영되면서였다. 오페라 광이었던 루드비히 2세는 바그너를 특히 좋아해서 자신의 극장에서 바그너 오페라들을 공연하길 원했다. 그리하여 바그너의 4부작 악극 『니벨룽의 반지』는 전곡 공연으로 치면 바이로이트에서 초연되었지만, 그 중 『라인의 황금』과 『발퀴레』는 전곡의 완성을 기다리지 못한 왕의 명령으로 이곳 궁정

극장에서 미리 초연되었다. 그 외 바그너 작품 중 『트리스탄과 이졸데』 (1865), 『뉘른베르크의 마이스터징어』(1868), 『요정』(1888) 등도 여기서 초연이 이루어졌다.

현대에 들어서도 바이에른 국립 오페라극장은 현대 오페라들을 세계 초연했다. 피츠너의 『팔레스트리나』(1917), 오르프의 『달』(1939), 힌데미트의 『세계의 조화』(1959), 라이만의 『리어』(1978) 등이 이곳 뮌헨에서 탄생한 현대 명작 오페라다.

극장 안에 들어가면 그 화려함에 놀라지 않을 수 없을 것이다. 1층 로비에서 양 옆으로 난 커다란 대리석 계단을 통해 2층 로비로 올라가면 뮌헨 공연의 역사와 권위를 몸으로 느낄 수 있다. 베토벤, 바그너, 말러, 리하르트 슈트라우스와 카를 뵘 등의 두상들이 놓여있고, 2층 복도의 벽에는 이 극장을 빛낸 전설적인 가수들의 초상화가 걸려있다.

이 극장을 이어온 음악감독들의 명단은 흥미롭다. 1937년부터만 보면 클레멘스 크라우스를 필두로 한스 크나퍼츠부쉬, 게오르그 솔티, 루돌프 켐페, 페레니츠 프리차이, 요제프 카일베르트, 볼프강 자발리쉬, 페터 슈나이더, 주빈 메타, 켄트 나가노를 거쳐 현재 음악감독은 유럽에서 최고의 인기를 누리고 있는 키릴 페트렌코다. 차기 음악감독은 2021년에 합류할 블라디미르 유롭스키다.

카를로스 클라이버
Carlos Kleiber, 1930~2004

인물

 세계 최고의 수준을 자랑하는 바이에른 국립 오페라극장은 그 공연에서 받는 감동과 더불어 극장 자체의 역사성이 방문객들을 고무시킨다. 다시 말해서 전설적인 예술가들이 이 극장을 거쳐 갔다는 장엄한 역사가 감동을 배가시키는 것이다. 그중에서도 잊을 수 없는 지휘자가 있으니, 바로 카를로스 클라이버다.

 클라이버는 베를린에서 태어났다. 오스트리아계였던 그의 아버지 에리히 클라이버Erich Kleiber(1890~1956)가 베를린 국립 오페라극장의 음악감독이었기 때문이다. 에리히 클라이버 역시 역사에 남을 지휘자 중 한 명이다. 1925년에 베르크의 『보체크』를 세계초연한 사람도 그였으며, 그의 『피가로의 결혼』 음반은 지금도 이 오페라 음반들 중에서 가장 지명도가 높다. 부자父子가 대를 이어 지휘자가 된 경우는 많지만, 부자가 모두 세계 정상급의 지휘자가 된 사례는 이 부자가 유일하지 않을까?

 히틀러가 집권하자 에리히 클라이버와 그의 가족은 1935년에 아르헨티나로 망명했다. 카를로스는 어려서부터 음악에 재능을 나타냈지만, 아버지는 결코 아들을 음악가로 만들려고 하지 않았다. 그래서 별도의 음악교육을 접하지 않은 채로 자란 카를로스는 수재들이 간다는 취리히 공과대학에서 화학을 전공했다. 그러나 피는 어쩔 수 없었는지, 그는 결국 음악의 길을 걷기 시작했다. 카를로스는 아버지의 지원 없이 작은 극장의 보잘 것 없는 자리에 취직했다. 그곳이 뮌헨의 게르트너플라츠 극장이었다.

  이후 카를로스는 지휘자가 되었다. 그의 통찰력 넘치는 지휘는 아버지의 그것을 능가했다. 그는 1973년 이후로 더 이상 직함을 갖지 않고 프리랜서로 세계를 돌아다니며 자유로운 활동을 했지만, 그가 자주 찾아가 지휘한 극장이 바이에른 국립 오페라 극장이었다. 이 극장은 언제라도 그가 원하면 일정을 만들어 주었고, 극장장은 직책도 없는 카를로스 클라이버를 위한 방을 따로 마련해 주었다. 쓰지 않아도 그의 이름이 붙어있는 방. 이것이야말로 그의 가치를 증명하는 실례라 하겠다.

> **그가 남긴 녹음 대부분이 최고 명반의 반열에 올라있다.**

  지휘횟수가 적었던 그는 당연히 레퍼토리가 다양하지는 않았다. 그의 오페라 레퍼토리는 『장미의 기사』, 『박쥐』, 『엘렉트라』, 『라 트라비아타』, 『라 보엠』, 『오텔로』, 『카르멘』 등이 거의 전부다. 교향곡으로는 베토벤 교향곡 4번, 5번, 7번, 브람스의 4번, 슈베르트의 3번과 「미완성」 등이 주요 프로그램인데, 이들 대부분이 음반으로 남아있고 또한 그 곡목에서 최고 명반의 반열에 올라 있다. 그 절정은 1974년 바이로이트 페스티벌에 등장한 것으로, 그때 지휘한 『트리스탄과 이졸데』는 전설이 되었다.

레지덴츠 부근

슈파텐하우스 Spatenhaus an der Oper

막스 요제프 광장의 국립 오페라극장 건너편에는 옛 모습을 지닌 건물들이 줄지어 서 있다. 하지만 오페라극장의 계단에서 그곳을 바라보면 그 많던 전통 가게나 식당들이 최근 몇 년 사이에 다 사라지고 명품 가게로 바뀐 것에 아쉬움을 떨칠 수 없다. 그런 명품 가게들 사이에서 아직도 버티고 있는 식당 겸 맥줏집이 슈파텐하우스다.

이곳은 뮌헨의 많은 전통식당들 가운데에서 평가가 높다. 또한 현지 시민들에게 물었을 때도 가장 좋은 바이에른 식당으로 이 집을 꼽는 사람들이 많다. 특히 오페라 공연이 끝나고 나면, 극장에서 나오는 많은 관객들과 출연자들이 함께 광장을 가로질러 슈파텐하우스로 들어가는 광경은 이 집의 자랑이었다. 나도 공연 후에 이 집에서 음악가들을 만나서 같은 홀에서 (비록 다른 테이블이지만) 늦은 식사를 한 적이 한두 번이 아니다.

여름날에는 식당 앞에 테라스가 만들어지는데, 이곳에 앉아 오페라 하우스를 바라보면서 맥주를 마시는 경험 역시 즐거운 추억이다. 음식은 이런 맥줏집 중에서는 고급이고 비싼 편에 속한다. 그러나 그만큼 요리의 수준도 높고, 슈파텐브로이 맥주 역시 훌륭하다.

춤 프란치스카너 Zum Franziskaner 🍴

슈파텐하우스 근처에 있는 춤 프란치스카너는 슈파텐하우스와 함께 맥줏집 계통의 식당들 중에서는 가장 훌륭한 요리를 선보이는 곳이다. 어떤 사람들은 슈파텐하우스보다 이곳을 더 높이 치는데, 음식으로만 보면 이곳이 보다 본격적인 식당에 가깝다. 프란치스카너는 뢰벤브로이 계열의 맥주로서, 두 브랜드를 모두 맛볼 수 있다. 이곳의 요리는 고급 레스토랑에 못지않은데, 바이에른 전통요리는 다 취급한다. 하지만 그중에서도 이 집의 명물은 슈판페르켈Spanferkel이다. 애저 즉 어린 돼지를 통째로 구운 요리다.

레지덴츠 궁전 Residenz

막스 요제프 광장에서 국립극장을 직각으로 바라보며 서 있는 노란 건물이 레지덴츠 궁전이다. 하나의 건물이 아니라, 우리 경복궁처럼 십여 채로 이루어진 궁전이다. 레지덴츠 궁전은 이름처럼 바이에른 왕의 거처이자 집무실로 쓰던 공간으로서, 뮌헨과 바이에른 왕국의 정치적 중심이었다. 1385년부터 바이에른 공국의 궁전이었으니 역사가 6백년이 넘는데, 그동안 많은 증축과 개축을 반복하면서 오늘에 이르렀다.

유럽의 왕이나 군주들이 거처하던 왕궁은 크게 도시 외곽에 있는 거대한 궁전(파리의 베르사유나 빈의 쇤브룬 같은)과 도시의 한복판에서 국정을 살피던 전殿, 즉 이른바 도시궁전이라고 부르는 것의 두 가지로 나뉜다. 뮌헨의 레지덴츠는 독일의 도시궁전들 중에서 가장 크다. 레지덴츠의 건물들은 서로 이어져 비를 맞지 않고도 거의 돌아다닐 수 있다. 이 복합건물은 크게 세 부분으로 구별할 수 있는데, 막스 요제프 광장 쪽 건

막스 요제프 광장

물이 쾨니히스바우Königsbau이고, 원래부터 있던 오랜 거주지가 알테 레지덴츠Alte Residenz다. 그리고 뒤쪽이 페스트잘바우Festsaalbau다. 밖에서 보면 무미건조해 보이지만, 안에 들어가면 뮌헨 문화의 놀라운 내면을 보게 된다.

'쾨니히스바우'는 바이에른 왕 루드비히 1세(116쪽)가 뮌헨의 대표적인 건축가 레오 폰 클렌체에게 명하여 확장한 새로운 부분이다. 건물은 피렌체의 피티 궁전을 모방하여 지은 것이다. 여기에 왕의 도심 거주지인 아파트 등이 만들어졌는데, 지금도 바이에른 주정부가 1층에서 집무하고 있다. 2층에는 왕의 접견실, 무도장 그리고 왕의 개인 공간 등이 있었다. 페스트잘바우는 레지덴츠의 북쪽 끝으로, 바깥 길에 면한 부분이 250미터에 달한다. 이것 역시 클렌체가 완성했는데, 연회장과 무도장 등이 있다.

레지덴츠 궁전은 제2차 세계대전 때 폭격으로 극심한 파괴를 당했다. 그리하여 지금 우리가 보는 건물들은 대부분 1980년대에 재건된 것이다. 지금도 일부는 복원 중이니, 전쟁의 상처는 아직도 다 아물지 않은 셈이다. 이 안에서 꼭 보아야 할 장소가 몇 군데 있는데, 그중에서 가장 중요한 것은 두 개의 공연장이다.

쿠빌리에 극장 Cuvilliéstheater

페스트잘바우 안에는 쿠빌리에 극장이 있다. 레지덴츠 궁전 전체를 통틀어서도 중요한 부분이다. 궁전의 깊은 곳에 있어서 찾기가 쉽지 않다. 현지인들도 모르는 경우가 많으며, 많은 방문객들이 박물관만 둘러보다가 이곳을 놓치고 간다.

이전 궁정극장에 화재가 나자, 막시밀리안 3세Maximilian III는 새로운 극장을 짓도록 했다. 설계를 맡은 사람은 벨기에 건축가 프랑수아 드 쿠빌리에François de Cuvilliés였는데, 그는 화려하고 섬세한 로코코풍의 극장을 설계하여 1753년에 개관했다. 그런데 이 극장도 제2차 세계대전 중에 폭격으로 파괴되었다. 하지만 극장의 실내장식 중 조각물과 도금한 부분 그리고 도자기로 장식된 부분은 공습 전에 해체하여 지하에 보관했다. 덕분에 극장은 전후에 빨리 재건작업에 들어갈 수 있었고 오리지널 부속들도 그대로 살릴 수 있었다. 1958년에 재개관했는데, 이전까지의 전제왕조적인 이름인 '궁정극장' 대신에 건축가의 이름을 따서 '쿠빌리에 극장'이라는 새 이름으로 재탄생했다.

나는 모차르트의 『코지 판 투테』를 보기 위해서 이 극장을 처음 방문했는데, 공연뿐만 아니라 극장 자체의 아름다움과 잔향이 고운 음향에도 큰 감동을 받았다. 빨강과 금색으로 칠해진 화려하기 짝이 없는 장식이 인상적이다. 세계에 남아 있는 로코코 양식 건물 중에서 최고봉이라 할 만한 이 극장은 세계에서 가장 아름다운 극장 중 하나다. 말발굽 형태를 띤 4개 층의 발코니를 보면 난간에 드리워진 붉은 천을 비롯한 장식이 돋보인다. 이 부분은 금속이나 도자기로 만든 장식 위에 색채 유리 등을 부수어 만든 에나멜을 칠한 것으로 일종의 법랑琺瑯기법을 사용한 귀한 장식이다. 이런 재질 덕에 음향이 투명하고 잔향이 긴 극장이 된 것이다. 한편 대단히 화려한 각 발코니에 새겨진 무늬들은 그곳에 앉았던 여러 계급을 나타낸다.

이 극장은 바이에른 국립 오페라극장에서 함께 운영한다. 세계적인 문화재로서 자주 공연을 올리지는 않지만, 국립 오페라극장의 레퍼토

쿠빌리에 극장

리 중에서 작은 무대에 적합한 작품들 즉 바로크 오페라나 모차르트 오페라 또는 소규모의 현대 오페라 등을 공연할 때 사용한다.

헤르쿨레스잘 Herkulessaal

레지덴츠 궁전 안에 있는 또 하나의 공연장이 헤르쿨레스잘이다. 레지덴츠 궁전의 북쪽 건물인 페스트잘바우에 위치하고 있는데, 페스트잘바우의 건립 때에는 무도장으로 만들어졌다. 그러나 이곳 역시 제2차 세계대전 중에 폭격으로 파괴되었고, 1953년에 루돌프 에스테러 Rudolf Esterer에 의해서 신고전주의 스타일로 재건되었다. 하지만 개관 때부터 실내의 분위기가 나치 건축과 흡사하다는 비난을 받아왔다. '헤라클레스 홀'이라는 뜻의 이름은 이곳이 무도장이던 시절에 헤라클레스의 신화를 그린 대형 태피스트리가 걸려있었기 때문이다. 1565년에 제작된 태피스트리는 박물관으로 옮겨졌고, 지금 것은 복사본이다.

이 공연장은 뮌헨에서 가장 중요한 연주회장 중 하나로 이용된다. 특히 음향이 좋아서 오케스트라와 실내악 콘서트 모두에 유용하게 사용되고 있으며 녹음도 많이 이루어졌다. 오랫동안 바이에른 방송교향악단과 뮌헨 필하모닉 오케스트라가 주공연장으로 사용했으며 지금도 바이에른 방송교향악단이 많은 연주회를 열고 있다.

바이에른 방송교향악단 Symphonieorchester des Bayerischen Rundfunk

우리나라에는 방송교향악단이 KBS교향악단 정도이지만, 유럽에서는 지방도시도 방송교향악단을 많이 두고 있다. 이 오케스트라들은 주로 지역사회를 위해서 연주회와 방송 활동을 하는데, 그 수준은 지역을 대표하는 정도를 넘어 유럽의 음악계를 리드할 정도다. 특히 독일은 전통적으로 도시마다 뛰어난 방송교향악단을 보유하고 있는데, 그중에서도 최고의 위치에 있는 오케스트라가 뮌헨의 바이에른 방송교향악단이다.

이 악단의 설립부터 위대한 지휘자 오이겐 요훔Eugen Jochum이 관여했다. 그는 1930년대에 베를린 방송교향악단의 지휘자로 활동했던 경험을 살려서 자신의 고장에서 방송교향악단을 설립하는데 기여했다. 이어 악단의 초대 상임지휘자를 맡아서 신생 악단을 단시일에 유럽의 수준급 악단으로 올려놓았다. 요훔은 이 악단과 많은 음반을 녹음했다. 특히 베토벤, 슈베르트, 브루크너 등 중요한 독일 작곡가들의 명반을 녹음하여 악단의 이름을 세계에 알렸다.

요훔의 뒤를 이어 체코 출신의 라파엘 쿠벨리크Rafael Jeroným Kubelík가 지휘자를 맡았다. 그는 본인의 장기였던 드보르자크, 야나체크, 스메타나, 마르티누 등 체코 음악을 녹음했다. 바이에른 방송교향악단은 쿠벨리크와 함께 독일 악단으로서는 최초로 말러 교향곡 전집을 녹음하기도 했다. 그 후로 키릴 콘드라신, 콜린 데이비스, 로린 마젤 등 일류 지휘자들이 악단을 이끌면서, 바이에른 방송교향악단은 그 짧은 역사에도 불구하고 뮌헨 필하모닉 오케스트라나 뮌헨 국립 오케스트라(바이에른 국립 오페라극장 오케스트라) 등 기존의 정상급 악단과 나란히 뮌헨의 3대 오케스트라의 반열에 올랐다.

이후 2003년부터 지휘자가 된 마리스 얀손스와 함께 이 오케스트라는 한 번 더 도약했다. 훌륭한 지휘자와 그를 존경하고 따르는 단원들의 화합은 유럽에서도 최고로 인정받고 있다. 단원들과 팬들이 모두 얀손스를 원하여 계약은 계속 연장되었고, 2021년까지 계약을 연장한 얀손스는 무려 20년의 재임을 내다보고 있다. 이제 이 팀은 뮌헨의 '빅 스리'를 너머서 세계적으로도 손꼽히는 최정상 오케스트라 중의 하나로 언급되고 있다.

헤르쿨레스잘

마리스 얀손스
Mariss Jansons, 1943~

인물

바이에른 방송교향악단이 최근에 이렇게 세계적으로 주목을 받는 데는 거의 20년 가까이 이 오케스트라를 이끌고 있는 지휘자 마리스 얀손스의 공헌이 크다. 유대인 혈통인 그는 구소련 통치시대에 라트비아의 수도 리가에서 태어났다. 그의 아버지는 지역에서 저명했던 지휘자인 아르비드 얀손스Arvid Jansons이며 어머니는 오페라 가수였다. 그는 어려서부터 부모님을 따라서 극장을 다니면서 부모님의 지휘와 노래를 지켜보았다. 극장인으로서의 교육은 그때부터 자연스럽게 시작되었으며, 악기로는 바이올린을 배웠다. 그의 아버지가 레닌그라드 필하모닉 오케스트라의 전설적인 지휘자 예브게니 므라빈스키Yevgeny Mravinsky의 조수가 되면서 가족은 레닌그라드로 이주했다. 마리스는 레닌그라드 음악원에 진학했으며, 전공을 지휘로 바꾸었다. 이후 본격적인 지휘공부를 위해 빈으로 가서 저명한 한스 슈바로프스키Hans Swarowsky에게 배웠다. 그를 유심히 본 카라얀은 그를 잘츠부르크 페스티벌에 초청했고, 얀손스는 그곳에서 카라얀의 조수로서 지도를 받았다.

얀손스는 카라얀 지휘 콩쿨에서 2위로 입상하고 1973년 레닌그라드 필하모니의 부지휘자가 된다. 그리고 1979년에 오슬로 필하모니의 음악감독이 되면서 그의 능력이 서방에 널리 알려진다. 이후 런던에 이어 미국의 피츠버그 심포니의 지휘자로도 활약했다.

이렇게 승승장구하던 얀손스는 1996년에 오슬로 오페라극장에서 지휘하던 도중에 심장마비로 쓰러지고 말았다. 구사일생으로 살아났지만 그때부터 심장에 제세동기를 삽입하고 활동을 재개했다. 지금도 물론 그러하다. 그 후로 사람들이 그의 건강을 우려했지만, 그때부터 그의 예술은 더욱 깊어졌다. 대신 미국 같은 먼 곳에서의 직책을 모두 사양했다.

> "
> **그의 심오하고 정열적인 지휘는 뮌헨의 청중은 물론**
> **단원들에게도 존경을 불러일으켰다.**
> "

대신에 그는 2003년부터 바이에른 방송교향악단의 수석지휘자가 되었다. 그의 심오하고 정열적인 지휘는 뮌헨의 청중은 물론 단원들에게도 존경을 불러일으켰다. 악단은 그와의 계약을 여러 차례나 연장하면서 둘의 관계는 오늘에 이르고 있다.

그의 레퍼토리는 오페라와 콘서트를 망라하며, 독일과 러시아 양편에 다 정통하다. 특히 말러를 위시하여 베토벤, 리하르트 슈트라우스, 바그너, 브람스의 음반들이 유명하다. 러시아 쪽으로는 쇼스타코비치와 차이콥스키와 라흐마니노프를 자주 한다. 건강 문제로 얀손스를 볼 수 있는 기회가 점점 줄어들고 있는 지금, 그를 자주 볼 수 있는 곳은 뮌헨이다.

레지덴츠 박물관 Residenz Museun

레지덴츠 궁전 일부는 바이에른의 비텔스바흐 왕가의 소장품들을 전시하여 레지덴츠 박물관이라는 이름으로 개방하고 있다. 궁전 중에서 일반에 공개되는 부분인 셈이다. 그러므로 레지덴츠 박물관으로 입장하면 궁전의 내부도 볼 수 있고 소장품도 감상할 수 있다. 박물관 내부는 다음 몇 가지의 부분으로 나뉘어져 있다. 일단 들어오면 코스를 따라 걸으면서 다 볼 수 있다.

초상화 갤러리 Ahnengalerie

레지덴츠 박물관 입구로 들어간 뒤 얼마 가지 않아 만나는 곳이다. 방문객은 양편에 초상화들이 가득한 큰 복도에 이른다. '선조화 갤러리'라고도 번역할 수 있는데, 우리 선조도 아니니 그냥 '초상화 갤러리'라고 부르는 것이 나을지도 모르겠다. 바로크 스타일의 긴 회랑에 비텔스바흐 왕가의 120여 명의 초상화를 걸어놓았다.

안티콰리움 Antiquarium

레지덴츠 박물관의 순로를 따라가면 거대한 방을 만나게 된다. 천정이 커다랗고 긴 원통을 반으로 잘라놓은 듯한 공간인데, 많은 조각상들로 가득 차 있다. 이곳이 안티콰리움이다. 왕실이 수집한 골동품의 전시를 위해서 1571년에 만든 방으로 '골동품 방' 혹은 '고대유물실'로 번역할 수 있다. 이 방은 르네상스 양식의 방들 중에서는 알프스 북쪽에서 가장 큰 것이다. 그러다가 1600년에 연회장으로 개조되어 궁정의 무도회 등에 사용했다. 방문객이 방에 들어가서 처음 서게 되는 단상은 무도회 때 오케스트라가 앉았던 자리다.

보물관 Schatzkammer

레지덴츠 박물관 코스의 끝은 '보물관'으로 마무리된다. 보물관은 중세 이후 천 년 동안의 작품들을 망라한다. 물론 비텔스바흐 가문이 소장했던 것들로서 세계에서 가장 중요한 보물 컬렉션 중의 하나다. 왕의 의식용 보물과 왕관 등을 비롯하여 각종 무기, 성물^{聖物}, 금은식기, 금은공예품 등을 비롯한 많은 장신구와 보석 등이 전시되어 있다. 보석이나 보물에 관심이 많은 사람들에게는 인기가 높은 박물관이다.

동전 박물관 Staatliche Münzsammlung

국립 동전 박물관도 있다. 루드비히 왕세자는 고대 동전에 관심이 많

안티콰리움

아서, 고대 그리스부터 시작해 다양한 동전 수집에 많은 공을 들였다. 고대 동전 외에도 나폴레옹 시대의 동전과 르네상스 동전 및 20세기의 희귀 동전도 있으며, 메달과 지폐도 많다. 소장품이 30만 점이 넘어 세계에서 가장 방대한 화폐 컬렉션 중 하나로 꼽힌다.

그 외의 레지덴츠 박물관

박물관에서 안내하는 순로를 따르면, 여러 방을 만나면서 안에 진열된 많은 물품들도 보게 된다. 바이에른 왕과 왕비의 침실, 거실, 접견실, 회의실, 식당, 음악실 등을 만난다. 회화, 조각, 태피스트리, 도자기, 장신구, 세공품, 미니어처, 의복, 식기 등이 전시되어 있다. 바로크 컬렉션 중에서는 세계에서 가장 방대한 편에 속한다.

막시밀리안 슈트라세 Maximilianstraße

'막시밀리안 대로'라는 뜻이다. 뮌헨의 한가운데를 동서로 지나는 중요한 도로로, 막스 요제프 광장에서부터 동쪽으로 곧고 길게 뻗어있다. 이 도로는 19세기에 새로 건설되는 과정에서 도로 주변에 대형 건물들을 계획적으로 배치했는데, 이 건물들의 위상 덕에 기품이 넘치는 뮌헨의 대표적인 거리로 유명해졌다. 지금은 많은 사람들이 이곳을 명품 브랜드들이 즐비한 쇼핑거리로만 알고 있지만, 이곳에는 바이에른 국립 오페라극장을 비롯하여 캄머슈필 극장, 5대륙 박물관 등의 문화 시설들과 관공서들도 있다. 실제 이곳에서 쇼핑을 하는 사람들은 중동이나 러시아 등의 부호 관광객이 대부분이며, 정작 뮌헨 사람들은 이곳을 외면한다는 것도 알 수 있다.

막시밀리안 슈트라세

캄머슈필 극장 Münchner Kammerspiele

막시밀리안 슈트라세에 있는 연극전용극장이 캄머슈필 극장이다. 이 극장은 중요한 문화장소이지만, 많은 사람들이 막시밀리안 슈트라세에 극장이 있는지도 모른다. 실제로 잘 보이지도 않아서 그야말로 아는 사람만 찾아가는 곳이다. 이곳의 연극 공연은 사회문제를 정면으로 다루는 것으로 유명하다. 정치와 사회 및 환경 등에 대한 적나라한 비판과 풍자를 특징으로 하는 지성적인 극장으로서 독일 전체를 통틀어 중요한 연극 공연장이라 하겠다.

캄머슈필 극장은 1906년에 설립되었다가 1926년에 지금 자리로 이전했다. 극장은 당시의 새로운 조류를 적극적으로 수용해서 프리드리히 뒤렌마트 Friedrich Dürrenmatt, 프랑크 베데킨트 Frank Wedekind, 베르톨트 브레히트Bertolt Brecht 등이 쓴 많은 작품들이 여기서 세계 초연을 했다. 그 외에도 전위적인 작품들이 당시부터 지금까지도 여전히 무대에 올라가고 있다. 독일을 대표하는 많은 연출가와 배우들도 이곳 무대를 거쳤다.

극장은 1901년에 완성된 아르누보 양식의 건물로 막스 리트만Max Littmann의 작품이며 인테리어는 리하르트 리머슈미트Richard Riemerschmid의 솜씨다. 독일 전국에서 유일하게 보존된 아르누보풍 극장으로, 중앙의 대형무대와 2개의 작은 무대를 가지고 있으며, 옆에 리허설용 건물도 있다.

호텔 피어 야레스차이텐 켐핀스키 Hotel Vier Jahreszeiten Kempinski

막시밀리안 슈트라세 한가운데에 당당하게 서 있는 건물이 호텔 피어 야레스차이텐이다. 1858년에 문을 열어 160년이 넘은 호텔인데, 위치가 좋은 것이 가장 큰 장점이다. 특히 바이에른 국립 오페라극장을 다닌다면 최상의 위치다. 호텔의 식당 슈바르츠라이터Schwarzreiter는 프랑스식을 바탕으로 현대식 요리를 낸다.(315쪽)

5대륙 박물관 Museum Fünf Kontinente

막시밀리안 슈트라세에는 좌우가 147미터에 이르는 거대한 건물이 있다. 바로 5대륙 박물관이다. 이곳은 뮌헨의 주요 박물관 중 하나로 '국립 민족학 박물관'이라고 보면 된다. 1862년에 독일 최초의 민속 박물관으로 출범했다가 1912년부터 5대륙 박물관이라는 이름으로 바뀌었다. 이는 세계 국가로서의 바이에른 왕국을 알리고 세계에 대한 독일의 관심을 보여주기 위한 것이다.

일본에 살던 뷔르츠부르크 출신 의사인 필리프 폰 지볼트Philipp von Siebold는 1829년에 루드비히 1세에게 편지를 썼다. 뮌헨에 외국 문화를 중심으로 하는 민족 박물관을 만들자는 제안이었다. 이에 루드비히의 아들인 막시밀리안 2세Maximilian II는 독일어권 국가들을 통틀어 뮌헨을 과학과 예술의 중심지로 만들려는 야망을 갖고 민속박물관을 짓기로 결정했다. 그 결정은 1862년에 결실을 보았으며, 1926년부터 지금의 건물에 자리 잡았다. 여기에는 바이에른 왕조의 수집품을 중심으로 비유럽 출신 작가의 작품 등이 16만 점 이상 소장돼 있다. 전시장은 아프리카, 아메리카, 이슬람, 아시아, 오세아니아 등으로 나뉘어 있다.

현대미술도 5대륙 박물관의 중요한 컬렉션이다. 아프리카 또는 디아스포라와 관련된 현대 예술가들의 작품들이 수집되어 있다. 또한 청기사파인 프란츠 마르크(272쪽)와 바실리 칸딘스키(268쪽) 등의 작품도 볼 수 있는데, 그들이 이 제3세계 컬렉션에서 영감을 찾았다고 한다.

막시밀리아네움Maximilianeum

막시밀리안 슈트라세에 서서 동쪽을 바라보면, 길이 끝나는 곳에 신전인지 궁전인지 모를 장대한 건물이 언덕 위에 서 있는 모습이 보인다. 마치 그곳에서 길이 발원하여 막스 요제프 광장으로 흘러온 것 같다. 그 멋진 건물이 '막시밀리아네움'이다.

바이에른의 막시밀리안 2세는 "군주제 국가의 민족정신의 고양을 위해서 거대한 국가적 건축물을 건설한다."라고 천명했다. 그렇지만 세부적인 계획은 그보다 훌륭했으니, 그는 "재능은 있지만 환경이 좋지 못한 바이에른의 청소년들을 뽑아서 그들의 성취를 돕는 기관을 세운다."라고 했던 것이다. 그리고 그들이 국가를 위해 봉사하게 만듦으로써 국가가 원하는 교육의 목표를 완성하려 했다. 이를 위해 1852년에 '아테네움Athenaeum'이 설립되었다. 선정된 학생들은 이곳에서 합숙하면서 국가의 지원 속에서 공부할 것이었다. 이어 1857년에 막시밀리안 2세는 건축가 프리드히리 뷔르클라인Friedrich Bürklein에게 의뢰해서 웅장한 르네상스 양식의 건물을 설계했다. 이후 명칭이 막시밀리아네움으로 바뀐 건물은 1874년에 완공되었다. 지금은 주정부에서 행사용으로 이용한다.

  이른 새벽에 막시밀리아네움에 오른다. 안을 개방하지 않아서 들어갈 수는 없지만, 양쪽으로 날개를 펼치고 뮌헨 시내를 안을 듯이 서 있는 거대한 건물은 일류국가를 만들고자 했던 국왕의 의지가 엿보인다. 지금 뮌헨을 이끄는 적지 않은 청장년들이 막시밀리아네움의 도움을 받았다. 발코니에 서서 아래를 바라보니 이자르강 변에서는 아침부터 젊은이들이 달리기를 한다. 자전거를 타고 햇살을 등으로 받으면서 출근에 나서는 청년들도 보인다.

막시밀리아네움

오데온 광장 부근

오데온 광장 Odeonsplatz

뮌헨 중심가의 북쪽에 위치하지만 뮌헨의 또 하나의 중요 부분을 이루는 곳이 오데온 광장이다. 광장 서쪽으로는 지금 바이에른 주정부의 내무부로 사용하는 건물과 재무부로 사용하는 두 건물이 있다. 동쪽으로는 바자르Bazaar 빌딩이 있고 남쪽에는 펠트헤른할레(65쪽)가 있다. 이 건물들 사이에 생기는 쐐기 형태의 광장을 오데온 광장이라고 부른다. 지금은 없어졌지만 과거에 오데온 극장이 있어서 그렇게 부른다.

오데온 광장은 전통적으로 사회적 명사의 장례나 군사적 개선 행진 등 중요한 퍼레이드나 행사 장소로 이용되었다. 옥토버페스트(183쪽) 때의 퍼레이드 행렬도 이곳에서 출발한다. 또한 나치 집권시절에는 나치 행사들이 거행되던 장소이기도 하다. 어쨌거나 오데온 광장은 관광객에게 익숙한 마리엔 광장과 대조적으로, 이곳 시민들에게 보다 친숙하고 상징적인 장소다.

오데온 광장과 펠트헤른할레

펠트헤른할레 Feldherrnhalle

오데온 광장의 남쪽에는 북쪽의 루드비히 슈트라세Ludwigstraße 쪽을 바라보면서 극장 무대처럼 서 있는 건물이 있다. 펠트헤른할레다. 최근 이곳에서 벌어지는 야외공연들이 많아서「오데온 광장의 야외 콘서트」실황 영상물이 몇 종이나 나오고 있다. 바로 이곳을 무대로 만들고 오데온 광장에 임시객석을 설치해 콘서트를 여는 것이다.

펠트헤른할레는 1841년에 건축가 프리드리히 폰 게르트너(68쪽)가 루드비히 1세의 명으로 피렌체의 시뇨리아 광장에 있는 '란치의 로지아Loggia dei Lanzi'를 본떠 만든 것이다. 하지만 그 내용물은 바이에른의 군사적 선전을 위한 것이었다. 바이에른의 과거 명장들 중에서 30년 전쟁의 영웅인 요한 틸리Johann Tilly 공과 나폴레옹 전쟁의 사령관인 카를 필리츠 폰 브레데Karl Philipp Von Wrede 후작의 동상이 로지아 안에 설치되었다. 그러다가 1882년에 프랑스-프러시안 전쟁의 승리를 기념하는 동상이 추가되었다. 펠트헤른할레라는 말도 '야전 장군의 홀'이라는 뜻이다.

1923년에 히틀러가 '맥주홀 폭동'을 일으켰을 때, 펠트헤른할레 앞에서 23명의 사망자가 발생했다. 나중에 히틀러가 정권을 잡자 그는 이런 과거를 되살려 펠트헤른할레를 나치 기념관으로 만들었다. SS의 신규 단원들은 이 기념관에서 히틀러에 대한 충성을 맹세했고, 행인들도 이곳을 지날 때마다 기념관 및 SS 위병을 향해 나치식 경례를 해야만 했다. 전쟁이 끝나자 뮌헨에 주둔한 미군이 나치 기념관을 부수어 버렸고, 뮌헨시는 이곳을 이전의 모습으로 복구했다.

맥주홀 폭동
Bürgerbräu Putsch — 역사

맥주홀 폭동이나 비어홀 폭동 또는 뮌헨 폭동München Putsch이라는 부르는 사건은 히틀러가 일으켰다가 실패한 쿠데타를 일컫는다. 그래서 히틀러 폭동Hitler Ludendorff Putsch 아니면 그와 함께 했던 루덴도르프 장군의 이름을 넣어 히틀러-루덴도르프 폭동Hitler-Ludendorff Putsch이라고도 부른다.

나치당을 이끄는 히틀러는 제1차 세계대전의 패전으로 독일의 경제가 파탄 나고 민심이 바닥을 쳤던 틈을 타서 정권을 탈취하기 위한 쿠데타를 일으켰다.

"
나치당과 히틀러가 꾸민 쿠데타, 실패로 돌아가다.
"

1923년 11월 8일 저녁에 바이에른 주지사인 구스타프 리터 폰 카르Gustav Ritter von Kahr를 중심으로 정치가들이 모인 집회가 뷔르거브로이켈러Bürgerbräukeller에서 열렸다. 뷔르거브로이켈러는 이자르 강 동편에 있는 맥주홀이다. 그래서 이 사건을 독일어로 '뷔르거브로이 푸치Bürgerbräu Putsch'라고도 부른다(뷔르거브로이켈러는 1979년에 헐리고, 현재 그 자리에는 가슈타이크 문화 센터가 들어서 있다).

주지사 카르의 연설이 시작되려는 찰나에, 나치 돌격대 600여 명이 기관총으로 무장한 채로 맥주홀을 포위했다. 그리고 나치당

지도부와 히틀러가 등장했다. 히틀러는 단상에 올라서 천장을 향해 권총을 한 방 발사한 뒤 "국민혁명이 시작되었다. 베를린과 바이에른 정부는 지위를 상실했고 이제 새 정부가 수립된다. 이미 군대와 경찰이 이들을 접수했다."라고 선언했다. 히틀러와 지도부는 카르 등 주요 정치인들을 방으로 데려가서 혁명 계획을 설명하고 협조를 요구했다.

그러나 그동안 일부 인사들은 맥주홀을 탈출했고, 몇몇은 병력을 동원하여 저항했고, 군대는 히틀러의 생각대로 협조해주지 않았다. 사태가 히틀러 쪽으로 움직이지 않음을 간파한 카르는 새벽에 반란을 부인하는 성명을 발표했다. 그러자 히틀러는 민중의 지지를 얻어서 카르에게 압박을 하기로 한다.

다음 날인 11월 9일 오전, 뷔르거브로이켈러에서 약 2,000명의 시위대가 시내로 행진했다. 경찰은 적극적으로 막지 않았다. 마리엔 광장에 도착한 시위대는 그곳에서 군중집회를 열고 나치 돌격대와 합류했다. 이들이 오데온 광장에 이르자 시위대를 막고 있던 무장경찰 사이에서 총성이 났고, 그를 계기로 쌍방에서 총격이 시작되었다. 오데온 광장은 피로 얼룩지고 시위대는 흩어지고 말았다. 한 순간의 총격전으로 시위대 19명과 경찰 4명이 사망했다. 히틀러는 체포되어 5년 형을 선고받고 투옥되었다. 9개월 만에 석방된 그는 투옥 기간 중 감옥에서 『나의 투쟁』 초고를 집필했다.

프리드리히 폰 게르트너
Friedrich von Gärtner, 1791~1847

인물

　프리드리히 폰 게르트너는 레오 폰 클렌체와 함께 우리가 뮌헨에서 마주치는 가장 많은 건물들을 설계한 건축가다. 그는 루드비히 1세 치하 바이에른 왕국의 중요한 건축가로서, 현재 뮌헨의 외형과 인상을 만드는데 결정적인 역할을 했다.

　그는 독일의 코블렌츠에서 태어났는데, 아버지 역시 코블렌츠의 궁전 건축에 참여했던 건축가였다. 아버지처럼 건축가가 되고자 게르트너는 뮌헨으로 와서 뮌헨 예술 아카데미에서 공부했다. 졸업 후에 그는 파리를 거쳐 이탈리아로 가서 이탈리아의 건축뿐만 아니라 그리스 고전 건축에 대해서도 공부하고 견문을 넓혔다.

　독일로 돌아온 그는 1819년에 자신이 나온 뮌헨 예술 아카데미의 건축학 교수가 된다. 그의 고전적인 건축 스타일은 루드비히 1세의 마음에 들어서, 그는 궁정의 도자기를 만드는 님펜부르크의 도자기 공장을 감독하기도 했다. 이후 왕에게 중용된 게르트너는 바이에른 왕국의 건축 및 기념물을 담당하는 수석기술자가 되어 국가가 주도하는 공공건물들의 설계를 도맡았다. 1842년에는 뮌헨 미술 아카데미의 교장이 되었다. 그는 뮌헨의 구舊남부 묘지를 개축하면서 볼로냐의 아케이드를 본떠 로지아 스타일의 아케이드를 설치했다. 이곳은 뮌헨에서 중요한 묘지 중 하나로 그 자신도 사후에 여기에 묻혔다. 그는 또한 레겐스부르크 교외에 '해방의 전당(296쪽)'을 맡아서 짓지만, 완성을 보지 못하고 건설 도중에 사망했다.

게르트너의 스타일은 고전적이며 이탈리아적이다. 로마네스크 양식을 바탕으로 하고 거기에 신고전주의를 첨가한 형식이다. 그는 자신이 선호하는 둥근 아치를 중심으로 가로와 세로의 직선이 강조되어 권위적이고 중량감 넘치는 스타일의 건물을 잘 만들었다. 이러한 스타일은 궁전이나 공공건물의 건축에서 특히 선호되었으며, 그리스적인 고전미는 '이자르강의 아테네'를 만들기를 원했던 루드비히 1세의 취향과 잘 부합했다.

곳곳에 보이는 이탈리아 스타일의 장본인

뮌헨에서 만날 수 있는 그의 대표작은 오데온 광장의 펠트헤른할레일 것이다. 그의 건축물 중 비텔스바흐 궁전Wittelsbacher Palais은 폭격으로 파괴되어 아쉽게도 복구되지 못하고 사라졌다. 한편 그가 만든 뮌헨의 바이에른 주립도서관과 뮌헨 대학 건물은 뮌헨의 가장 중요한 공공건물이기도 하다. 그 외에도 뮌헨에서 볼 수 있는 그의 건물로는 루드비히 교회Ludwigskirche와 맹인 연구소 등이 있다. 뮌헨의 유명한 두 개의 문인 지게스 문(158쪽)과 이자르 문(86쪽)도 그의 작품이다. 그의 이름을 딴 게르트너 광장에 그의 동상이 있다.

드뤼케버거 가세 Drückebergergasse

펠트헤른할레에 만들어진 나치 기념관을 마주하고 나치 군인들에게 경례를 하기가 싫었던 시민들은 일부러 오데온 광장을 피해서 펠트헤른할레 뒷편의 골목으로 다녔다. 그때 시민들이 피해서 다닌 길을 '드뤼케버거 가세 Drückebergergasse', 즉 '도망자의 골목'이라고 부르게 되었다. 지금 이 골목에 가면, 이러한 역사를 기념하기 위해 바닥에다가 S자 모양으로 노란 동을 칠한 모습을 볼 수 있다.

아르츠밀러 Arzmiller

펠트헤른할레 뒤편 테아티너 슈트라세 Theatinerstraße에 있는, 40년 전쯤에 머물러 있는 듯한 분위기를 지닌 카페다. 큰 건물의 입구를 통해서 들어가면 넓고 평화로운 안마당이 갑자기 펼쳐진다. 해가 나면 정답고 비가 오면 정감 있다. 시내 한복판에 숨어있는 좋은 장소로서, 잠시 커피나 케이크를 즐기는 시간을 가질 수 있다.

카페 탐보시 Café Tambosi

오데온 광장의 동쪽에 면한 바자르 건물 안에 있는 유서 깊은 카페다. 무려 240여 년 전에 문을 연 탐보시는 뮌헨의 현존하는 카페들 중에서 가장 오래되었다. 이탈리아풍의 분위기가 인상적인 오데온 광장과 어울리게 이탈리아 커피 등을 보급하기 위해서 만들어진 곳이다.

테아티너 교회 Theatinerkirche

오데온 광장 서쪽 편에서 돋보이는 노란 건물이 테아티너 교회다. 1659년 바이에른 왕국의 선거후 부인인 페르디난트 마리아는 뒤늦게 왕자를 출산했다. 이에 신에게 감사하는 의미로 "가장 아름답고 귀중한 교회"를 짓겠다고 기도했다. 그리하여 부부는 볼로냐의 건축가 아고스티노 바렐리Agostino Barelli에게 설계를 맡겼다. 바렐리는 나중에 오페라 『토스카』의 무대가 되는 로마의 산탄드레아 델라 발레 성당Sant'Andrea della Valle을 모델로 삼았고, 1692년에 알프스 이북 최초의 바로크식 교회가 완성되었다. 그러나 교회를 주문했던 페르디난트 마리아는 이미 사망하여 완공된 교회를 보지 못했다.

처음에는 교회뿐만 아니라 수도원도 지어졌지만, 수도원은 쇠퇴하여 폐쇄되었고 지금은 교회만 남았다. 제2차 세계대전으로 인해 일부는 파괴되었지만 다시 복원되었다. 이어서 바이에른 주정부는 이전의 수도원 건물들도 복원했다. 이렇게 새로 생겨난 교회 뒤편의 건물들에는 바이에른주의 교육문화부와 과학예술부 등이 입주했다. 그리하여 지금 교회 뒤편의 카르디날파울하버 슈트라세Kardinal-Faulhaber-Straße 근방은 뮌헨에서 가장 우아하고 세련된 지역으로 탈바꿈했다.

문학의 집 Literaturhaus

테아티너 교회의 뒤편, 즉 수도원이 있던 카르디날파울하버 슈트라세에 위치한 문학의 집은 뮌헨의 문화기관이다. 여기는 문학에 대한 교육과 연구 및 행사 등을 관장하는 곳으로, 작가와 출판업자, 서점주인 그리고 언론인 등이 만나서 의논하고 교육하는 장소가 되었다. 여기서는 독자들을 위한 세미나와 교육뿐만 아니라 서점 직원들에 대한 교육도 이루어지며, 글쓰기 교실도 열고 있다. 특히 글쓰기 아카데미를 통하여 젊은 작가들을 발굴하고 그들의 출판도 후원한다.

오스카 마리아 브라세리 Oskar Maria Brasserie

문학의 집 1층에 있는 카페다. 작가들과 출판관계자들이 자주 찾아 문화적 향취가 넘치는 곳이다. 내부의 분위기와 테라스의 운치가 더해져 주변 문화예술부 관리나 회사 직원들도 애호한다. 바이에른의 작가 오스카 마리아 그라프Oskar Maria Graf를 기리며 지어진 이름이다. 카페 안에는 미국의 신개념 예술가인 제니 홀처Jenny Holzer가 제작한 오스카 마리아에 대한 헌정 작품 「오스카 마리아 그라프」가 설치되어 있다.

카페 루이트폴트 Café Luitpold

유럽의 여러 도시에 가면 도시를 대표하는 '시그니처 카페'라고 할 수 있는 곳이 한 군데씩 있다. 빈의 '카페 첸트랄'이나 부다페스트의 '카페 뉴욕', 베네치아의 '카페 플로리안'처럼 대개 그 지역에서 가장 화려하고 클 뿐 아니라 대표적인 문화 인사들이 모여들었던 곳이다. 뮌헨에서는 여기에 해당하는 카페가 '카페 루이트폴트'다. 뮌헨에도 전통 있는 카페가 많지만, 아직도 과거의 분위기와 수준 그리고 고객의 품위가 유지되는 카페는 루이트폴트 하나밖에 남지 않았다고 해도 과언이 아니

문학의 집

카페 루이트폴트

다. 나머지는 관광용으로 변질되거나 동네용으로 전락했다. 이곳은 세련된 건물구조와 화려한 인테리어도 인상적이지만, 그보다도 1911년에 유명한 뮌헨의 화가 그룹 '청기사파Der Blaue Reiter'가 모였던 역사적인 장소로 더 유명하다.

1888년에 브리너 슈트라세Brienner Straße와 살바토르 광장Salvatorplatz 사이의 주택들을 개조할 때에 큰 카페를 열기 위해 특별히 새 건물을 지었다. 안마당을 두고 건물이 사각형으로 둘러싸는 형태였다. 카페는 개장 때부터 세련된 실내, 고급 커피와 훌륭한 음식을 통해 단번에 뮌헨의 최고 카페의 자리에 올라섰으며, 청기사파 화가들을 위시하여 예술가와 지성인들이 모이는 곳이 되었다. 제2차 세계대전 때 건물은 부서졌지만 1948년에 다시 개관했다. 이러한 과거를 기억하기 위해서 2층에 있는 방 하나를 과거의 카페를 기리는 박물관으로 만들어서, 그곳에 당시의 테이블과 의자 그리고 사진 등을 전시하고 있다.

지금도 루이트폴트는 많은 사랑을 받는다. 가 보면 주변에서 일하는 회사원들도 있고 시내에 나온 김에 찾아온 주민들도 있다. 커피 및 진열된 많은 케이크들은 당연히 맛있으며 간단한 식사를 하기에도 최상의 장소다. 특유의 새빨간 테이블과 의자가 매혹적이다.

비텔스바허 광장 Wittelsbacherplatz

오데온 광장에서 브리너 슈트라세를 따라 서쪽으로 가다 보면 반듯한 사각형의 광장이 나타나니, 이곳이 비텔스바허 광장이다. 광장 가운데에는 말을 탄 인물의 동상이 서 있는데, 바로 막시밀리안 1세의 상이

비텔스바허 광장

다. 이 광장의 깨끗하고 세련된 분위기를 결정짓는 요소는 주변의 건물들이다. 광장 뒤쪽이 루드비히 페르디난트 궁전Palais Ludwig Ferdinand이며 왼편에 있는 건물이 아르코진네베르크 궁전Palais Arco-Zinneberg이다. 둘 다 뮌헨의 건축가 레오 폰 클렌체의 작품으로 각기 1825년과 1820년에 지어진 아름다운 역사적 건물이다. 과거 귀족의 저택이었던 두 건물은 지금은 모두 뮌헨을 대표하는 기업인 지멘스가 본사로 사용 중이다. 지멘스에서는 종종 이 광장에서 이벤트를 열곤 하며, 이때 광장에 설치미술이 설치된 모습을 볼 수 있다.

호텔 바이에리셔 호프 Hotel Bayerischer Hof

오랫동안 뮌헨을 대표해 온 최고의 호텔이다. 1841년에 유명한 건축가 프리드리히 폰 게르트너의 설계로 만들어진 유서 깊은 건물이다. 주변의 건물들을 합치면서 점점 넓혀갔다. 1924년에 증축하여 재개관할 때는 유럽에서 가장 큰 호텔이었다. 4백 실이 넘는 방들은 넓고 육중한 디자인을 자랑한다. 40개가 넘는 회의실을 가지고 있으며, 연회장에서는 전설적인 성악가인 엔리코 카루소Enrico Caruso가 공연한 적도 있다. 엘리자베트 황후를 비롯한 많은 왕족과 명사들이 묵었다. 이 호텔의 식당 아틀리어Atelier는 뮌헨 최고의 식당이다.(319쪽)

프로메나드 광장 Promenadeplatz

바이에리셔 호프 호텔 앞에 있는 길쭉한 광장이 프로메나드 광장이다. 과거에 퍼레이드에 사용하던 구역을 정원으로 만든 것이다. 여기에는 음악가 오를란도 디 라쏘Orlando di Lasso와 크리스토프 글루크Christoph

Willibald Gluck 등 뮌헨과 관련 있는 인물들의 석상과 동상이 놓여 있다. 여기에 최근 마이클 잭슨Michael Jackson의 비공식 기념 공간이 생겼다. 잭슨을 추모하려는 팬들이 그가 자주 머물렀던 호텔 근처에 있는 라쏘의 동상 기저부에 사진과 꽃 등을 장식하면서 시작된 공간이다. 오래된 음악가의 동상 아래에 팝 스타의 팬들이 만든 추모 공간이 들어선 모습이 이채롭다.

프로메나드 광장과 호텔 바이에리셔 호프

플라츨 부근

플라츨 지역

뮌헨의 화려한 거리인 막시밀리안 슈트라세에는 행인이 그리 많지 않지만, 거기서 남쪽으로 난 골목들로 들어서면 사람들이 많아진다. 그 중에서도 작은 광장 같은 곳에 사람들이 많이 보이고 술집도 많이 모여 있다. 이곳이 바로 플라츨Platzl이라고 부르는 유서 깊은 지역이다.

한국 사람들은 이곳에 있는 유명한 맥줏집 '호프브로이하우스Hofbräuhaus'를 가기 위해서 본인도 모르게 플라츨을 밟게 된다. 호프브로이하우스를 바라보고 서서 왼편으로 고개를 돌리면 정면에 '오를란도하우스'라고 적혀있는 예쁜 집이 한눈에 들어온다. 이렇게 오를란도하우스 앞에서 호프브로이하우스 앞까지 이르는 작은 지역을 플라츨이라고 보면 된다.

플라츨이 중요한 이유는 유명한 맥줏집이 많기 때문이기도 하지만, 그보다도 뮌헨에서 가장 오래된 지역, 즉 구 뮌헨의 중심 지역이 여기였기 때문이다. 또한 이곳은 밤마다 세계 곳곳에서 온 사람들이 모여들어 맥주를 마시고 노래 부르고 떠들다 보니 뮌헨에서는 드물게 밤늦게까지 번잡한 구역이기도 하다. 호프브로이하우스 외에도 유명한 술집, 식당, 카페, 상점들이 밀집한 흥미로운 곳이다.

오를란도하우스 Orlandohaus

플라츨에서 가장 널리 알려진 맥줏집은 호프브로이하우스지만, 플라츨의 비어하우스들 중에서 음식이 가장 맛있는 집은 오를란도하우스라고 할 수 있다. 플라츨을 내려다보는 오를란도하우스의 아름다운 르네상스풍 건물은 1900년에 지어진 것으로, 현재 문화재로 등록되어있다. 실내는 바깥에서 보는 것보다 더욱 아름답고 아기자기하다. 낮에 여는 뷔페에서는 오를란도의 음식을 저렴하게 맛볼 수 있어 인기가 높다.

건물 이름은 르네상스 시대의 작곡가 오를란도 디 라쏘의 이름을 딴 것이다. 라쏘는 벨기에 출신이지만 1564년 바이에른의 궁정악장이 되어서 뮌헨으로 이주했다. 그는 뮌헨에서 죽을 때까지 살았는데, 이곳이 그의 거처였다. 2007년에 이 지역의 스타 요리사인 알폰스 슈벡(88쪽)이

오를란도하우스

식당을 인수하여 '슈벡스 오를란도'로 상호가 바뀌었지만, 시민들은 여전히 그냥 '오를란도하우스'라고 부른다.

호프브로이하우스 Hofbräuhaus

뮌헨에서 가장 유명한 맥줏집 아니 세계에서 가장 유명한 맥줏집일 것이다. 거대하고 번잡하고 사람들이 많다. 한국 사람이 들어가면 악단이 「아리랑」이나 「만남」을 연주한다. 이건 뭐 '한국인 입장합니다'라고 광고하는 분위기라서 어지간히 숫기가 많은 사람이 아니면 들어가기 망설여지기도 한다. 게다가 동양인이 많아서 외면하는 사람도 적지 않다.

하지만 호프브로이하우스의 장점도 많다. 첫째로 맥주가 맛있다. 이곳의 맥주는 맑고 시원한 느낌이 독특하다. 둘째는 역사와 전통이다. 1589년에 막시밀리안 1세의 명으로 설립된 곳으로, 최초의 국립 양조장인 셈이다. 셋째로 뮌헨의 서민적인 맥줏집 분위기가 살아있는 곳이다. 사람들이 이렇게 떠들고 노래하고 춤추고 흥청거리는 분위기는 어느 집도 따라오기 어렵다. 넷째로 규모가 크다. 식당을 다 돌아보려면 한참 걸릴 정도다. 다섯째, 음식도 괜찮다. 어지간한 바이에른 음식은 거의 다 한다. 그렇게 많은 안주와 식사를 만들면서도 한결같이 어느 정도의 수준을 유지하며 한국인 입맛에도 잘 맞다. 가격도 저렴한 편에 속한다. 호프브로이하우스는 양조회사의 이름이며, 이 맥주홀의 정확한 명칭은 호프브로이하우스 암 플라츨 Hofbräuhaus am Platzl 이다.

이곳의 특징 중 하나는 원래 1리터짜리 맥주잔만 있었다는 것이다. 0.5리터짜리의 소심한 잔이 생긴 것은 최근의 일이다. 한 손으로 들기도

호프브로이하우스

힘든 1리터짜리 잔을 턱 놓고 나무벤치에 앉아서 들이키는 게 이곳의 진짜 맛이다. 또 다른 장관壯觀은 다양한 모양의 많은 머그잔들이 이름표를 붙이고 선반에 보관되어 있는 모습이다. 단골들이 자신의 잔을 이곳에 맡겨 놓고 올 때마다 찾아서 마시는 것이다.

호프브로이하우스는 정말 유명해져서 이곳만의 노래도 생겼다. 80년이 넘은 「호프브로이하우스 노래Hofbräuhaus-Lied」를 악단이 연주하기 시작하면, 단골들은 맥주잔을 들고서 따라 부른다. 워낙 많은 사람들이 방문하는 곳이다 보니 고객 중에는 역사적인 인물도 많다. 아마 가장 유명한 사람은 모차르트Wolfgang Amadeus Mozart일 것이다. 뮌헨을 동경했던 모차르트는 플라츨에서 살았던 적이 있는데, 당시 그는 자주 들르던 호프브로이하우스에서 영감을 얻어 오페라 『이도메네오』를 작곡했다고 한다.

혁명가 블라디미르 레닌Vladimir Lenin 역시 뮌헨에서 살던 시절에 이곳의 단골이었다.

아잉거스 Wirtshaus Ayingers

맥주로 유명한 호프브로이하우스와 음식으로 유명한 오를란도하우스에 비해서 상대적으로 인지도는 낮지만, 조용한 곳을 찾는 사람에게는 아잉거스를 추천한다. 본래 플라츨의 대표적인 여관이 있던 자리였지만 제2차 세계대전 중의 공습으로 여관은 전파되었고, 후에 재건되면서 1950년대에 식당 아잉거스로 재탄생했다. 대신에 여관업은 뒤편의 플라츨 호텔로 승계되었다. 아잉거스는 좋은 바이에른 음식을 제공하여 동네에서 평판이 높다.

피스터밀레 Pfistermühle

플라츨을 걷다 보면 벽면 전체가 담쟁이덩굴로 뒤덮인 건물이 나타난다. 누구나 들어가고 싶다는 마음이 들 것이다. 플라츨 지역은 제2차 세계대전 중에 폭격으로 심하게 파괴되었다. 하지만 건물 몇 채는 살아남아서 원래대로 복원되었는데, 여기가 그 중 하나다. 내부의 테이블이나 세팅도 외관만큼 예쁘다. 바이에른 음식의 전통식당으로서 음식도

피스터밀레

상당히 좋은 편이다.

마술피리 Die Zauberflöte

플라츨 부근의 골목 안에 들어있는 작은 레코드 가게다. 이곳은 클래식 음반만을 다루는 가게로 클래식 팬이라면 한 번쯤은 찾아가 볼 만하다. 음악에 대해서 해박한 주인이 혼자서 꾸려온 지가 20년이 넘었다. 특히 이곳은 보기 드문 명반들을 주인의 취향대로 구비해 놓았는데, 정신없이 흐트러진 좁은 가게 속에서 절판된 명반을 발견하는 재미가 있다. 음반 외에도 연주가들의 서명이 들어간 사진이나 엽서, 포스터, 책, 지나간 프로그램 북 등도 있다. 해박한 주인과 음악에 관한 대화를 나누는 경험 역시 여행 중에 만날 수 있는 즐거움일 것이다.

마술피리

슈나이더 브로이하우스

슈나이더 브로이하우스 Schneider Bräuhaus 🍴

바이세스 브로이하우스Weisses Bräuhaus라는 상호로 유명했던 이 식당은 2016년 이후에 '슈나이더 브로이하우스'로 이름이 바뀌었다. 지금도 이전의 이름으로 알고 있는 사람들이 많다. 뮌헨 시내의 여러 맥줏집 가운데 바이에른 요리를 잘 하는 집으로 손꼽을 수 있다. 특히 독일 전통 구이 요리인 학세Haxe를 만드는 솜씨가 뛰어나서, '한국 사람들에게 잘 알려져서 유독 한국인들이 줄 서는 그 학세집'과는 차원이 다른 고품격 학세를 제공한다. 엄격하게 만든 뮌헨의 흰 소시지인 '바이스부르스트Weisswurst'도 훌륭한데, 제조 과정이 엄격하여 오전 11시 30분 이후에는 소시지 주문을 받지 않는다. 아침에만 한 번 만들기 때문이다. 과거의 전통을 살린 건물도 분위기 있다.

이곳은 슈나이더 맥주회사의 직영 매장이다. 슈나이더는 1607년에 설립된 오래된 양조장으로, 이곳에서 판매하는 슈나이더 맥주는 1번부터 11번 이상까지 10개 이상의 단계별로 나뉘어 각각 맛이 다른 맥주를 제공한다. 기본인 7번부터 시작해서 웨이트리스의 조언을 받아가면서 이것저것 마셔보는 즐거움이 크다.

파울라너 임 탈 Paulaner im Tal

파울라너Paulaner는 17세기에 시작된 맥주로서, 국내에 수입되어 우리에게도 잘 알려져 있다. 뮌헨 시내에 파울라너를 취급하는 맥줏집은 많지만, 이곳이 중심가에서 가깝고 인기가 높다. 하지만 여기는 원래 식당으로 더 유명하다. 특히 학세나 바이스부르스트를 비롯한 바이에른 음식을 잘 한다. 1524년부터 시작된 가게로 어느덧 그 역사가 500년을 눈앞에 두고 있다.

이자르 문 Isartor

플라츨에서 동쪽으로 가면 식당들과 맥줏집들이 이어진다. 그쪽으로 걷다 보면 커다란 이자르 문이 나타난다. 뮌헨도 뉘른베르크처럼 성벽으로 둘러싸인 도시였지만 지금은 흔적이 별로 남아 있지 않다. 그 성벽에는 서울의 사대문처럼 네 개의 문이 있었는데, 그 중 동대문에 해당하는 것이 이것이다. 이자르강에 가까워서 이자르 문이라고 부른다.

1337년에 건설된 옛 이자르 문은 고딕 양식으로 양편에 두 개의 탑이 있고 가운데에는 40미터 높이의 탑이 있었다. 지금 서 있는 것은 1885년에 프리드리히 폰 게르트너가 개축한 것이다. 문 위에는 프레스코화가 그려져 있다. 이는 베른하르트 폰 네에르Bernhard von Neher가 1835년에 그린 작품으로, 1322년 뮐도르프 전투에서 승리한 바이에른 군대의 개선 장면을 그린 것이다.

안에는 베르톨트 브레히트가 좋아했던 유명한 희극 배우 카를 발렌틴Karl Valentin을 기리는 발렌틴 카를슈타트 박물관Valentin Karlstadt Musäum이 있다. 이를 알리는 의미로 중앙탑의 시계가 반대방향으로 돌아간다. 이제는 아무도 쳐다보지 않지만.

이자르 문

알폰스 슈벡

Alfons Schuhbeck, 1949~

인물

플라츨에 들어서서 가게들의 간판을 살피다 보면 특이한 점을 발견하게 된다. 이 글을 읽지 않고 직접 발견했다면 더 좋겠지만…. 막시밀리안 슈트라세에서 암 코스토어Am Kosttor 골목으로 들어가서 플라츨로 가다 보면 주변에 '슈벡스'라는 이름을 가진 가게들이 즐비하다. 슈벡스 티룸, 슈벡스 식품점, 슈벡스 양념집, 슈벡스 피자, 슈벡스 레스토랑에 슈벡스 바, 슈벡스 라운지, 게다가 슈벡스 파인다이닝이라는 집도 보인다.

알폰스 슈벡은 바이에른의 국경 마을인 트라운슈타인에서 알폰스 크라크Alfons Karg라는 이름으로 태어났다. 그는 통신기술자가 되려고 직업교육을 받았다. 그런데 휴가철에 고향 부근의 휴양지인 바깅 암 제Waging am See에 놀러갔다가 우연히 식당에서 아르바이트를 하게 되었다. 이 식당 슈트란트쿠르하우스Strandkurhaus의 주인 제바스티안 슈벡Sebastian Schuhbeck과의 만남은 그의 일생을 바꾸어놓았다. 슈벡은 알폰스에게 부엌일을 가르쳤는데, 알폰스는 슈벡의 마음을 사로잡았다. 슈벡의 충고로 알폰스는 요리학교에 지원했다.

그는 요리사 자격을 획득한 뒤 잘츠부르크를 필두로 제네바,

파리, 런던 그리고 뮌헨의 고급식당들을 두루 섭렵했다. 이후 1980년에 알폰스는 스승이 있는 슈트란트쿠르하우스로 돌아가서 그 식당을 맡는다. 알폰스가 식당의 부엌을 맡고부터 식당은 유명해지기 시작했다. 소문은 퍼져나갔고, 식당은 뮌헨과 잘츠부르크의 상류사회가 선호하는 식당 중 하나가 되었다.

식당 주인 제바스티안 슈벡은 알폰스를 양자로 입양하고 상속자로 삼았다. 그때부터 알폰스 슈벡이 된 그는 1983년에 미슐랭 가이드에서 최고 요리사로 선정되었다. 바이에른 방송에서는 TV 프로그램 '슈벡스 쇼'를 만들었고, 그가 쓴 요리책만 20권을 헤아린다.

"
플라츨의 새로운 영주이자 마스코트
"

알폰스 슈벡은 2003년에 뮌헨의 플라츨에 새로운 식당 쥐트티롤러 슈투벤Südtiroler Stuben을 열었다. 거기서 그는 또다시 미슐랭 별을 따내는 데 성공한다. 수많은 상을 받은 그는 슈벡스 그룹을 설립했다. 이 회사는 현재 뮌헨에 있는 오를란도하우스를 비롯한 많은 식당, 술집, 케이터링, 식품가게, 차茶가게, 아이스크림가게, 요리학교 등을 운영한다.

플라츨을 지나다가 보면 한 뚱뚱한 아저씨가 흰 요리사 제복을 입고 거리를 활보한다. 쾌활한 그는 플라츨의 새로운 영주인 동시에 플라츨의 마스코트다.

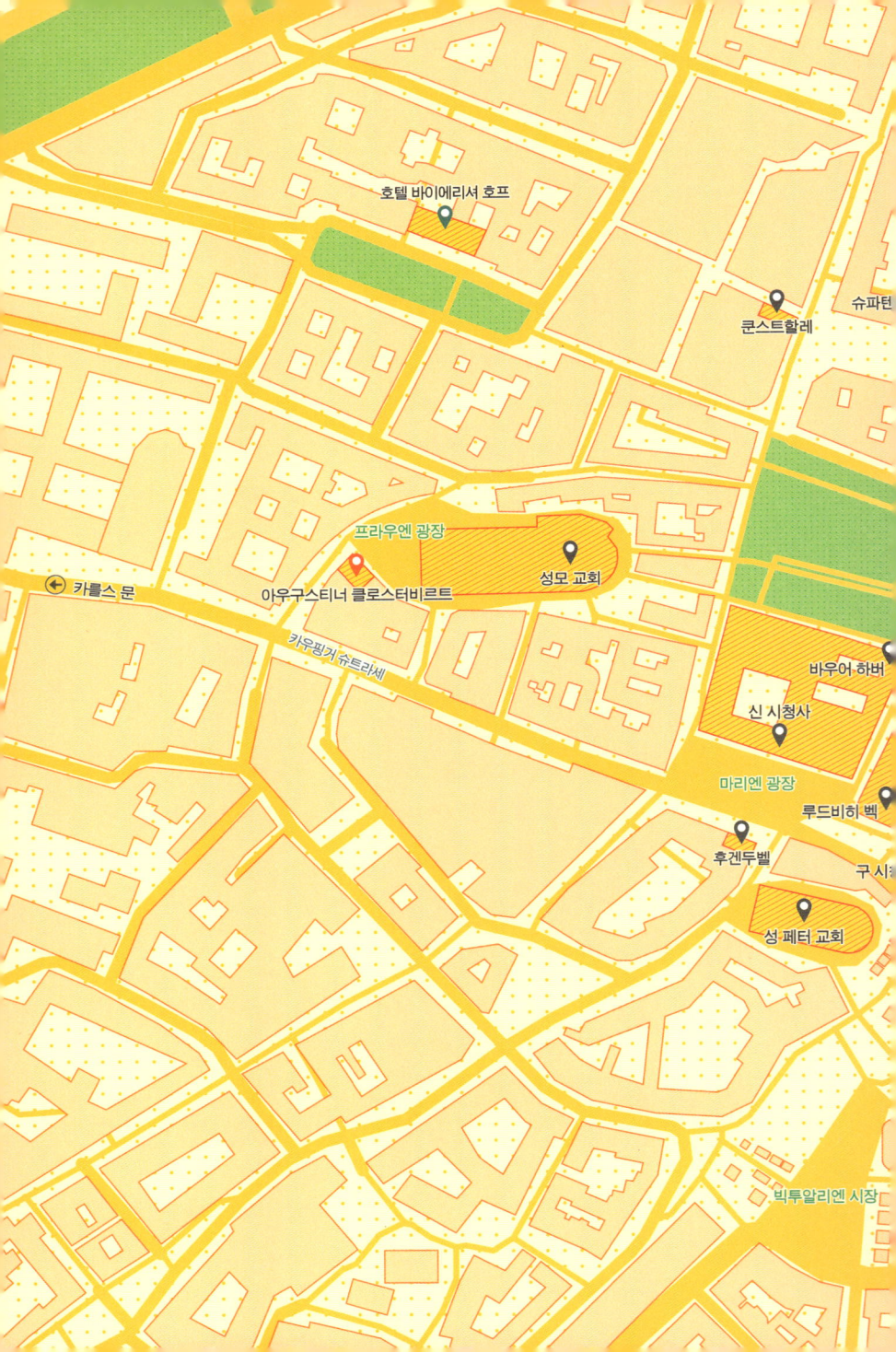

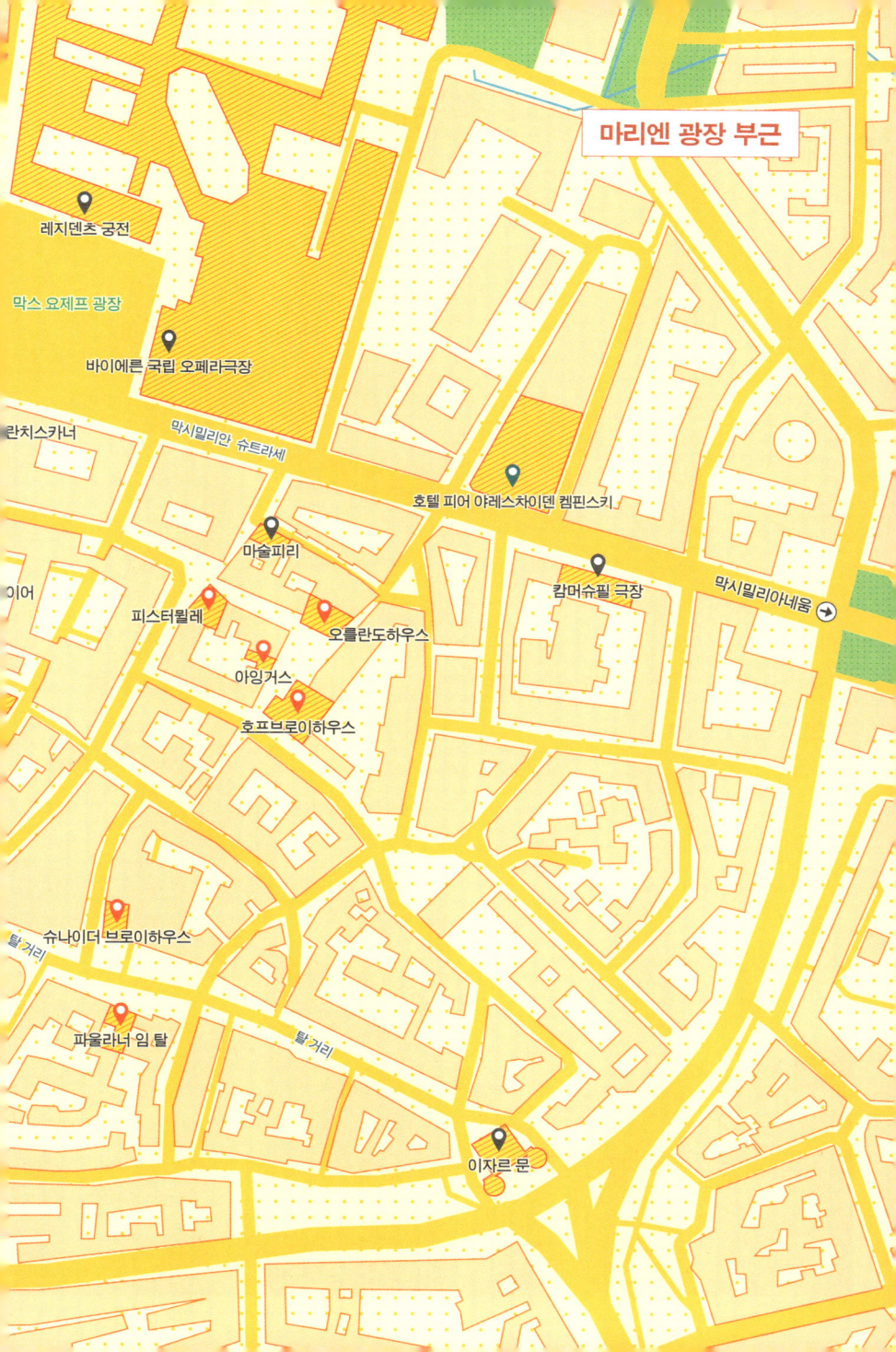

마리엔 광장 부근

마리엔 광장 Marienplatz

마리엔 광장은 현지인들보다도 물결치는 관광객들로 넘쳐나는 곳이다. 과거에는 이곳에 전통적인 카페들도 있었지만, 어느새 다 사라지고 이제는 관광객을 겨냥한 집들로 거의 바뀌었다. 건물들이 네모지게 사방을 둘러싼 광장 가운데에 성모 마리아의 기념비가 서 있어서 '마리아의 광장'이라는 뜻의 이름이 붙었다.

신 시청사 Neues Rathaus

마리엔 광장에 뮌헨의 상징처럼 서 있는 건물이 신新 시청사다. 고딕 양식의 건물이 하늘을 찌를 듯이 높은 탑과 화려한 장식으로 눈길을 사로잡는다. 뮌헨의 신 시청사 건물은 유럽의 다른 시청들보다 늦은 1908년에 게오르크 폰 하우베리서Georg von Hauberrisser의 설계로 건립되었다. 지금은 박물관으로 이용 중이다. 이 건물의 대중적인 인기는 종탑의 종이 울릴 때에 움직이는 자동인형들 덕이다. 두 층으로 구성된 인형의 무리가 11시, 12시, 17시, 21시 정각마다 춤을 추면서 움직인다. 춤의 주제는 바이에른의 빌헬름 5세의 결혼식을 묘사한 것이라는데,

한 층은 결혼을 축하하는 마상시합이고 다른 층은 서민들이 결혼을 축하하는 춤을 추는 장면이다. 그러나 춤추는 인형들보다도 더 큰 장관은 그 인형들을 보기 위해서 일제히 카메라를 들고 서 있는 관광객들이다.

구 시청사 Altes Rathaus

마리엔 광장의 동편에 있는 흰 건물이 구舊시청사다. 신 시청사 이전에 시청으로 사용하던 곳으로 1300년경부터 있었다고 한다. 몇 번의 개조를 거쳐 지금의 르네상스풍 외관을 지니게 되었다. 도시 인구가 증가하면서 더 많은 길이 필요해지는 바람에 건물 1층을 관통하는 길을 뚫었는데, 그 덕에 더 멋있어졌다. 첨탑 안에는 장난감 박물관 Spielzeugmuseum이 있다.

구 시청사

루드비히 벡 Ludwig Beck

마리엔 광장에서 신 시청사를 바라보고 섰을 때 오른편에 있는 건물이 '루드비히 벡'이라는 백화점이다. 뮌헨을 바탕으로 하는 이 향토 백화점은 맨 앞의 건물뿐만 아니라 뒤편으로 늘어선 몇 채의 건물들까지 포함한다. 한 채의 건물에 상가가 다 들어갈 수 없어서 여러 건물에 각 종목들이 나뉘어 입주한 것이다. 1861년에 직물회사로 시작한 루드비히 벡은 사세를 확장하여 방직공장을 소유한 적도 있었다. 1980년대에는 독일 전역에 12개까지 지점을 확장하기도 했다. 그러나 세계적으로 뚜렷한 백화점의 쇠퇴 기류로 인해 다른 지점은 모두 문을 닫고, 지금은 본사에 해당하는 이 매장 하나만 남아있다.

루드비히 벡이 문화적으로 가치 있는 이유는 7층에 위치한 레코드매장 때문이다. 1988년에 문을 연 레코드매장은 클래식과 재즈만을 다루는데, 클래식 음악 팬들 사이에서는 세계적인 클래식 음악 산업의 침체 속에서도 제자리를 지키는 좋은 매장으로 잘 알려져 있다. 특히 깊고 풍부한 지식을 가진 나이든 직원들의 존재감은 고객이 매장을 꾸준히 찾게 만드는 비결이다. 한 통계는 이 매장의 판매고가 세계 클래식 음악시장 판매고의 1퍼센트를 차지한다고 발표했다. 이는 단지 한 매장의 힘일 뿐 아니라, 문화도시 뮌헨의 힘을 보여주는 수치라 하겠다.

달마이어 Alois Dallmayr

신 시청사에서 출발해 루드비히 벡의 건물들이 연달아 늘어선 디너슈트라세Dienerstraße를 지나면, 루드비히 벡 상가에 이어 나타나는 건물이 뮌헨이 자랑하는 향토기업 '알로이스 달마이어'다. 바로 세계적인 수준의 식품회사다. 문을 열고 들어가면 눈이 휘둥그래질 정도로 엄청난 양을 자랑하는 식품들을 보고 놀랄 것이다. 얼핏 보아도 그 모든 식품들의 품질이 대단히 좋아 보인다. 매장은 커피, 차, 와인, 소시지와 햄, 치즈, 과일과 채소, 생선, 빵, 파스타, 고기 등 19개의 전문적인 세부코너로 나뉘어져 있는데, 모두 세계 최고의 수준이다. 아마도 뮌헨에서 이 이상의 쇼핑 장소는 없을 것이다. 이곳에서 판매하는 제품은 모두 달마이어에서 자체 생산하는 것으로 이 건물에서 직접 가공한다. 초콜릿이나 훈제연어 등 공간적 제약이 있는 식품만 교외의 자체 공장에서 생산한다.

달마이어는 유럽에서 가장 큰 식품제조 회사이며, 특히 독일에서는 가장 유명한 커피 브랜드이기도 하다. 회사의 기원은 1700년으로 올라가니 3백년이 넘은 기업으로, 1800년대에는 바이에른 왕실의 식품 납품을 전담하기도 했다. 1933년부터 커피를 판매했는데, 높은 품질의 달마이어 커피는 큰 인기를 끌어서 지금은 커피가 회사에서 가장 비중이 큰 사업이 되었다. 달마이어는 커피 원두를 가져오는 에티오피아의 사막화를 막기 위해서 가장 많은 모종을 심는 회사이기도 하다. 한편 달마이어는 커피를 그 자리에서 자동으로 만들어내는 자동판매기를 개발하여 보급 중이다. 아우토반의 모든 휴게소에 달마이어 커피 기계가 설치되었으며, 해외에도 진출해서 유럽뿐 아니라 아랍에미레이트 등 14개국에 보급되었다.

또한 달마이어는 독일에서 가장 큰 케이터링 업체이기도 하다. 지금도 유럽 주요 왕실의 파티에서는 달마이어의 케이터링을 선호하며, 바이에른 국립 오페라극장의 음식도 달마이어 케이터링에서 조달한다.

달마이어의 커피 매장

지금 달마이어 전체의 매출액은 한해에 10억 유로가 넘는데, 이 모든 수익이 이 작은 식품매장에서 실현되는 것이다. 이곳은 유럽 전체에서 유일한 달마이어 가게다.

 달마이어는 식당도 보유하고 있다. 2층에 있는 레스토랑 달마이어 Dallmayr는 미슐랭 가이드에서 몇 년째 별 2개를 유지하고 있다. 여기는 뮌헨에서 가장 훌륭한 식당 중의 하나로 가격은 상당히 비싸다. 대신 1층에 있는 카페-비스트로 달마이어 Café-Bistro-Dallmayr에서도 간단한 점심식사를 할 수 있다. 이곳은 레스토랑에 비해서 저렴해서 적은 부담으로 달마이어의 재료와 요리를 맛볼 수 있다. 점심때 가 보면 혼자 식사하는 미식가들을 볼 수 있다. 또한 여기 있는 루쿨르스 바 Lukullusbar는 고급 바로서, 프랑스산 굴과 샴페인 등으로 유명하다.

바우어 히버 Bauer Hiber

디너 슈트라세에 있는 오래된 가게다. 음악에 관한 물품을 다루는 가게로, 가장 중요한 상품은 악보다. 클래식에서 재즈에 이르는 귀한 악보들을 갖추고 있어서 예로부터 뮌헨의 음악가와 애호가들이 소중하게 여긴 곳이다. 지하에서는 음반도 판매하며 악기를 취급하기도 한다.

후겐두벨 Hugendubel

마리엔 광장을 찾아온 방문객들이 대부분 놓치는 좋은 가게 중 하나가 후겐두벨이다. 만일 당신이 이곳을 발견하고 들어가 보면 놀랄 것이다. 이곳은 유럽 전체를 통틀어서도 손꼽히는 대형서점이다. 특히 마리엔 광장과 신 시청사가 정면으로 보이는 2층과 3층의 전망이 인상적이다. 여기에 친절하게 배치된 소파에 앉아서 책을 읽으며 광장을 내려다볼 수 있다. 여기서라면 신 시청사 종탑의 자동인형 공연도 광장의 인파에 방해 받지 않고 편하고 조용하게 볼 수 있다. 이른바 명당이다.

후겐두벨은 1893년에 뮌헨에 설립되었다. 회사는 가족경영으로 이어지다가 2005년부터 전문경영인들이 참여하고 있다. 이곳은 1979년 세계 처음으로 혁신적인 디자인을 서점에 도입하고 백화점의 요소와 도서관의 요소를 합쳐서 종합적인 형태를 추구한 서점이다. 넓고 현대적인 서가書架, 편안한 테이블과 소파들 그리고 다양한 잡화 판매의 도입 등은 모두 신선하고도 과감한 시도였다. 그중에서도 이 서점이 성공한 강력한 요소를 들라면 고객들의 책에 관한 질문이나 다양한 독서 취향에 완벽하게 대응할 수 있는 전문가 수준의 직원들일 것이다. 후겐두벨은 승승장구하여 한때는 전국에 350개가 넘는 지점을 가지고 있었

후겐두벨에서 바라본 마리엔 광장

지만, 현재는 지점을 100여 개로 줄여 운영 중이다. 뮌헨에도 몇 군데 매장이 있다. 특히 뮌헨 마리엔 광장 지점은 후겐두벨의 고향이자 상징과 같은 곳이다. 이곳은 독일 최초로 600평이 넘는 소매매장 공간을 확보한 곳이기도 하다. 이 유서 깊고 체계적인 서점에서 세계에서 가장 책을 많이 읽는다는 독일 시민들의 독서 문화를 직접 느껴보자.

성 페터 교회 Kirche Sankt Peter

신 시청사 건너편의 마리엔 광장 바로 뒤편에 '성 페터 교회'가 있다. 뮌헨의 여러 교회들 가운데에서 성모 교회와 함께 많은 사람들이 방문하는 곳으로, '성 베드로 교회'라는 뜻이다. 1225년에 설립되어 뮌헨에서 가장 오래된 교회이다. 뮌헨 사람들은 이곳을 '알터 페터(오래된 베드로)'라는 애칭으로 부른다. '페터키르헤Peterkirche'라고도 한다. 뮌헨이라는 이름이 뮌히Mönch 즉 수도사라는 단어에서 시작된 데서 알 수 있듯, 뮌헨은 예로부터 '수도원의 도시'로 통했다. 따라서 이 오래된 교회는 뮌헨의 정신적 지주이자 뿌리로 여겨지는 곳이라 하겠다.

제2차 세계대전 중의 공습으로 성 페터 교회는 복구가 불가능할 정도로 파괴되었다. 하지만 교회를 살리자는 열망으로 전 세계에서 지원을 받아 재건이 진행되어 1954년에 지금의 모습을 찾았다. 외관은 얼핏 단순해 보이지만 안에 들어가면 아름답고 기품이 느껴진다.

빅투알리엔 시장 Viktualienmarkt

어디서나 오래된 시장은 서민들의 생활과 문화를 엿볼 수 있는 장소다. 다행히 뮌헨의 전통시장은 마리엔 광장 곁에 있어서 쉽게 찾아갈 수 있다. 이 활기찬 공간은 특별히 뭔가를 사지 않더라도 돌아다니면서 구경하기 좋다. 식품들도 많으며 그 자리에서 먹을 수도 있다. 나무 그늘에 위치한 좋은 비어가르텐(비어가든)도 있다. 여기에서는 한 가지 맥주가 아니라 옥토버페스트에 등장하는 6대 뮌헨 맥주를 공동으로 판매한다.

원래 뮌헨의 중앙시장은 지금의 마리엔 광장이었다. 하지만 뮌헨의 인구가 늘어나면서 마리엔 광장은 시장 기능을 하기에는 협소해졌다. 이에 막시밀리안 1세가 수도원의 병원을 이전시키고 그 자리에 시장을 만들게 한 것이 오늘에 이르고 있다. '빅투알리아Victualia'는 라틴어로 식품이라는 뜻으로, 지금도 시장의 주요 상품은 식품이다.

빅투알리엔 시장

쿤스트할레 Kunsthalle

독일의 여러 도시에는 '쿤스트할레'라는 이름을 붙인 좋은 미술관들이 있다. 뮌헨에도 쿤스트할레가 있지만 아쉽게도 자체 소장품은 없다. 즉 기획전이 열리는 전시용 공간이라 보면 된다. 해외미술관의 순회전을 많이 주최하며, 간혹 자체 기획전을 하기도 한다.

성모 교회 Frauenkirche

마리엔 광장에서 카우핑거 슈트라세Kaufingerstraße를 따라 서쪽으로 걷다 보면 오른편 안으로 조금 들어가 있는 교회의 모습이 보인다. 여기가 '프라우엔 교회'다. 주로 '성모 교회'로 번역된다. 두 개의 높은 탑 위에 초록색 양파 같은 것을 올려놓은 교회는 뮌헨의 상징이다. 뮌헨 대

성모 교회

교구의 대성당으로 정식 명칭은 '성모 대성당Dom zu Unserer Lieben Frau'이다. 보통 '돔Dom(대성당)'이라고 부르지만, 시민들은 성모 교회 즉 '프라우엔키르헤'라고도 부른다. 두 탑의 높이는 99미터로서 뮌헨 시내의 어디서나 잘 보인다(뮌헨 중심부에는 이 탑보다 높은 건물은 허가가 나지 않는다). 1468년부터 짓기 시작했는데, 예산이 부족하여 비싼 석재 대신에 벽돌을 구워서 지었다. 고딕양식이니 탑에는 뾰족한 첨탑을 올려야 했지만, 역시 예산 문제로 설계를 변경하여 양파 모양의 둥근 지붕을 얹었다.

　내부는 대단히 넓다. 예산 부족 때문이었다고는 하지만, 양쪽으로 늘어선 긴 기둥과 단순한 흰 벽이나 천정이 경건한 느낌을 준다. 성모 교회 역시 제2차 세계대전 때의 공습으로 심각한 피해를 입었다. 오랜 세월 동안 복구가 이루어졌고, 복구공사는 1994년에야 끝났다. 스테인드글라스를 보면 창문마다 그 형태와 스타일이 다른데, 여러 시대를 거치면서 주문하여 제작했기 때문이다. 남쪽 탑의 꼭대기에는 전망대가 있다. 올라가 보면 독일 알프스의 만년설을 얹은 멋진 봉우리들이 보인다. 또한 성모 교회에는 뮌헨에서 가장 좋은 오르간이 설치되어 있어서 미사 때 오르간 연주를 들을 수 있다. 성당 측은 뮌헨의 음악회 시즌이 끝난 7월에서 9월 사이에 일부러 정기 오르간 연주회를 기획해서 시민들에게 오르간 음악을 들려주고 있다.

프라우엔 광장 Frauenplatz

　성모 교회의 서쪽에는 쉬어가고 싶은 작고 예쁜 정원이 있다. '프라우엔 광장'이다. 커다란 나무들 아래 그늘에는 작은 연못이 있다. 연못에는 세련된 분수가 물을 흘려내며 운치를 더한다.

프라우엔 광장과 아우구스티너 클로스터비르트

아우구스티너 클로스터비르트 Augustiner Klosterwirt

프라우엔 광장 뒤편에는 '아우구스티너 클로스터비르트'라는 식당이 있다. 유명한 양조장인 아우구스티너에서 운영하는 이곳은 오랜 역사와 맛있는 음식 그리고 운치 있는 분위기까지 갖춘 좋은 식당이다. 앞에 펼쳐진 성모 교회와 프라우엔 광장을 바라보면서 먹는 한 끼 식사와 한 잔의 맥주는 뮌헨에서의 느긋한 저녁을 보장한다.

춤 아우구스티너 Zum Augustiner

마리엔 광장에서 서쪽 즉 뮌헨 중앙역 쪽으로 뻗어있는 노이하우저 슈트라세 Neuhauser Straße에서 가장 중요한 식당이다. 춤 아우구스티너는 700년의 역사를 가진 양조장이며, 뮌헨에서 가장 오래된 맥주의 하나인 '아우구스티너브로이'의 본사다. 사람들이 많아서 불친절하다는 말도 들리지만, 그럼에도 몰려드는 손님들은 직원들로서도 어쩔 수 없나 보다. 오전에 문을 열자마자 가는 게 좋다. 아침에 사람이 적기도 하지만, 그보다 큰 이유가 있다. 이 집이 잘 만드는 뮌헨 스타일의 소시지인 바이스부르스트 때문이다. 뮌헨의 흰 소시지는 저장식품이 아니라 아침마다 삶아서 바로 먹는 것이어서 제대로 된 식당에서는 점심시간부터는 판매하지 않는다. 덕분에 많은 사람들이 아침부터 맥주를 마시는 광경을 볼 수 있다. 종가에서 마시는 맥주와 소시지는 무척 맛있다.

  1328년부터 양조장을 운영한 아우구스티누스 수도원은 지금 독일 전역에 60개가 넘은 맥줏집을 운영하고 있는데, 그중에서도 가장 저명한 본사에 해당하는 곳이 여기다. 밖에서 잘 보면 건물이 두 개로 나뉘어져 있다. 같은 회사에 같은 상호지만, 하나는 식당이고 하나는 맥줏집이다. 가격은 같고 어느 쪽에서도 원하는 음식을 주문할 수 있다.

춤 아우구스티너

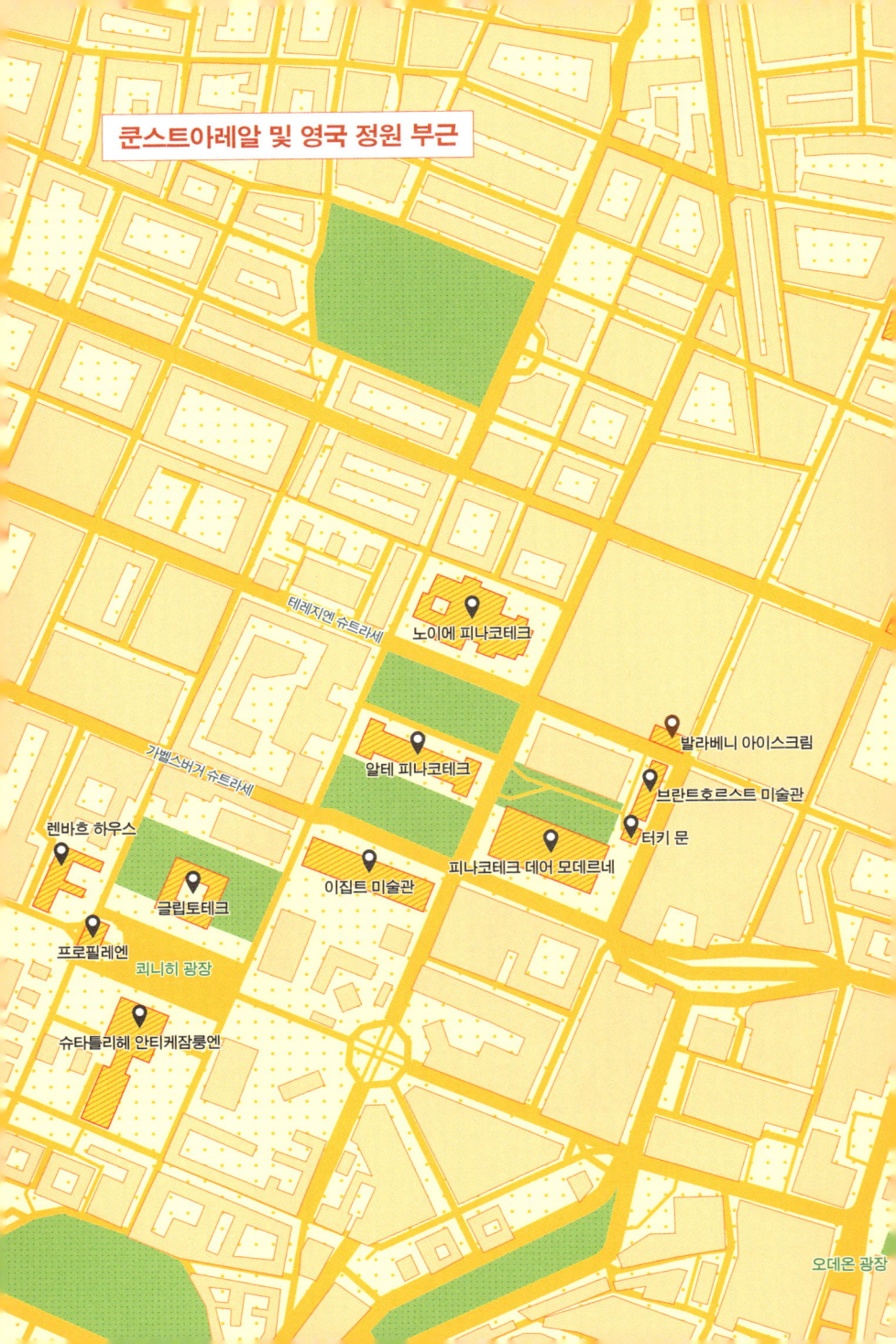

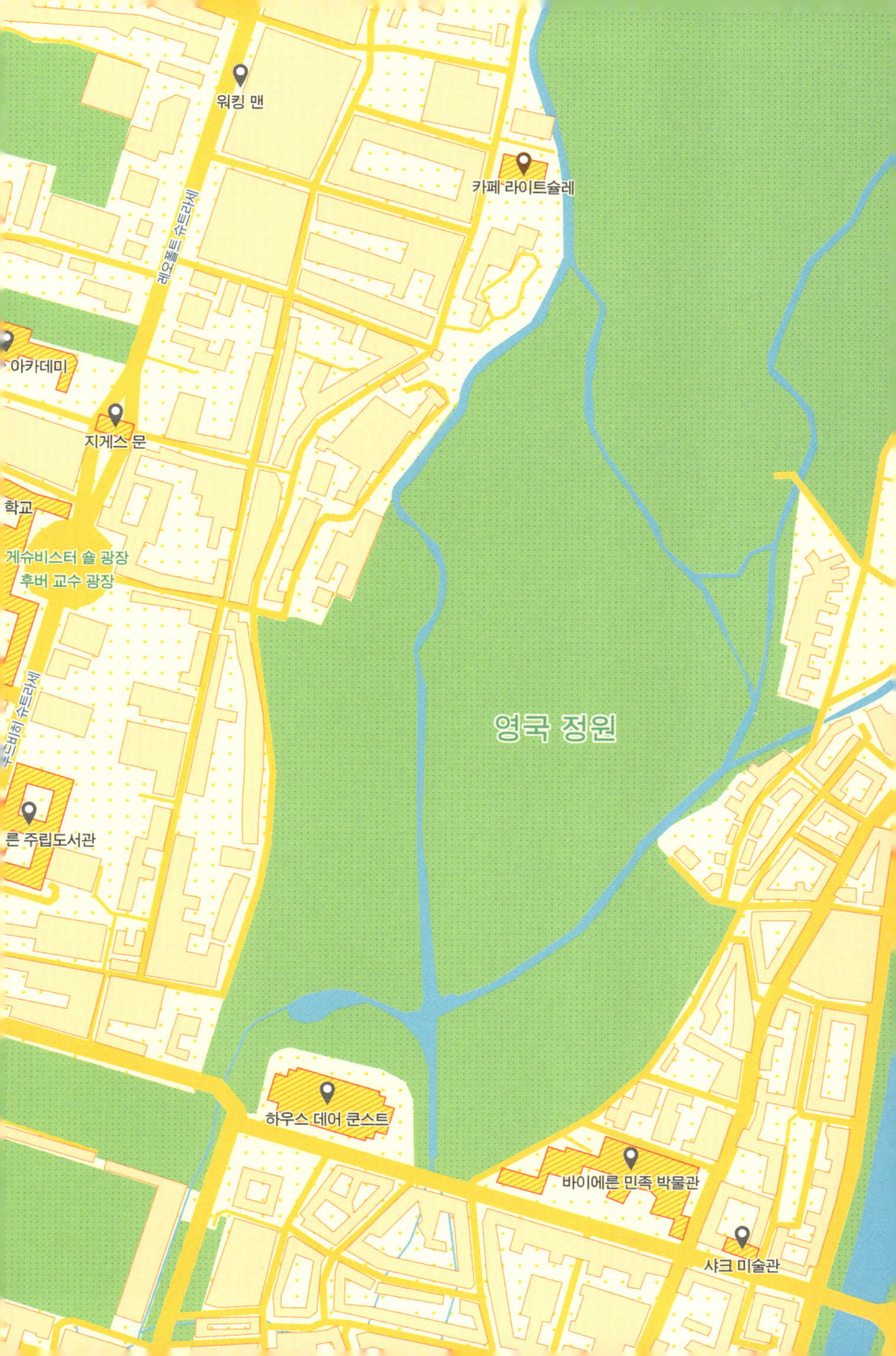

쿤스트아레알

쿤스트아레알 Kunstareal

　이 지역은 뮌헨 문화의 핵심적인 장소로서 도시의 자랑이자 심장과 같은 곳이다. 최소한 하루 이상 시간을 내서 이곳을 탐색해보는 게 좋다. 본인이 어떤 취향을 가졌더라도 예술적 감동을 얻고 지적인 호기심을 충족시킬 수 있을 것이다. 그리고 결국에는 문화적인 포만감을 느끼면서 삶의 여러 면모를 돌이켜볼 수 있을 것이다.

　쿤스트아레알은 뮌헨의 중심인 오데온 광장에서 가까워서 느긋하게 걸어서도 갈 수 있고, 지하철이나 트램을 타더라도 한두 정류장만 가면 된다. 뮌헨의 행정과 상업의 중심부로부터 조금 떨어진 북쪽에 위치한 이 지역에는 정책적으로 박물관들이 집중적으로 건립되어 '쿤스트아레알' 즉 '예술지구'라고 불린다.

　이 지역에는 무려 15개가 넘는 대형 박물관들이 밀집해 있다. 뉴욕처럼 빌딩이나 상가들 사이에 박물관이 위치한 게 아니라, 넓은 들판 위의 한 블록마다 거대한 박물관이 하나씩 서 있다고 상상하면 된다. 그래서 큰길 하나만 건너면 한 박물관에서 다음 박물관으로의 이동이 이루어지는 셈이다. 이렇게 걷는 동안 앞선 박물관에서의 감동을 되새

겨볼 수 있다. 쿤스트아레알 전체가 실로 거대한 미술관으로, 이 정도로 수준 높은 작품들을 체계적으로 전시한 지역은 세계적으로도 유례가 드물다. 이 지역을 걷는 날은 뮌헨 여행 중에서 가장 감동적인 하루가 될 것이다.

쿤스트아레알에서는 일단 순수미술을 다루는 미술관들이 중심을 이룬다. 그러나 서문에서 말했듯이 이곳 미술관들은 고대로부터 현대의 전위적인 미술까지 넓은 시대를 아우르고 있다. 쿤스트아레알에 있는 미술관들은 시대별이나 장르별로 나누어져 있다는 것이 특징이다. 그러므로 이 지역의 미술관들을 꼼꼼히 둘러본다면 미술사 전체를 관통하는 체계적인 지식을 쌓을 수도 있다. 고대로부터 현대에 이르기까지 각 미술관들의 시대적 순서를 나열해 본다면 대표적인 아홉 곳을 순서대로 언급할 수 있다. 즉 이집트 박물관, 글립토테크, 안티켄잠룽엔, 알테 피나코테크, 노이에 피나코테크, 렌바흐 하우스, 피나코테크 데어 모데르네, 브란트호르스트 미술관의 순서가 된다. 이 여정의 끝으로 (쿤스트아레알에서 조금 떨어진 곳이지만) 쿤스트 데어 모데르네를 더한다면 아홉 곳의 대형 미술관들을 거치는 미술사 순례를 마감하게 된다. 그 외에 도시에 산재한 작은 미술관들을 취향에 따라 더한다면 정말 끝이 없을 정도다.

시간이 없는 분들을 위해 굳이 5개의 미술관으로 줄여서 꼽으라면, 역시 시대순으로 알테 피나코테크, 노이에 피나코테크, 렌바흐 하우스, 피나코테크 데어 모데르네, 그리고 브란트호르스트 미술관이라고 할 수 있다. 뮌헨에 왔다면 최소한 이 다섯 곳만은 꼭 가 보아야 할 것이다.

알테 피나코테크

쾨니히 광장 Königsplatz

쾨니히 광장은 쿤스트아레알의 중심이자 뮌헨의 상징 중 하나다.

바이에른 왕국 말기의 군주였던 루드비히 1세는 고대 그리스 문명에 심취했다. 그는 자신의 뿌리가 머나먼 고대 그리스로부터 이어져왔다는 점에 자부심을 느꼈다. 그는 고대 그리스의 유물들을 많이 수집했으며, 나아가 고대 그리스의 아크로폴리스를 뮌헨에도 만들고 싶어 했다. 그곳에서 막강한 권력과 혈통의 정통성 그리고 자신의 고매한 취향을 모두 과시하려고 했다.

왕은 뮌헨의 대표적인 건축가인 레오 폰 클렌체에게 명하여 이곳에 그리스식 광장을 짓도록 했다. 클렌체는 광장을 해가 뜨는 동쪽을 바라보는 형태로 설계했다. 서쪽에서 동쪽을 바라보는 장소에는 개선문 같

은 '프로필레엔(118쪽)'이 세워졌고, 그 양편으로는 고대 신전을 연상케 하는 두 건물 '글립토테크(119쪽)'와 '슈타틀리헤 안티켄잠룽엔(119쪽)'이 남북에서 마주보는 형태로 지어져 사각 형태의 광장을 이룬다.

  1816년에 시작된 광장 건설은 거의 50년에 걸친 오랜 작업 끝에 1862년이 되어서야 프로필레엔을 끝으로 완성되었다. 루드비히 1세는 자신이 건설한 뮌헨이 '이자르강의 아테네'가 되기를 원했으며, 쾨니히 광장이 그 중심이었다. 결국 그의 발상과 클렌체의 디자인이 어우러져 완벽한 신고전주의 도시가 태어났다. 광장에 서서 세 건물을 둘러보면 기둥의 모양이 각기 다르다. 프로필레엔은 도리아 양식, 글립토테크는 코린트 양식, 그리고 안티켄잠룽엔은 이오니아 양식이다.

쾨니히 광장

루드비히 1세

Ludwig I, 1786~1868

인물

    루드비히 1세는 바이에른 왕국의 국왕(재위 1825~1848년)이다. 그는 왕자 시절부터 예술과 학문에 관심이 많았다. 그가 특히 흥미를 가진 분야는 고대 국가들의 예술이었다. 고대 그리스에 관심이 많았으며, 그중에서도 건축을 좋아했다. 그리하여 그는 궁정 건축가 레오 폰 클렌체로 하여금 뮌헨에 고대 그리스 신전으로 둘러싸인 아테네 풍의 광장을 세웠다. 이곳이 바로 쾨니히 광장 즉 '왕의 광장'이다. 그 외에도 그는 발할라(293쪽), 명예의 전당(181쪽) 등 그리스풍의 건물들을 많이 건립했다. 뿐만 아니라 그가 수집한 많은 고대 그리스 조각들이 글립토테크를 채우고 있으며, 그가 수집한 고대 이집트의 유물들은 현재 이집트 박물관의 기초가 되었다.

    그리스를 비롯해 고대 국가에 관심이 많았던 루드비히 1세의 취향은 전형적인 보수주의였을 뿐만 아니라, 심지어 과거를 그리워하는 시대착오적인 낭만주의자의 모습이기도 했다. 그가 건축한 알테 피나코테크(120쪽)는 현재도 뮌헨에 남아 있으며, 노이에 피나코테크(122쪽)의 건립도 그가 주도했다. 한편 그는 학문도 융성시키려고 하여, 바이에른의 지방 도시인 란츠후트에 있던 '뮌헨 루드비히 막시밀리안 대학교'를 뮌헨으로 이전시켰다.

그러나 한 여성과의 만남으로 그의 추락이 시작되었다. 그는 1846년 옥토버페스트에서 공연한 아일랜드의 무용가인 롤라 몬테즈Lola Montez에게 반했다. 몬테즈는 부유한 남자들과 사귀면서 그들의 애인으로 생활한 것으로도 알려져 있었다. 루드비히 1세는 그녀에게 빠져서 저택을 주고 연금도 지급했다. 게다가 바이에른 국적뿐 아니라 백작부인의 작위까지 주었다. 여기서 끝났다면 그냥 하나의 추담으로만 남았을 것이다.

"인문을 사랑했던 왕, 잘못된 사랑으로 인해 몰락하다."

그런데 왕은 정도를 넘었다. 뮌헨에서 하늘 높은 줄 몰랐던 몬테즈는 왕을 조종하면서 자신의 모든 욕망을 채워나갔다. 그녀는 자신의 측근들에게 작위를 주도록 왕을 종용했고, 이틀이 멀다하고 파티를 열어 돈을 낭비했다. 심지어 사람들 앞에서도 왕에게 무례한 언행을 서슴지 않았고 폭력적이기까지 했다. 결국 그녀는 국정에까지 간섭하기 시작했고, 백성들은 더는 왕을 공경하지 않았다. 국민과 내각은 그녀의 추방을, 나아가서 왕의 퇴위를 요구했다. 루드비히 1세는 1848년에 몬테즈를 추방한 뒤 왕위를 아들 막시밀리안에게 양위하고 퇴위했다. 몬테즈는 미국과 호주 등지에서 순회강연을 하고 책도 썼다. 그녀의 강연은 항상 만원이었고 책은 베스트셀러가 되었다. 퇴위한 루드비히 1세는 유럽의 휴양지를 전전하면서 20년을 더 살다가 니스에서 사망했다.

프로필레엔 Propyläen

쾨니히 광장 가운데에 동쪽을 바라보고 선 아름다운 건물이다. 양편으로 두 개의 사각 탑이 서 있고 그 사이에 들어선 개선문같이 생긴 문이 두 탑을 이어주는 형태로, 거대한 규모와 육중한 기둥이 근엄함과 위엄을 보여준다. 이 건물은 건축가 클렌체의 걸작으로서, 고전주의를 지키면서도 과감한 형태에서는 현대적 감각이 엿보인다.

어떤 제약도 없이 누구나 접근할 수 있어서 종종 노숙자들이 그 아래서 잠자는 모습도 볼 수 있다. 이런 모습을 보면 건물 유지가 걱정되기도 하지만, 결국 왕이라는 자는 노숙자와 걸인에게도 왕인 셈이니, 백성이 왕의 광장에서 쉬는 것이 당연하지 않을까 싶기도 하다. 아테네의 아크로폴리스로 들어가는 입구 역할을 하는 거문인 '프로필라이아 Propylaea'를 차용한 것으로, 이름뿐만 아니라 형태 역시 프로필라이아를 연상시킨다.

프로필레엔

글립토테크 Glyptothek

쾨니히 광장에 있는 세 건물들 중에서 사람들이 가장 많이 찾는 곳이며 그만큼 그 내용 역시 중요한 곳이다. 루드비히 1세는 평생 열정적으로 수집한 그리스 조각들을 모아놓기 위해서 이곳을 건설했다. 안으로 들어가면 생각보다 전시 공간이 넓다. 건물은 정사각형을 이루는 'ㅁ'자로서, 입장한 방문객은 한 바퀴 돌아 나오게 된다.

전시실 하나하나를 들어설 때마다 감탄이 나올 정도로 소장품의 수준이 대단하다. 특히 그리스에서 무너진 신전의 박공을 가져와서 실제 크기로 신전 공간을 재현한 모습은 우리가 그리스 건축과 조각을 자세히 알고 느끼게 해준다. 실제 그리스를 간다고 해도 높은 곳에 붙어 있어서 관찰하기 어려운 세부 요소들을 여기서는 가까이서 볼 수 있다. 또한 수많은 두상頭狀들이 늘어선 곳을 지날 때면 장엄한 역사의 가운데로 빠져드는 듯하다.

글립토테크는 제2차 세계대전의 공습으로 파괴되어 많은 소장품들이 손상되었다. 폭격 이전의 모습이나 피해를 입은 모습도 사진으로 전시되어 있다. 하지만 아직 남아 있는 소장품만으로도 방문할 가치는 충분하다. 결국 우리가 앞으로 뮌헨에서 만나게 될 많은 예술들이 그 뿌리를 그리스에 두고 있음을 역설하는 장소니, 뮌헨에 도착하면 먼저 이 박물관을 방문해보는 것도 의의가 있겠다.

슈타틀리헤 안티켄잠룽엔 Staatliche Antikensammlungen

글립토테크에 이어서 두 번째로 개관한 고대 미술관이다. 글립토테크의 소장품이 고대 그리스의 조각들인데 반해, 이곳에서는 고대 골동품이나 그릇, 장신구 등을 전시한다. 이것들 역시 루드비히 1세를 비롯해 바이에른 왕실이 소장했던 것들이다.

알테 피나코테크 Alte Pinakothek

뮌헨의 많은 박물관들 중에서 이른바 간판격인 박물관이다. '피나코테크Pinakothek'라는 말은 그리스어에 기원을 둔 것으로 '미술관'이라는 뜻이다. 굳이 명칭을 피나코테크라고 정한 것 역시 그리스에서 뿌리를 찾으려는 사상에서 나온 것이다. 뮌헨뿐만 아니라 바이에른 지역 전체가 유독 피나코테크라는 이름을 즐겨 쓰는데, 뮌헨만 해도 몇 개의 피나코테크가 있다. 알테Alte는 '오래된', '구舊'라는 뜻으로, 여기서는 18세기 이전을 뜻한다. 이곳에는 14~18세기의 작품들이 모여 있다. 건물은 역시 레오 폰 클렌체의 작품이며, 역시 제2차 세계대전 때에 파손되었다가 복구한 것이다. 그런데 새로 복구한 부분을 일부러 눈에 띄게 만들어 후손에게 전쟁에 대한 교훈으로 남겨놓고 있다.

알테 피나코테크는 한 전시실에 한 작가나 한 사조의 작품들만 모아놓아 보기에 편리하다. 그중 바이에른의 중요한 화가인 알브레히트 뒤러Albrecht Dürer의 작품들이 많은데, 그의 최고 걸작들이 여기에 있다. 정작 그의 고향인 뉘른베르크의 '뒤러 하우스'에 있는 그림들은 거의가 복제품들이고, 뒤러의 몇 개나 되는 자화상들과 「네 사도」 등의 진품은 바로 이곳에 있다. 그 외에 라파엘로의 걸작들도 많다. 또한 네덜란드 화가들 중에서는 렘브란트, 프란츠 할스, 페르디난드 볼, 그리고 베르메르 등을 보아야 한다. 플랑드르 화가로는 루벤스, 브뢰헬, 홀바인, 반 다이크, 스페인 화가로는 엘 그레코, 벨라스케스, 무리요 등이 있다. 게

알테 피나코테크

다가 18세기 이전의 프랑스와 이탈리아 회화들도 있어서 라파엘로, 티치아노, 틴토레토, 티에폴로까지 볼 수 있다. 작품들을 일일이 보려면 최소 반나절 이상은 걸린다. 건축가의 이름을 딴 미술관 카페인 '카페 클렌체The Victorian House Café Klenze'에서 재충전을 하면 좋다.

노이에 피나코테크 Neue Pinakothek

알테 피나코테크 건너편에서 서로 마주보고 선 건물이 '노이에 피나코테크'다. 이곳은 알테 피나코테크에 이은 또 하나 중요한 미술관으로, '신新' 또는 '새로운'이라는 뜻인 '노이에'에서 알 수 있듯 18세기 이후의 작품들을 소장하는 곳이다. 루드비히 1세가 당시로는 현대미술이었던 18~19세기의 작품들을 보관, 전시하기 위해 설립했고, 지금은 18세기 후반부터 20세기 전반에 해당하는 세계적인 미술품들을 망라하고 있다. 즉 시대순으로는 알테 피나코테크와 피나코테크 데어 모데르네를 잇는 중간 시대에 해당한다. 이 미술관의 기존 건물은 제2차 세계대전 때 전파되어서 재건하지 못했다. 대신에 공모를 통해 선발된 건축가 알렉산더 프라이헤어 폰 브랑카Alexander Freiherr von Branca가 새로이 설계하여 1981년에 재개관했다. 다행히도 폭격 전에 소장품들은 모두 지하 수장고로 옮겨져서 무사할 수 있었다.

이곳에 들어가면 먼저 관심을 가져야 할 부분은 브랑카의 건축이다. 이 건물은 미술관 건축사에서 중요한 위치를 차지하는 걸작으로, 동선이 완만한 경사를 거치면서 방 하나를 지날 때마다 자연스럽게 위로 올라가게 설계돼 있다. 또한 큰 방마다 그 옆에 소규모 작품을 전시하기 위한 작은 방들이 딸려 있는데, 작은 창을 통해서 들어오는 녹색 풍경은 세상과 단절된 순간을 제공한다.

여기는 특히 독일 표현주의에서 근대에 이르는 대표 작가들인 아르놀트 뵈클린, 안셀름 포이어바흐, 막스 리버만, 로비스 코린트, 조반니 세간티니, 페르낭 크노프, 막스 클링거, 구스타프 클림트 등을 찾아보는 것이 중요하다. 그 외에 마네, 르누아르, 로댕, 드가, 모네, 피사로, 시슬리, 세잔, 반 고흐, 툴루즈 로트렉, 고갱 등의 작품도 있다.

한편 이곳에는 훈징거Hunsinger라는 식당이 있는데, 미술관 식당으로서는 아주 좋은 요리를 제공한다. 특히 생선 요리가 유명하니 식사를 하며 쉬어가도 좋을 것이다. 여름에는 아름다운 분수가 있는 작은 야외 정원에서도 식사할 수 있다.

노이에 피나코테크

레오 폰 클렌체
Leo von Klenze, 1784~1864

인물

뮌헨을 여행하면 가장 많이 만나는 건축가의 이름이 레오 폰 클렌체일 것이다. 바이에른 왕 루드비히 1세는 뮌헨의 곳곳에 고전적인 건물들을 많이 건립했는데, 대부분 신고전주의 양식인 이 건물들을 가장 많이 설계한 사람이 클렌체다. 그는 뮌헨을 도화지 삼아서 그곳에 그리스를 부활시켰다.

독일 북부의 하노버에서 가까운 슐라덴에서 태어난 클렌체는 베를린에서 건축을 공부했다. 그는 베를린의 명 건축가였던 프리드리히 길리Friedrich Gilly의 문하에 들어가서 건축과 공공 도시건축 등을 공부한 뒤 다시 파리에서 유학했다. 독일로 돌아온 클렌체는 베스트팔렌을 거쳐 뮌헨으로 와서 바이에른 왕 루드비히 1세의 궁정건축가가 되었다. 그리스의 헬레니즘적인 도시를 뮌헨에 구현하려는 왕의 의도는 클렌체의 건축과 맞아떨어졌다. 클렌체는 루드비히 1세가 요구하는 많은 프로젝트를 왕의 취향에 맞게 재현해내면서 바이에른의 대표적인 건축가로 자리매김했다.

뮌헨에서 그의 작품 세계를 보려면 역시 쾨니히 광장에 가보는 것이 좋다. 그곳에서 프로필레엔 문을 중심으로 늘어선 건물들을 보면 완벽히 구현된 아테네를 경험할 수 있다. 물론 클렌체의 예술은 그리스의 건축을 단순히 모방하는 차원에 머물지는 않았다. 클렌체는 고대의 균형 잡히고 권위 있는 양식을 계승하면서도 날렵함과 우아함을 함께 담아내는 세련된 건축가였다. 그리하여 그의 건축물들은 21세기인 지금도 뮌헨의 현대적인 건물들 사이에서 매력을 잃지 않고 있다.

"
뮌헨을 또 하나의 아테네로 만들다.
"

클렌체의 대표작은 레겐스부르크에 있는 '발할라'와 '해방의 전당', 뮌헨의 '명예의 전당' 등 거대한 기념비와 같은 신고전주의 건축물들이다. 레지덴츠 궁전의 쾨니히스바우와 페스트잘바우 그리고 알테 피나코테크도 그의 작품이다.

그리스가 독립했을 때, 루드비히 1세의 아들인 오토가 그리스의 첫 번째 왕이 되었다. 이미 클렌체의 실력을 뮌헨에서 익히 보아온 오토 왕은 클렌체에게 아테네의 도시 재건 사업을 의뢰했다. 클렌체는 아테네의 아크로폴리스 재건 사업에도 참여했으며, 상트페테르부르크에도 초빙되어 러시아에도 작품을 세웠다.

클렌체의 또 다른 업적은 바로 미술품 수집이었다. 클렌체는 당시 독일 근대 화가들에 대해서 누구보다도 관심을 가지고 작품을 수집했다. 이후 그는 자신의 컬렉션 중에서 58점을 루드비히 1세에게 판매했고, 그것들이 노이에 피나코테크 설립의 핵심이 되었다.

피나코테크 데어 모데르네 Pinakothek der Moderne

　흔히 '모데른 피나코테크'로도 부르는 이곳은 노이에 피나코테크가 담당하는 시대 이후의 현대 미술품들을 소장한 미술관이다. 노이에 피나코테크에서 대각선 방향에 위치해서 노이에 피나코테크를 본 후에 바로 건너갈 수 있다. 모데르네가 현대라는 말인 만큼 간략히 '현대미술관'이라고 할 수 있는데, 세계적으로도 규모가 큰 현대미술관이라 2002년에 개관한 이래 꾸준히 인기를 얻고 있다. 무엇보다도 미술을 잘 모르는 사람들에게도 흥미로울 만한 전시가 많다.

　내부는 현대미술관Sammlung Moderne Kunst, 신 미술관Neue Sammlung, 건축 박물관Architekturmuseum, 그래픽 미술관Staatliche Graphische Sammlung의 네 부분으로 나뉘어져, 사실상 네 개의 미술관이 한 건물에 있다고 보아도 된다.

피나코테크 데어 모데르네

로비에 서서 계단을 바라보면 2층에 '현대미술관'이라고 적힌 간판이 크게 보인다. 여기서부터 시작하면 시대 순서로 관람할 수 있어 혼란이 적다. 처음에는 게오르크 바젤리츠, 게르하르트 리히터, 안셀름 키퍼, 요제프 보이스, 아르눌프 라이너 등 현대미술의 거장들의 작품들이 보인다. 그다음에 21세기 미술이 이어지면서 신 미술관으로 가게 된다. 1층에 있는 건축박물관은 부근에 있는 뮌헨 공과대학의 미술관에 해당한다. 독일 전체를 통틀어 크고 중요한 건축미술관으로, 독일 현대건축의 역사가 잘 정리되어 있다. 그래픽 미술관은 국립 그래픽 미술관에 해당한다. 지하에는 인기가 높은 디자인 전시장이 있는데, 우리에게 친숙한 전화기, 타자기, 자동차 등이 전시되어 미술을 잘 모르는 방문객들도 흥미진진하게 관람할 수 있다. 응용미술이 현대에 이르러 어떻게 펼쳐졌는지를 살펴볼 수 있다.

이 미술관 역시 건물 자체에 관심을 가지지 않을 수 없다. 2002년에 문을 연 이 건물은 독일의 건축가 슈테판 브라운펠스Stephan Braunfels의 작품이다. 그런데 이 건물은 지을 때 너무 많은 비용이 들어가서 말썽이 났고, 건설 도중에 지붕이 무너져서 구조상의 결함이 논란이 되는 등 많은 화제를 불러일으킨 건물이기도 하다.

브란트호르스트 미술관 Museum Brandhorst

피나코데크 데어 모데르네의 관람이 끝났다면, 같은 블록의 다른 편에 위치한 '더욱 새로운 미술관'으로 향하자. '브란트호르스트 미술관'이다. 이곳은 피나코데크 데어 모데르네가 다루는 시대보다 더 최근에 발표된 현대미술을 집중적으로 다루는 곳이다.

건물의 아름다운 색채가 먼저 눈에 들어온다. 지나가다가 만져보면 알 수 있는데, 다양한 재료로 칠한 막대기 모양의 도자기 36,000개를 구워 붙여서 건물 외부를 장식한 것이다. 스물세 가지 색채를 조합해 세련되고 은은한 아름다움을 선보이는 이 건물의 외벽은 그 자체로 하나의 미술 작품이다. 이 막대기들은 미관뿐 아니라 외부의 열기나 추위를 차단하여 실내의 에너지 효율을 높이고, 인근 차도의 소음을 차단하는 등 여러 기능을 가지고 있다. 이것을 만든 건축가는 자이머브루흐 후톤Saimerbruch Hutton이다.

'쌍둥이 칼'로 알려진 기업 헹켈의 상속녀인 아네테 브란트호르스트Anette Brandhorst와 그녀의 남편 우도 브란트호르스트Udo Brandhorst는 평생 많은 미술품을 수집했는데, 특히 게르하르트 리히터Gerhard Richter, 게오르크 바젤리츠Georg Baselitz, 요제프 보이스Joseph Beuys 같은 독일 미술가들의 작품을 후원하고 수집했다.

  2000년에 아네테가 사망하자 남편은 아내의 유언에 따라 미술관 건립을 계획했다. 하지만 시민사회는 그들의 컬렉션이 미술관을 세울 만큼 가치가 있는 것이 아니라고 비판했다. 이어 그들의 예술적 허영심과 편협한 취향에 대한 비난, 그리고 피나코데크 데어 모데르네와의 차별성 등에 대한 비판이 뒤따랐다. 결국 브란트호르스트 재단은 미술품을 추가로 수집했는데, 그때 구입한 작품들이 사이 트웜블리Cy Twombly와 앤디 워홀Andy Warhol 등이 만든 대작이었다. 이윽고 재단의 노력과 의지를 평가한 바이에른 주정부가 부지를 제공하여 2009년에 문을 열 수 있었다. 현재 운영의 주체는 바이에른 주정부이다.

브란트호르스트 미술관

트웜블리 「레판토」

안에 들어가면 쾌적하게 잘 지어진 건물이 관람객을 편안하게 만든다. 일단 엘리베이터를 타고 3층으로 올라간 뒤 계단으로 내려오면서 감상하는 쪽이 좋다. 높은 층고가 인상적인데, 특히 큰 그림들이 있는 2층은 층고가 9미터에 이른다.

가장 인상적인 작품은 20세기의 거장 사이 트웜블리의 「레판토」일 것이다. 이 작품은 모네의 「수련」을 패러디한 대작으로서, 이 작품의 전시를 위해서 방 하나를 타원형으로 만들었다. 여기에 들어가면 수련을 그린 12개의 그림이 걸려 있는데, 파리의 오랑주리 미술관에 대한 오마주다. 또한 한 층 가득히 걸려 있는 트웜블리의 장미 그림들 역시 무척 인상적이다. 이 미술관은 200여 점의 트웜블리 작품을 소장 중인 최고의 트웜블리 컬렉션이기도 하다. 그 외에 데미안 허스트, 알렉스 카츠 등도 만날 수 있다.

1층의 카페는 커피와 과자 등이 제법 맛있으며 간단히 요기도 할 수 있다. 시설은 아주 쾌적하며, 날이 좋으면 밖에 테라스도 운영한다.

발라베니 아이스크림 Ballabeni Icecream

브란트호르스트 미술관 정면 건너편에 있는 아이스크림가게다. 줄을 서서 차례를 기다리는 사람들 때문에 금방 알 수 있는데, 과연 줄을 선 보람이 있을 만큼 맛있다. 미술관 순례로 지친 몸에 시원한 당분을 선물할 수 있는 기회다.

터키 문 Türkentor

브란트호르스트 미술관 뒤편, 즉 피나코테크 데어 모데르네 쪽을 보면 뜯어내다 만 것 같은 작은 건물이 있다. 여기를 '터키 문Türkentor'이라 부른다. 원래 피나코테크 데어 모데르네와 브란트호르스트 미술관 등이 있던 대지가 터키 군대의 병영이 있던 자리라고 한다. 그리하여 길 이름도 '터키 거리', 즉 '튀르켄 슈트라세Türkenstraße'이며, 이 건물도 터키 문이라 명명되었다. 하지만 이 작은 건물은 실제로는 문이 아니라 미술관이다. 브란트호르스트 미술관의 별관인 셈이다. 안으로 들어가면 미국의 현대조각가인 월터 드 마리아Walter de Maria의 「크고 붉은 구형求刑」이 있다. 지나가는 길에 들어가 보면 된다.

이집트 미술관 Staatliche Museum Ägyptischer Kunst

루드비히 1세는 이집트 미술품들도 많이 수집했다. 그의 컬렉션들은 슈타틀리헤 안티켄잠룽엔과 레지덴츠 궁전 등을 옮겨 다니면서 전시되곤 했다. 2013년에 이집트 미술관이 문을 열면서 이 오랜 방랑은 마침내 끝났다. 건물 입구가 독특한데, 마치 이집트의 사원이나 무덤 속으로 들어가는 기분이 들게 설계돼 있다. 이 독특한 입구를 지나면 방문객은 시대와 대륙을 뛰어넘어 먼 고대 이집트로 여행하게 된다. 현대적인 시설 속 쾌적한 분위기에서 고대 유물을 감상할 수 있다.

렌바흐하우스 Lenbachhaus

이 미술관도 쿤스트아레알의 한편에 자리하고 있지만, 원래부터 이 지역의 구상에 포함된 곳은 아니었다. 화가 프란츠 렌바흐(138쪽)의 집이 마침 이곳에 있었다. 렌바흐 자신도 화가였지만, 그는 미술 수집가로 더 유명했다. 그는 초상화를 그려서 큰돈을 벌고 귀족처럼 생활했

이집트 미술관

다. 비록 자신은 보수적인 기법을 사용하는 초상화가였지만, 그는 당시 뮌헨에서 피어나던 표현주의 같은 당대의 현대미술에 관심이 많았다. 그리하여 사후에 그의 집은 그의 컬렉션을 중심으로 한 미술관이 되었다. 현재 이곳은 세계에서 가장 중요한 청기사파 미술관이다.

렌바흐하우스에는 청기사파인 가브리엘레 뮌터(266쪽), 프란츠 마르크, 아우구스트 마케(136쪽), 바실리 칸딘스키, 파울 클레Paul Klee, 알렉세이 야블렌스키Alexej von Jawlensky 등의 그림이 많이 소장되어 있다. 그중에서도 청기사파의 중심이었던 비운의 여성 뮌터, 짧은 생애를 살았던 마르크와 마케, 그리고 나중에 크게 유명해지는 칸딘스키와 클레 등이 젊은 날 뮌헨 시절에 남긴 작품들은 아주 귀한 것으로 감상할 가치가 높다.

렌바흐하우스는 원래 렌바흐가 기거하던 집인데, 현재 건물에서 노란색으로 된 부분이다. 특히 분수가 있는 정원은 아름다워서 방문객들이 휴식을 취하기도 한다. 최근에 뮌헨시에서 그 옆에 신관을 지어서 구관과 이어지게 만들었다. 청기사파의 작품들은 주로 신관에 있다. 현재 입구이기도 한 신관에 크게 '시립미술관'이라고 적혀 있는 데서 알 수 있듯이 현재는 '뮌헨 렌바흐 시립미술관'이 공식명칭이다. 이곳에서는 현대미술을 중심으로 하는 기획전도 펼쳐진다. 또한 구관에서는 렌바흐의 침실과 작업 스튜디오 등도 볼 수 있다.

청기사파 Der Blaue Reiter

뮌헨은 청기사파靑騎士派라는 낭만적인 이름을 가진 미술 유파의 탄생지다. 청기사파는 독일의 표현주의를 대표하는 유파의 하나로서, 1911년 뮌헨 탄호이저 화랑에서 개최했던 전시와 1912년에 발간된 잡지 「청기사」에서 유래한 이름이다. 그들은 색채에 상징적인 의미를 주고 고전적인 낭만성을 화면에 형상화하며, 화가의 생각과 사상을 표현하는 것을 중시했다. 여기서 나중에 추상화가 출범하게 된다. 바실리 칸딘스키, 가브리엘레 뮌터, 프란츠 마르크, 아우구스트 마케, 알렉세이 야블렌스키, 파울 클레 등이 대표적인 인물들이다. 제1차 세계대전 중에 마르크와 마케가 전사하고 칸딘스키가 러시아로 귀국하면서 사라졌다.

렌바흐하우스 신관(위)과 구관(아래)

아우구스트 마케
August Macke, 1887~1914

인물

　아우구스트 마케는 독일 메세데에서 태어났다. 마케는 뒤셀도르프의 미술학교와 디자인학교에서 미술을 공부했고, 방과 후에는 판화가 프리츠 헬무트 엠케Fritz Helmuth Ehmcke로부터 과외수업을 받았다.

　그는 뒤셀도르프 극장의 무대 겸 의상 디자이너로 직업을 시작했다. 그러다가 1905년부터 이탈리아, 네덜란드, 벨기에, 영국을 차례로 방문하면서 서유럽의 미술 사조에 눈뜨게 되었다. 이어서 1907년에 파리에 가는데, 그곳에서 인상주의 등을 접하면서 후기 인상주의와 야수파의 형식으로 탈바꿈했다. 1909년에 그는 독일 표현주의 미술의 새로운 중심인 뮌헨으로 왔다. 뮌헨에 온 그는 프란츠 마르크를 만났고, 이후 두 사람은 평생의 우정을 쌓게 된다. 이어 바실리 칸딘스키까지 만나면서 세 사람은 청기사파 결성의 중심이 되었다.

　1912년 마케는 다시 파리로 가서 혁신적인 미술가로 알려진 로베르 들로네Robert Delaunay를 만났다. 오르피즘Orphism이라고 불리는 입체파적인 전위적 사조를 만들어가던 들로네는 마케의 예술에 결정적인 영향을 끼쳤다. 마케는 들로네를 통해서 입체주의의 가능성을 접했다. 또한 당시 파리에는 러시아에서 온 세르게이 디아길레프Sergei Diaghilev가 결성한 '발레 뤼스' 즉 러시아 발레단이 큰 반향을 일으켰는데, 들로네는 디아길레프의 요청으로 발레 뤼스의 무대 미술과 의상을 맡게 된다. 이미 뒤셀도르프에서 극장 미술에 종사한 바 있었던 마케와 들로레를 이어주는 공통분모 중 하나가 무대 미술이었을지도 모른다.

"전쟁에서 사라진 청기사파의 꽃봉오리"

1914년에 마케는 파울 클레와 루이 무아예Louis Moilliet와 함께 튀니지 여행을 떠났다. 튀니지가 가진 이국적인 분위기는 이 3인의 젊은 화가들에게 큰 영향을 끼쳤다. 그의 인생에서 마지막이 될 이 여행에서 마케는 걸작으로 간주되는 몇 점의 유화와 수채화들을 그렸고, 후에 마케는 이 작품들을 통해 한층 높은 평가를 얻게 된다. 그 중에는 유명한 「터키식 카페」도 있다. 마케는 이 마지막 기간에 루미니스트luminist적인 시도를 했으며, 야수파적인 모습도 보였다. 그의 마지막 회화들은 단순히 대상의 재현에 그치지 않고 대상의 모양과 색채를 완전히 변형시켜 자신의 생각과 감정을 나타내는 경지에 이르렀다.

제1차 세계대전이 발발하자 징집된 마케는 1914년 9월 프랑스에서 벌어진 샹파뉴 전투에 참전한다. 결국 그는 전쟁이 발발한 지 불과 한 달 만에 전사했다. 그때 그의 나이는 27세였다.

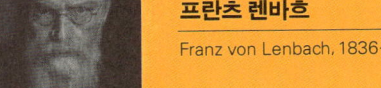
프란츠 렌바흐
Franz von Lenbach, 1836~1904

인물

 렌바흐하우스를 방문하면 먼저 그 미술관의 놀라운 컬렉션에 감탄과 감동을 감출 수 없을 것이다. 뒤이어 '이렇게 대단한 집과 미술관을 만든 렌바흐라는 사람도 화가라는데, 대체 어떤 사람일까?'라는 생각이 들 수밖에 없다. 프란츠 렌바흐는 독일의 초상화가다. 당대에 그의 명성은 암스테르담의 렘브란트, 안트베르펜의 루벤스, 빈의 마카르트에 비견할 수 있을 정도였다.

 렌바흐는 티롤 지방에서 석공의 아들로 태어났지만, 노력으로 자신의 계급을 바꾼 사람이다. 그는 미술학교 대신에 예술가들을 찾아다니면서 개인 교습을 받았다. 그는 로마 등을 여행하면서 고전 회화들을 많이 접했는데, 이는 유명한 예술후원자이자 미술 수집가였던 아돌프 프리드리히 폰 샤크(144쪽)가 그의 재능을 높이 사서 거금을 지원해준 덕이었다. 이렇게 로마, 파리와 브뤼셀 등을 다니면서 걸작들을 접한 렌바흐는 명작들을 모사模寫하면서 실력을 늘려갔는데, 그때의 작품들이 뮌헨 샤크 미술관(141쪽)에 남아있다.

 렌바흐는 1866년에 뮌헨으로 돌아와서 초상화 화가로서의 경력을 시작했다. 그는 사업가로서의 감각이나 수완도 만만치 않았다. 뮌헨에 진출한 프랑스 초상화가들과의 경쟁에서 물러서지 않앉으며, 19세기 말 뮌헨에 경제 공황이 찾아오자 시장을 개척하기 위해서 빈을 방문해 자신을 알렸다. 이를 통해 상류층 고객을 대상으로 한 초상화가로서 그의 입지는 더욱 굳혀졌다. 1882년에는 바이에른 왕국의 훈장을 받고 이름에 '폰von'을 붙일 수 있는 자격을 얻었다. 폰 렌바흐von Lenbach가 된 것이다. 상당한 재산을 모은 그는 로마로 가서 교황의 거처였던 보르게세 궁전에서 생활하며 교황의 초상화를 그리기도 했다.

" 석공의 아들, 불굴의 노력으로 '화가 후작'이 되다. "

1887년 뮌헨으로 돌아온 그는 이탈리아풍의 빌라를 지었는데, 그것이 지금의 렌바흐하우스다. 한편 그는 백작부인과 결혼했다. 이렇게 석공의 아들에서 최고 상류층까지 오른 인물이다 보니 사람들은 그를 '화가 후작Malerfürst'이라고 불렀다. 그러나 그의 성공에는 추문이 끝없이 뒤따랐다. 그는 일반적인 속도보다도 훨씬 빠른 방법으로 초상화를 완성하여 의심을 샀다. 제자가 작품 제작에 몰래 참여했고, 밑그림 작업에 사진기를 사용했다는 의심은 지금까지도 제기되고 있다. 한편 그의 부인은 주치의와 스캔들을 일으킨 뒤 이혼했다. 그는 기사 작위까지 받고 모든 명예와 부를 다 누렸지만, 이렇듯 만년은 편안하지 못했다. 이렇게 한 시대를 풍미한 화가는 뇌졸중으로 쓰러졌다가 2년 뒤 사망했다. 사후에 그의 빌라는 뮌헨 렌바흐 시립미술관이 되었다.

영국 정원 부근

샤크 미술관 Sammlung Schack

"작고 조용하니, 마음 편히 쉬고 싶을 때 가면 좋을 것이다."라는 얘기를 들었다. 그래서 와 보니 정말 작다. 심지어 문을 안 열었나 싶을 정도로 굳게 닫힌 문은 흔한 간판이나 안내판 하나 없이 마치 방문객을 받고 싶지 않다는 듯한 표정을 짓고 있었다.

그래도 '여기까지 왔으니 노크는 해봐야지' 싶어 육중한 나무문을 밀었더니, 열리지 않으리라는 짐작과는 달리 쓱 열린다. 이렇게 안에 들어서지만 좁은 로비에는 아무도 없다. 그제야 나를 발견한 남자가 달려오더니 데스크에 서서 티켓을 판다. "성인 1명"이라고 말하니, 그는 살짝 미소를 지으며 "1유로"라고 답한다. 내가 잘못 들었나 싶어서 "단돈 1유로?"라고 재차 물으니, 그는 명료하게 "예, 1유로"라고 다시 말한다. 1유로짜리 미술관이라니? 나는 이곳이 개인이 자기 소장품을 가지고 세운 작은 미술관임을 알고 있었기에 '독지가가 시민들을 위해서 정말 좋은 일을 하나보다'라고 생각하면서 티켓을 받았다. 한편, 그와 동시에 '아니, 얼마나 볼 게 없으면 1유로야?'라는 생각이 들었던 것도 사실이다.

전시장으로 들어가니 그냥 그런 소품들이 보였다. 알 듯 모를 듯한 작가들의 이름이 붙은 고만고만한 그림들이 걸려 있었다. 그럼 그렇지... 그런데 어떤 방에 들어가니 놀랍게도 티치아노와 벨라스케스 같은 명작들이 걸려 있다. 아니, 그런데 본래 이 그림은 베네치아, 저 그림은 마드리드에 있는 게 아니었나? 비슷한 그림을 작가가 또 그렸나? 이상해서 설명서를 보니 아니나 다를까 전부 모사模寫품들이 아닌가? 그 그림들은 화가 렌바흐(유명한 렌바흐하우스의 그 렌바흐다)가 유명 명작들을 모사한 것들이었다. 그저 그런 소품들에다 모사한 작품들까지 모아 놨으니, 이래서 1유로만 받았나 싶었다. 실망은 지루함으로 이어졌다.

샤크 미술관

그런데, 그런데 말이다. 또 다른 방에 들어가니 독일에서도 쉽게 찾아보기 어려운 아르놀트 뵈클린Arnold Böcklin의 그림이 걸려있는 게 아닌가? 그것도 책에서 보았던 그 유명한 그림의 진품이었다. 아니, 그런데 놀라려면 아직 멀었다. 돌아서서 보니 한 방 가득 채운 그림이 전부 뵈클린의 작품이 아닌가? 모두 진품이다. 독일 표현주의의 대가인 뵈클린의 그림은 독일의 여러 미술관에서도 보기 어려우며, 한 미술관이 기껏 한두 점 정도를 소장하고 있을 뿐이다. 그런데 여기에는 뵈클린의 그림들로만 한 방을 가득히 채우고 있다. 한마디로 충격이었다. 정신이 번쩍 들었다. 뭐, 마음을 편히 쉬고 싶을 때 가면 좋을 미술관? 천만에! 조금도 쉴 수 없었다. 나는 가라앉지 않는 흥분과 감동의 폭풍 속에 한참 서 있어야만 했다.

아돌프 프리드리히 폰 샤크는 미술에 깊은 관심을 가지고 화가들을 후원했다. 또한 그런 화가들과 친분을 맺어 많은 작품들을 수집했다. 뵈클린을 비롯하여 모리츠 폰 슈빈트, 안셀름 포이어바흐, 프란츠 렌바흐 등을 모은 대단한 컬렉션이다. 지금은 바이에른 주정부가 소유하고 있다.

바이에른 민족 박물관 Bayerisches Nationalmuseum

샤크 미술관 옆에 있는 동화 속 궁전 같은 건물이 바이에른 민족 박물관이다. 뮌헨에 워낙 좋고 유명한 박물관들이 많다 보니 외국인들에게는 상대적으로 인기가 떨어지지만, 독일인들에게는 많은 관심을 받는 박물관이다. 다시 말해 바이에른 주민들에게 고향에 대한 자긍심을

아돌프 프리드리히 폰 샤크
Adolf Friedrich von Schack, 1815~1894

인물

　아돌프 프리드리히 폰 샤크는 독일의 시인이자 저술가요 또한 판사였지만, 그보다는 평생 수집한 미술품을 통해 뮌헨에 샤크 미술관을 남긴 사람으로 기억된다. 독일 슈베린에서 태어난 그는 대학에서 법학을 전공하고 베를린 항소법원에서 판사 생활을 시작했다. 하지만 이내 그는 법원을 그만두고, 이탈리아를 거쳐 이집트와 스페인 등지를 여행했다. 그리고 스페인으로 가서 아랍인들을 연구했다. 이 연구는 스페인과 시칠리아에 거주했던 아랍인들의 문학과 미술에 관한 중요한 업적으로 간주된다.

　1855년에 뮌헨으로 거주지를 옮긴 샤크는 문학과 미술에 대한 공헌으로 뮌헨 과학 아카데미의 명예회원으로 임명된다. 또한 그는 그림 수집에 열중했다. 특히 당시로는 현대미술이라고 할 수 있는 19세기의 그림들을 수집했다. 한편 그는 형편이 어려운 화가들을 후원하고 그들을 도왔다. 샤크가 도와준 화가 중의 한 사람이 훗날 유명해지는 프란츠 렌바흐다. 그는 렌바흐가 이탈리아 등지를 마음 놓고 여행할 수 있도록 비용을 대어주었다. 샤크는 죽으면서 자신이 평생 수집했던 미술품들을 독일의 황제 빌헬름 2세에게 남겼다. 황제는 샤크의 컬렉션을 그의 제2의 고향인 뮌헨에 두기로 결정했고, 1907년에 샤크 미술관이 문을 열었다.

불러일으키는 주제들을 가지고 전시하는 곳이다. 이곳에서는 천 년 이상 이어진 독일의 문명과 예술을 상세하게 접할 수 있다.

건물은 가브리엘 폰 자이들Gabriel von Seidl이 설계한 것으로, 독일 르네상스 양식을 기반으로 바로크와 로코코 양식을 혼합한 것이다. 1890년에 완성된 건물은 요즘 관점으로는 다소 시대착오적이지만 아름답다는 것만큼은 부인할 수 없다. 여기에는 고대에서 근대에 이르는 많은 작품들이 소장되어 있는데, 작품의 양이 방대하고 수준도 높다. 회화와 조각은 물론이고 십자가와 성상 등 기독교를 중심으로 한 작품들이 많고, 그 외에 장신구, 무기, 악기, 가구까지 다양한 장르를 아우르고 있다.

안에 있는 식당인 베엔엠 레스토랑BNM Restaurant은 음식이 뛰어나서 현지 시민들로부터도 상당한 인기를 얻고 있다. 운치 있고 아름다운 정원에서 식사를 할 수 있다.

바이에른 민족 박물관

하우스 데어 쿤스트 Haus der Kunst

바이에른 민족 박물관의 왼편을 보자. 거대한 석조기둥이 늘어선 장엄한 건물이 '하우스 데어 쿤스트'다. 여기는 중요한 현대미술 전시장으로, 이 분야에 관심이 있는 분이라면 뮌헨을 방문할 때 여기서 어떤 전시가 열리는지 확인할 필요가 있다. 아, 따로 확인할 필요가 없기도 하다. 뮌헨 시내 곳곳에는 이곳의 전시에 관한 포스터가 항상 내붙기 때문이다. 이곳은 자체 소장품이 없어서 모든 전시가 기획전으로 열리기 때문에 매번 새로운 전시를 광고하는 것이다. 전시장의 면적이 넓어서 한 번에 서너 개의 전시가 동시에 진행되기도 하는데, 현대미술의 세계적인 경향을 한눈에 볼 수 있다.

이곳의 건립은 히틀러 시대로 올라간다. 히틀러는 1933년에 독일의 위대한 미술을 과시하기 위한 '독일미술의 집'을 짓고자 했다. 그의 의

하우스 데어 쿤스트

도로 건물은 신고전주의로 지어졌으며, 여기서 나치의 정치선전미술이 많이 전시되었다. 건물은 좌우 너비가 150미터에 이르는 반면 앞뒤의 폭은 50미터로 좁다. 알테 피나코테크를 연상시키는, 기다란 정면에 늘어선 22개의 열주가 강인한 독일 예술을 대변하는 듯하다.

뒤편에는 골데네 바Die Goldene Bar가 있다. 미술관에 술집이라? 독특한 분위기가 매력적이다. 이곳은 식사도 할 수 있는 식당이기도 한데, 테라스에 앉아서 휴식을 취할 때면 녹음이 우거진 '영국 정원'을 볼 수 있다. 밖에서만 봤을 때는 상상조차 할 수 없는, 숨어있는 최고의 명소다.

영국 정원 Englischer Garten

뮌헨의 중심부에는 '영국 정원'이라는 엄청나게 큰 공원이 조성되어 도시의 허파와 같은 역할을 하고 있다. 조성 당시에는 도심 동북쪽에 속했지만, 도시가 팽창하면서 지금은 중심부에 속한다. 면적은 3.41평방킬로미터니까 백만 평이 조금 넘는다. 세계에서도 손꼽힐 만큼 넓은 도시 공원의 하나로, 뉴욕의 센트럴 파크보다도 조금 더 크다.

원래는 군대의 훈련부지였다가 왕명으로 개조하여 1792년에 시민공원으로 개장했다. 당시에 뮌헨 시민은 불과 4만 명이었다. 1804년에 프리드리히 루드비히 폰 스켈Friedrich Ludwig von Sckell이 영국식 정원을 모델로 이 공원을 설계해서 이런 이름이 붙었다. 당시까지 독일의 정원은 대개 프랑스식이었는데, 자연스러움을 특징으로 하는 영국식 정원이 처음으로 만들어지자 인기를 얻었다. 영국 정원은 동서로 관통하는 간선도로인 '이자르링'을 중심으로 남부공원과 북부공원으로 나눈다. 보통 영국 정원이라고 부르는 곳은 남부공원이며, 훨씬 넓은 북부공원에는 야

생동물도 많이 서식한다.

중국 탑 Chinese Tower

런던의 왕궁 정원에 있는 그레이트 파고다Great Pagoda를 본떠 두 배 크기로 만든 탑이다. 높이 25미터의 5층짜리 원형 목조건물이다. 몇 차례 불이 나서 마지막으로는 1952년에 재건했다. 탑 주변은 뮌헨에서 두 번째로 큰 비어가든이 조성돼 있다. 또한 탑 부근에는 비더마이어 시대의 스타일을 그대로 유지한 아름다운 회전목마가 있다.

모노프테로스 Monopteros

영국 정원에는 판테온 같이 둥근 정자가 있다. '모노프테로스'라고 부른다. 스켈의 아이디어를 받은 레오 폰 클렌체가 디자인한 것으로, 1836년에 인공 언덕 위에 세워진 높이 16미터의 그리스식 정자다. 이곳은 영국 정원의 상징이었는데, 최근에는 노숙자, 부랑자 및 대안 예술가들이 모이는 장소가 되어서 이제는 반체제문화의 상징처럼 여겨지기도 한다.(140쪽 사진 참조)

슈타이너르네 방크 Steinerne Bank

반원형으로 만들어진 돌 벤치다. 찾기는 어렵기만, 그 범상치 않은 모습이 행인의 눈길을 사로잡는다. 1838년에 만들어진 이 구조물도 레오 폰 클렌체가 설계했다.

일본식 정원과 일본식 찻집

1972년, 뮌헨에서 하계올림픽이 열렸던 그 해의 동계올림픽은 삿포로에서 개최되었다. 이에 두 올림픽 개최지를 기념하기 위해서 뮌헨에는 일본식 정원이 조성되었고, 부근에는 작은 일본식 찻집도 만들었다. 여기서 다도회가 정기적으로 열리며, 일본축제Japanfest도 열린다.

토마스 만(152쪽)의 『베네치아에서의 죽음』 첫 장면의 배경이 바로 영국 정원이다. 주인공은 이곳을 산책하다가 낯선 남자를 만나는데, 그 남자는 주인공에게 베네치아로 여행을 가라고 조언한다. 왜 영국 정원일까? 이곳은 본래 부르주아 계급을 위한 공간으로 조성되었다. 이 정원을 설계한 스켈은 "사람들은 여기에서 자신을 보여주고 자랑하고 타락하고 존경 받기를 원한다."라고 썼다. 시민들이 모이던 이곳은 점점 중상류층의 유희와 방종을 위한 공간으로 발전했다(영국 정원은 뮌헨에서 처음으로 누드 구역이 생긴 곳이기도 하다). 이 공원의 이러한 성격을 잘 알았던 토마스 만은 자신의 성적 취향을 숨긴 주인공이 여행을 떠나라는 암시를 받는 장소로 이곳을 선정한 것이다.

이렇듯 영국 정원은 비단 토마스 만의 소설의 배경일 뿐만 아니라, 오늘날 자유롭고 부유한 뮌헨이라는 도시를 잉태한 정신을 상징하는 곳이라 하겠다. 영국 정원을 거닐 때는 자연에만 취하지 말고, 뮌헨의 대표적인 예술가들이 곳곳에 만든 상징물 사이를 다니면서 이 도시에 맴도는 자유와 쾌락의 뿌리를 느껴보자.

토마스 만
Thomas Mann, 1875~1955

인물

  토마스 만은 독일이 낳은 위대한 소설가로 세계문학사에 많은 걸작을 남긴 거장이다. 만은 1875년 독일 북부의 뤼베크에서 부유한 상인의 아들로 태어났다. 그는 상인이었던 아버지로부터는 시민계급의 정신을, 라틴계였던 어머니로부터는 예술가적 기질을 물려받았다. 아버지가 돌아가시자 어머니를 비롯한 그의 가족은 뮌헨으로 이주했다.

  18세에 뮌헨으로 온 그는 대학을 다니지 않고 보험회사 등을 다니면서 글을 쓰기 시작했다. 공부가 필요할 때면 뮌헨 대학과 뮌헨 공대 등의 강의를 청강했다. 이후 문학을 자신의 진로로 삼은 만은 뮌헨에서 40년을 살면서 중장년기의 대부분을 보냈다. 이때 발표한 작품들은 만 자신처럼 시민성과 예술성 사이에서 방황하는 이들의 내적 갈등을 테마로 삼은 경우가 많다. 자신의 집안을 모델로 한 장편 『부덴브로크 가의 사람들』을 비롯하여 『토니오 크뢰거』, 『트리스탄』, 『베네치아에서의 죽음』, 『마의 산』 등이 그런 범주 안에 있는데, 모두 뮌헨에서 쓴 것들이다. 그는 뤼베크 출신이지만 그의 문학은 뮌헨에서 피어났다. 이런 작품 활동을 통해 그는 54세에 노벨문학상을 수상했다.

  만은 히틀러가 등장했을 때 그를 희화화한 『마리오와 마술사』

를 발표했는데, 유럽 여행 도중에 히틀러가 집권했다는 소식을 듣자 귀국을 포기하고 스위스의 취리히 근처에 머물렀다. 그곳에서 장편『요셉과 그의 형제들』을 집필하기 시작했다. 그러나 결국 제2차 세계대전이 발발하면서 그는 미국으로 망명했고, 그때부터 그의 오랜 망명자의 삶이 시작되었다.

"고전 소설을 최고의 경지로 끌어올린 마지막 거장"

미국에 정착한 그는 프린스턴 대학에서 강의하면서 『로테, 바이마르에 오다』를 스톡홀름에서 출판했다. 그리고 영국 BBC 방송을 통해서 「독일 청취자들에게 고함」이라는 프로그램을 진행하며 히틀러와 그 체제를 비방하는 방송을 60여 회나 진행했다. 초기에 예술가의 현실참여를 비판했던 그가 히틀러와의 전쟁을 기점으로 현실의 한가운데에 뛰어든 것이다.

전쟁이 끝나자 그는 미국 시민권을 가지고 유럽을 여행했다. 전후에 발표한 작품들이『파우스트 박사』, 『선택받은 자』, 『요셉과 그의 형제들』 등이다. 그가 60대 이후에 쓴 작품들은 젊은 시절 보여주었던 이중성을 극복하고 조화와 해학의 경지로 승화시켰다. 이러한 업적을 통해 그는 제임스 조이스나 프란츠 카프카 같은 전위적인 소설이 나오기 전까지 전통적인 방식으로 작업되던 고전 소설의 세계를 최고의 위치까지 올려놓은 작가로 평가받고 있다.

슈바빙 부근

지게스 문

바이에른 주립도서관 Bayerische Staatsbibliothek, BSB

오데온 광장에서 북쪽으로 난 루드비히 슈트라세를 따라서 가면 오른편에 커다란 바이에른 주립도서관이 나타난다. 장서가 1천만 권이 넘는 이곳은, 중부 유럽에서 가장 큰 도서관이다. 그 역사는 350년이 넘으며, 장서 중에는 구텐베르크 성경Gutenberg-Bibel 등을 비롯해 유네스코 세계유산에 선정된 서적들도 있다.

1827년에 바이에른 왕실은 프리드리히 폰 게르트너에게 새 도서관 건물을 설계하도록 했다. 건물은 이탈리아 르네상스 궁전 양식으로 지어졌으며, 입구 계단에는 서구 학문의 표상인 고대 그리스 학자들의 석상이 서 있다. 현재 진열된 석상들은 그 복제품이다.

도서관은 일반 시민의 연구와 교육을 위한 것이므로 원칙적으로는 신청만 하면 누구나 열람할 수 있다. 열람실에는 무려 3천 석의 좌석이 있다. 일반 열람실은 오전 8시부터 자정까지 개방한다.

뮌헨 대학교 Ludwig Maximilians Universität München, LMU

바이에른 주립도서관을 지나 루드비히 슈트라세를 따라서 북쪽으로 가다 보면 하얀 건물들로 둘러싸인 네모난 광장을 통과하게 된다. 이곳은 게슈비스터 숄 광장Geschwister Scholl Platz 즉 숄 남매 광장으로서, 왼편에 위치한 건물들이 뮌헨 대학교Ludwig Maximilians Universität München다. 이 거대한 대학교는 따로 캠퍼스가 없어서 시내 곳곳에 많은 건물이 흩어져 있고, 심지어는 지방 도시에 위치한 건물도 있지만, 보통 이곳을 뮌헨 대학의 중심으로 간주한다.

원래 이름은 막시밀리안 1세의 이름을 따서 '막시밀리안 대학교'였으며, 그 소재지는 잉골슈타트였다. 그러던 것을 학문을 융성시키고자 하는 루드비히 1세의 뜻에 따라 1826년에 뮌헨으로 이전했다. 그 후 '루드비히 막시밀리안 뮌헨 대학교'로 교명이 바뀌었다. 이름이 길다 보니 보통은 약자로 LMU라고 표기한다.

뮌헨 대학교는 독일 전체에서 세 번째로 큰 대학으로 학생 수는 5만 명이 넘는다. 학문의 수준이 높기로도 유명하다. 이 학교 출신 중에서 노벨상 수상자만 34명에 이른다. 토마스 만, 베르톨트 브레히트(228쪽), 리하르트 슈트라우스(278쪽) 등이 이 학교를 다녔다(셋 다 졸업은 하지 못했다). 한편 뮌헨 공과대학교Technische Universität München, TU는 이 학교와는 다른 독립된 대학교다. 뮌헨 공대도 그 규모나 지명도가 떨어지지 않아서 이 둘이 뮌헨의 양대 대학이라 할 수 있다.

게슈비스터 숄 광장 Geschwister Scholl Platz, 후버 교수 광장 Professor Huber Platz 및 백장미단 기념관 DenkStätte Weiße Rose

'게슈비스터 숄 광장'은 '숄 남매 광장'이라는 뜻이다. 뮌헨 대학의

게슈비스터 숄 광장

게슈비스터 숄 광장
바닥에 설치된 기념물

재학생으로서 백장미단(160쪽)을 이끌었던 남매를 기리기 위한 광장이다. 숄 남매는 학생들과 교수를 규합해 백장미단을 만들었고, 이들은 전단을 제작하여 나치의 거짓과 만행을 세상에 알렸다. 하지만 그들은 모두 체포되어서 사형을 당했다. 광장의 바닥에는 백장미단 단원들의 이름과 생애, 활동, 추모사, 그리고 사형당했던 당시의 기사가 실린 신문들을 조각 형태로 설치해 놓았다. 건너편은 여기에 가담한 교수인 쿠르트 후버Kurt Huber를 기리는 '후버 교수 광장'이다.

대학 건물에는 그들의 용감한 행위와 정신을 기리기 위한 기념관이 설치되어 있다. 여기서는 백장미단원들의 정신과 역사 등을 여러 전시물을 통해 보여주고 있다. 1943년에 숄 남매는 백장미단의 여섯 번째 전단을 2층에서 던지고 체포되었는데, 당시 전단이 떨어진 곳이 현재 기념관의 위치라고 한다.

지게스 문 Siegestor

국립도서관을 지나서 루드비히 슈트라세를 따라 북쪽으로 좀 더 올라가면 개선문과 같은 문이 서 있다. 지게스토어 즉 '승리의 문'이라는 뜻이다. 개선문이라고도 부른다. 높이 21미터, 폭 24미터의 문 아래에는 세 개의 아치가 있으며, 문 위를 보면 바바리아 상Bavaria이 네 마리의 사자가 끄는 수레 위에 서 있다. 모두 바이에른의 상징이다.

이 문 앞까지가 루드비히 슈트라세이며 문 너머의 북쪽 거리가 레오폴트 슈트라세Leopoldstraße다. 이 레오폴트 슈트라세부터가 슈바빙 지역이다. 문을 경계로 거리의 이름이 달라지듯 동네의 경계도 나뉘는 것이다. 뮌헨 외곽 북쪽에서 내려올 때에는 이곳이 뮌헨의 관문이 된다. 그래서 바바리아 상과 사자들이 북쪽을 바라보고 서 있다.

지게스 문은 프리드리히 폰 게르트너가 설계하고 1852년에 에드워드 메츠거Eduard Mezger에 의해 완성되어 전쟁에서 승리한 바이에른 군대에게 헌정되었다. 그런데 이 문은 제2차 세계대전 중에 크게 파손되었다. 이후 당국은 전쟁의 상처를 기억하기 위해 이 문을 보존하기로 결정했다. 그런데 이것을 복원할 때에 앞부분(북쪽)만 게르트너의 원래 디자인대로 복원하고, 뒷부분(남쪽)은 흰 벽으로 그대로 남겨놓았다. 그렇게 해서 이 문은 더욱 유명해졌다. 전쟁의 승리를 기리기 위해서 세워졌던 문이 이제는 평화의 상징이 된 것이다. 문의 남쪽 흰 벽에는 다음과 같은 문구가 새겨져 있다.

승리에 헌정되고, 전쟁으로 파괴되어, 평화를 기원한다.
Dem Sieg geweiht, vom Krieg zerstört, Zum Frieden mahnend.

백장미단
白薔薇團, Weiße Rose

역사

'바이세 로제' 즉 백장미단은 나치에 대항하여 뮌헨 대학교의 대학생들과 교수들이 결성했던 비폭력 저항 단체다. 1942년에 결성되어 1943년 2월까지 전단을 뿌리는 행동으로 나치에 대항했다.

1941년에 나치는 유럽인의 우량한 유전자를 보호한다는 명목으로 안락사 정책을 펴고 있었다. 말이 안락사이지, 사실상 정부가 원하지 않는 나약한 사람과 인종을 말살시키는 범죄행위였다. 뮌헨 대학 학생이었던 한스 숄Hans Scholl과 그의 여동생 조피 숄Sophie Scholl은 나치의 안락사 정책을 비난하는 아우구스트 폰 갈렌 주교의 강론을 들었다. 나치 정책의 실상에 경악한 조피 숄은 갈렌 주교의 허락을 얻어 연설 원고를 전단으로 인쇄하여 뮌헨 대학 구내에 뿌렸다. 나중에는 전단에 '백장미'라는 이름을 붙였다. 이후 다른 뮌헨 대학 학생인 알렉산더 슈모렐Alexander Schmorell, 빌리 그라프Willi Graf, 크리스토프 프롭스트Christoph Probst와 그들의 교수였던 쿠르트 후버가 가담하여 백장미단이 되었다. 남매는 여섯 번째 전단을 돌리다가 이를 목격한 학교 수위의 신고로 게슈타포에게 체포되었다. 체포된 남매는 심문에서 자신들의 이름을 스페인 소설 『백장미』의 등장인물명으로 댔다.

그들은 나치에 의해 초법적으로 설치된 단심제 인민법정에서 사형을 선고받았다. 사형이 선고된 지 불과 몇 시간 안에 남매는 처형되었고, 다른 멤버들도 전원 사형이 집행되었다. 1943년에 처형당했을 때 조피의 나이는 22세였다. 2003년에 조피 숄은 반나치 운동가로서는 최초로 레겐스부르크의 발할라에 국가 영웅으로 헌액獻額되었다.

> "
> 용기 없는 공부는 소용이 없을지니…
> "

이후 뮌헨시는 뮌헨 대학교 앞에 있는 크고 둥근 광장을 '숄 남매 광장'과 '후버 교수 광장'으로 명명하였다. 그리고 숄 남매 광장의 바닥에는 백장미단원들이 처형당하던 당시의 신문 기사를 조각 형태로 만들어 설치했다. 이곳에 오가는 모든 이들이 지금도 백장미단을 기리고 있다.

백장미단의 전단은 히틀러 정부의 부도덕함과 부당함을 폭로하면서 "거짓으로 가득 찬 독일은 결코 전쟁에서 승리할 수 없으며, 사실상 이미 패배한 것이나 다름없다"고 열렬히 천명하고 있다. 전단은 "발언의 자유, 종교의 자유, 그리고 범죄적인 폭압정부의 횡포로부터의 시민을 보호하는 것, 이것이 새로운 유럽의 기초가 될 것입니다. 저항운동을 도와주십시오, 전단을 배포해 주십시오."라고 마무리된다. 뭔가를 공부하는 것 이상으로 중요한 일은 힘 있는 자 앞에서 용기를 내는 것이다.

『아무도 미워하지 않는 자의 죽음』
『Die Weiße Rose』

소설

잉에 숄Inge Scholl(1917~1998)은 뮌헨 대학의 백장미단 사건으로 처형당한 한스 숄과 조피 숄 남매의 누나이자 언니다. 동생들은 처형당했지만 잉에는 나치의 연좌제식 탄압과 감시 속에서도 살아남아서 나치의 패망과 종전을 맞이했다. 그녀는 전후에 『백장미Weiße Rose』라는 책을 집필해 동생들의 이야기를 알렸다. 이 책을 통해 남매는 세상에 널리 알려졌으며, 분단된 동서독 양국 모두 그들을 자유와 정의를 위해서 불의에 맞선 위인으로 추앙했다.

이 책은 우리나라에서도 『아무도 미워하지 않는 자의 죽음』이라는 제목으로 번역되어 1978년에 출판되었다. '아미자' 혹은 '아미사'라는 별칭으로 불렸던 이 책은 당시 10월 유신과 제5공화국의 독재시대를 살았던 대학생들의 필독서였으며, 이후 80년대 운동권의 입문서 중의 하나가 되었다.

책에는 전단의 내용이 나온다.

"한 나라의 국민으로서, 무책임하고 어두운 횡포에 빠진 통치자에게 아무런 저항도 하지 않고 무기력하게 '지배'당하는 것보다 더 굴욕적인 것은 없습니다."

지식은 넘치지만 정작 용기가 부족한 우리 시대에 필요한 책일 것이다.

「소피 숄의 마지막 날들」
「Sophie Scholl – Die letzten Tage」 영화

 조피 숄의 이야기는 독일에서 두 번 영화화 되었다. 1982년에 만들어진 것이 「백장미Die Weiße Rose」이고, 2005년에 다시 「소피 숄의 마지막 날들(국내 배급명)」이라는 제목으로 제작되었다. 마크 로테문트Marc Rothemund 감독이 연출한 이 영화는 2005년 베를린 영화제에서 은곰상과 여우주연상을 수상했다.

 이 영화는 제목 그대로 조피가 죽기 전 마지막 5일간의 이야기를 싣고 있다. 그녀가 오빠와 함께 여섯 번째 반나치 전단을 만드는 데서부터 전단을 살포하는 과정과 이어지는 체포, 심문과 재판을 거쳐서 속성으로 처형당하기까지의 족적을 그렸다. 나치의 부도덕함과 그에 항거하는 힘없는 학생들의 용기와 의연함이 대조된다. 특히 조피 역을 맡은 율리아 옌치Julia Jentsch의 연기는 무척 인상적이며, 인민법정 재판장의 광기에 가까운 행동과 발언은 나치라는 악이 어떤 모습을 갖고 있었는지를 실감나게 보여준다.

 마지막에는 남매의 아버지가 갑작스러운 사형을 앞둔 아들과 딸에게 면회를 온다. 그가 사랑하는 딸에게 "다 잘 했다. 나는 네가 자랑스럽다."라고 말하는 대목에서는 눈물을 참을 수 없다. 하지만 그 눈물은 그저 슬픔에 그치지 않고 우리에게 양심과 용기 있는 삶의 가치를 가르쳐 준다.

뮌헨 미술 아카데미

뮌헨 미술 아카데미 Akademie der Bildenden Künste München

지게스 문 서쪽에는 거대한 흰 건물이 있는데, 이곳은 독일 전체에서 가장 오래되고 가장 중요한 미술학교다. 그냥 '뮌헨 아카데미'라고도 부른다. 1770년에 설립되었다가 1808년에 왕립 미술 아카데미로 승격했고, 1946년에 뮌헨공예학교와 뮌헨응용미술학교를 통합하여 오늘에 이른다. 순수미술, 건축, 미술교육, 미술치료 등의 과정이 있다.

이 아름다운 건물은 1886년에 고트프리트 노이로이터 Gottfried von Neureuther가 19세기 르네상스 양식으로 디자인했다. 유리로 된 부분은 오스트리아의 저명한 건축사무소인 쿠프 힘멜블라우 Coop Himmelblau가 2005년에 작업한 것이다.

슈바빙 Schwabing

전혜린을 기억하는 사람이라면 뮌헨까지 온 김에 슈바빙을 방문하고 싶어 한다. 사실 이곳은 전혜린이 살던 시대와는 너무 변해서 전혜린의 글에 나오는 것들은 흔적도 없다. 굳이 비슷한 점을 찾자면 뮌헨대학교와 뮌헨 미술 아카데미 등이 있어서 여전히 학생과 젊은이들이 많다는 정도도. 그러나 장소의 중요성이란 당장의 볼거리보다는 그 장소가 지닌 의미에 있을 수도 있으니, 전혜린이 쓴 책들을 반추하면서 이곳을 걸어보는 것도 좋은 경험이 되겠다.

워킹 맨 Walking Man

레오폴트 슈트라세에 접어들면 양편으로 높이 솟은 가로수들이 반긴다. 그런데 가로수 사이로 희고 커다란 사람이 걸어가는 모습이 눈에 들어온다. 이 지역 사람들이 좋아하는 조각상 「워킹 맨Walking Man」이다. 우리나라에서도 「망치질하는 사람Hammering man」으로 유명한 미국 작가 조나단 보로프스키Jonathan Borofsky의 1995년 작품으로, 높이는 17미터다.

카페 라이트슐레 Café Reitschule

슈바빙의 깊은 곳에 위치한 카페다. 운치 있는 건물을 사용하는 이 집의 큰 장점은 뒤로 영국 정원이 펼쳐져 있다는 것이다. 영국 정원과 개울의 운치가 느껴지는 테라스에서 편안한 시간을 가질 수 있다. 물론 내부도 좋다. 음식도 괜찮은 곳이며, 차와 케이크도 맛있다.

제로제 Seerose

슈바빙에 오면 전혜린의 자취를 찾고 싶어지지만, 아무리 슈바빙을 돌아다녀도 전혜린의 흔적은 찾아볼 수 없다. 그녀의 책 『그리고 아무 말도 하지 않았다』에는 「와이셔츠 단추를 푼 분위기」라는 수필이 있다. 거기에 그녀가 자주 찾던 식당이 '제에로오제'라고 나와 있다.

펠리츠 슈트라세Feilitzschstraße의 그 위치에 지금도 같은 이름의 '제로제 Seerose'라는 식당이 남아있다는 건 오히려 놀라운 일이다. 하지만 이름만 같을 뿐, 지금은 간판에 '비레리아 에 트라토리아(맥줏집 겸 간이식당)'라고 적혀 있는 이탈리아 식당이다. 인테리어는 세련되고 분위기는 밝다. 전혜린 같은 학생은 보이지 않고, 전혜린이 누구인지도 모를 세련된 독일 중년과 관광객들이 무심한 표정으로 와인을 즐긴다. 비록 그녀의 흔적은 발견할 수 없지만, 그래도 '거기에 있는 그 식당'이다. 전혜린이 그리운 사람은 들어가서 스파게티라도 맛볼 수 있겠다.

워킹 맨

전혜린

田惠麟, 1934~1965

인물

뮌헨이라는 도시를 우리에게 제일 먼저 각인시킨 사람이 전혜린이다. 그녀는 우리나라 사람들이 뮌헨이 어디인지 어떻게 생겼는지도 모르던 시절에 뮌헨 대학에서 유학했고, 귀국 이후 더욱 왕성하게 뮌헨을 소개하는 글을 쓰고 독일 작가들을 우리에게 소개했다. 그런 점에서 그녀는 한국의 독자들에게 뮌헨이라는 도시의 정형을 심어주었다는 공적과 책임을 동시에 지고 있다.

전혜린은 1934년에 평남 순천에서 유복한 집안의 장녀로 태어났다. 아버지는 일본 강점기에 고등문관시험의 사법과 행정 양과 兩科를 29세에 합격한, 이른바 수재였던 인물이다. 그녀가 성장하던 유소년기는 제2차 세계대전이 한창일 때였지만, 그녀의 글에서는 그런 참화의 영향은 느껴지지 않는다. 장녀를 끔찍이 편애한 아버지로부터 무한한 사랑을 받으면서 성장한 전혜린은 남루한 백성들과는 다른 세계에서 살았던 것이다. 그녀는 공부가 최대의 가치라고 교육시킨 아버지에 의해 어려서부터 최고의 학업 성과를 냈다. 고급관리였던 아버지가 부임한 신의주로 이주한 뒤로는 아버지에 이끌려 러시아 다방에서 축음기 음악과 아이스크림을 접하면서 살았다. 경기여중고를 다니던 시절에는 사춘기의 특성이 더해져 자신이 특별해야 한다고 생각했고, 실제로 특별해 보이기 위해서 노력했다. 이후 서울법대에 진학했지만 한국전쟁이 발발한 뒤 부산의 전시대학에 다녔다.

법학에 적응하지 못한 그녀는 문학과 철학에 대한 동경심을 가지고 뮌헨 대학으로 유학을 떠난다. 뮌헨에서 보낸 이 4년은 그녀를 성장시키고 내면을 완전히 바꾸었다. 난생 처음으로 뮌헨에 홀로 떨어진 그녀는 전후의 포연砲煙이 아직 남아있는 슈바빙 지역에 머물며 한국 사회를 비판적으로 바라보기 시작했다. 그녀는 슈바빙 지역의 자유로운 정신과 학문을 향한 열정에 매료되었고, 스스로 빈한貧寒을 즐기는 스토이즘을 실천하며 일주일을 굶기도 했다. 그러면서 물질숭배주의로 치닫는 한국 사회, 특히 여성들의 세속주의를 비판했다.

"뮌헨이라는 도시를 우리에게 각인시킨 사람"

귀국한 그녀는 성균관대학의 조교수가 되었다. 그녀는 루이제 린저Luise Rinser, 하인리히 뵐Heinrich Böll 등의 작품을 번역하여 국내에 소개했고, 이미륵의 『압록강은 흐른다』를 번역하여 국내에 알리기도 했다.

하지만 그녀는 31세에 스스로 짧은 생을 마감했다. 그녀가 썼던 글들을 모아서 사후에 유고집 『그리고 아무 말도 하지 않았다』와 『이 모든 괴로움을 또 다시』가 출간되었다.

가슈타이크 부근

가슈타이크 Gasteig

뮌헨의 동쪽에는 남북으로 이자르강이 흐르고, 대부분의 시설과 명소들은 이자르강의 서편에 있다. 하지만 가슈타이크만은 강 너머 동편 기슭에 있다. 뮌헨 사람들은 "이자르강 위에 우뚝 솟은 붉은 건물은 그 아래에 펼쳐진 도시를 협박하는 듯이 눈부신 빛을 발한다."라면서 이 건물을 다소 위협적으로 표현했다. 하지만 이곳은 외형보다 그 안에서 피어난 고급 예술의 향취로 시민들을 매혹해온 곳이다.

내가 이 건물을 오랫동안 동경해왔던 이유는 세르주 첼리비다케라는 지휘자 때문이었다. 루마니아라는 유럽의 변방 출신인 그는 천재적인 실력으로 서유럽의 음악계를 휘저어놓았다. 그런 그가 자신의 성을 쌓았던 곳이 뮌헨이었다. 신축 건물에 속하는 가슈타이크가 알려지게 된 계기가 바로 뮌헨 필하모닉 오케스트라의 입주였다. 뮌헨 필하모닉의 지휘자였던 첼리비다케는 당시 많은 음반을 만들어내던 베를린 필하모닉의 카라얀과는 달리 엄격히 녹음을 제한했다. 사람들이 그의 음악을 집에서 들을 수 있는 기회를 없애버린 것이다. 그는 "나의 지휘를 들으려면 가슈타이크로 오라."라고 말하며 음악팬들을 뮌헨으로 끌어들였다. 살아있는 전설이 된 그의 지휘를 보고 듣기 위해서는 가슈타이크로 가는 수밖에 없었다. 그렇게 가슈타이크라는 이름은 갔던 사람들과 가보지 못한 사람들 모두의 입에 오르내렸다.

내가 도착했을 때는 안타깝게도 첼리비다케가 세상을 떠난 다음이었다. 산천은 의구하나 인걸은 없었다. 처음 이곳에 왔을 때 나는 들어갈 생각도 하지 않은 채로 그 주변만 빙빙 돌면서 지나간 내 음악 감상의 족적을 반추했다. 애꿎은 낙엽만 발로 찼다.

이렇듯 가슈타이크 홀은 뮌헨 필하모닉 오케스트라의 본거지로 유명해졌지만, 여기에 콘서트홀만 있는 것은 아니다. 여기는 뮌헨시에서 설립하고 운영하는 종합문화센터 같은 시설이다. 이곳에는 4개의 시립 기관이 입주해 있는데, 그중에서 먼저 입주한 것이 '뮌헨 시립도서관 Münchner Staatsbibliothek'이다. 여기에 시민들을 위한 문화교육기관인 '뮌헨 성인교육센터 Münchner Volkshochschule'와 '뮌헨 음악 연극 고등학교 Hochschule für Musik und Theater'가 같이 있다. 그리고 네 번째의 기관이 바로 '뮌헨 필하모닉 오케스트라'다.

이곳은 본래 뮌헨 '맥주홀 폭동'(66쪽)이 일어났던 뷔르거브로이켈러가 있던 자리다. 이 맥주홀을 허물고 1985년에 지은 가슈타이크 홀은 겉모습에 대한 냉소를 극복하고 30년 동안 고급문화의 광장으로 자리 잡았다. 여기서는 뮌헨 영화 페스티벌이나 뮌헨 피아노 페스티벌 등 문화 행사가 끊임없이 열리고 있다. 시민들은 이곳에서 공연과 전시 감상은 물론이고, 프랑스어도 배우고 바느질도 배우고 현대음악의 감상법도 배우고 있다. 한편 이곳에는 아주 좋은 카페와 레스토랑도 있다.

가슈타이크 홀

뮌헨 시립도서관 Münchner Staadtbiblioth

뮌헨 시립도서관은 가슈타이크의 주요 기관이다. 뮌헨 시립도서관은 1843년에 설립된 기관으로, 모두 30개가 넘는 도서관이 뮌헨 전역에 흩어져 있다. 가슈타이크의 도서관은 그 중의 중앙도서관인 셈이다. 이곳은 장서만 3백만 권으로, 세계적인 규모를 갖춘 도서관이다. 이 안에는 뮌헨 문학 및 원고 보관소, 음악 도서관, 어린이 및 청소년 도서관, 우표 도서관 및 법률 도서관도 있다. 가슈타이크를 포함한 뮌헨 각지의 도서관들은 긴밀하게 서로 협조하여 시민들이 요청하는 자료에 세심하게 응대해준다. 뮌헨 시민이라면 등록만 하면 누구나 시설과 자료를 무료로 이용할 수 있다.

뮌헨 필하모닉 오케스트라 Münchner Philharmoniker

한때 실력과 인기에서 베를린 필하모닉 오케스트라 Berliner philharmoniker에 필적했던 뮌헨 필하모닉 오케스트라는 뮌헨시가 관리하는 공공기금 악단이다. 1893년 설립될 때의 명칭은 카임 오케스트라 Kaim Orcheatra였다. 1985년에 건축가 마르틴 뒬퍼 Martin Dülfer의 설계로 아르누보 스타일의 카임 필하모닉 오케스트라 홀을 지어서 입주했다. 이 홀은 1905년에 톤할레 Tonhalle로 개명되어, 악단의 거주지가 되었다. 그러나 제2차 세계대전 중의 공습으로 톤할레는 사라지고, 뮌헨 필하모니는 한동안 헤르쿨레스잘을 사용했다. 그러다가 1985년에 가슈타이크가 완공되면서 오케스트라는 이곳에 입주했다.

1898년부터 지휘자 펠릭스 바인가르트너 Felix Weingartner가 이 악단을 맡으면서 오케스트라가 알려지게 되었다. 뮌헨 필하모니는 바인가르트너의 지휘로 말러의 교향곡 제4번(1901년)과 제8번(1910년)의 세계 초연을 맡아 음악사에 이름을 확실히 남긴다. 이후로 오케스트라는 최고 수준에 있는 지휘자들이 맡아 이끌었다. 특히 1979년부터 지휘자가 된 세르주 첼리비다케는 1996년에 세상을 떠날 때까지 17년 동안 이 악단을 이끌면서 결정적인 기여를 했다. 그가 서거한 이후로는 제임스 레바인, 크리스티안 틸레만, 로린 마젤 등 거장들이 자리를 이었다. 현재는 발레리 게르기에프가 지휘자로 있다.

뮌헨 필하모니는 오케스트라뿐만 아니라 그 산하에 몇 개의 음악단체를 만들어서 함께 활동하고 있다. 뮌헨 필하모닉 챔버 오케스트라는 1988년에 결성되어 많은 활동을 하고 있으며, 1895년에 창단한 뮌헨 필하모닉 합창단은 나이로 치면 120세가 넘는다.

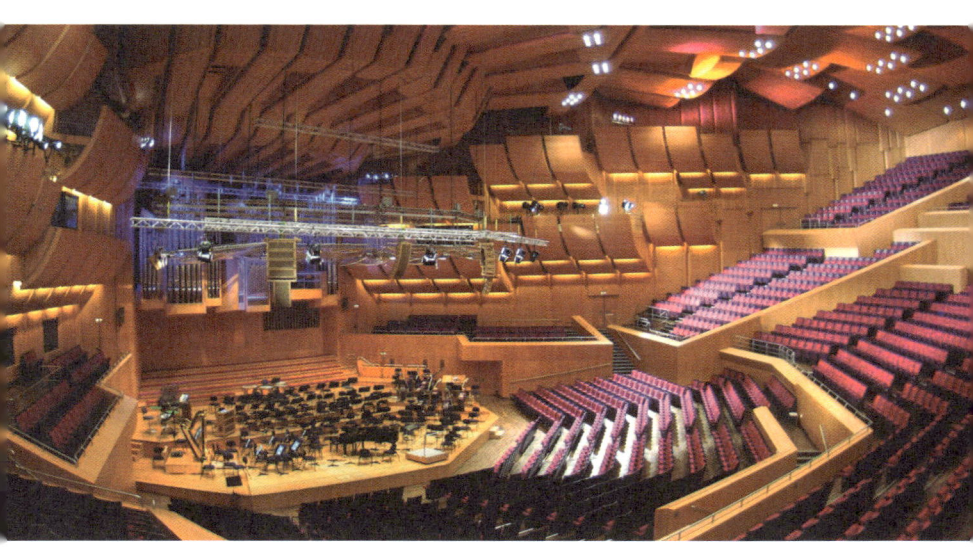

가슈타이크 홀

세르주 첼리비다케
Sergiu Celibidache, 1912~1996

인물

한동안 뮌헨을 대표했던 악단이 뮌헨 필하모닉 오케스트라다. 당시 음악 팬들에게 뮌헨 필하모니란 곧 첼리비다케라는 공식이 각인되었을 만큼, 첼리비다케는 뮌헨과 떼어놓을 수 없는 인물이다.

세르주 첼리비다케는 루마니아의 로마라는 작은 도시에서 태어났다. 어려서부터 피아노를 쳤던 그는 4세 때에 즉흥연주를 하는 등 천재성을 보였다. 하지만 그의 부모는 그를 정치가로 키우려고 다양한 과목을 가르쳤는데, 음악도 철학이나 수학 같은 여러 과목 중 하나일 뿐이었다. 부모는 그를 파리로 유학을 보냈다. 그러나 첼리비다케는 베를린의 고등음악학교에 입학해버렸다. 그는 거기에서 작곡과 지휘를 공부하면서 대학 공부를 병행하여 프리드리히 빌헬름 대학에서 철학박사 학위를 받았다. 한편 그는 선불교에 심취하여 상당한 경지에 오르기도 했다.

제2차 세계대전이 끝나고 베를린 필하모닉 오케스트라가 푸르트뱅글러Wilhelm Furtwängler의 뒤를 이을 지휘자를 구할 때, 가장 빛난 젊은 지휘자는 첼리비다케였다. 그러나 정작 상임지휘자를 선발하는 과정에서 카라얀에게 밀리고 만다.

그러다가 1979년에 뮌헨 필하모닉 오케스트라의 지휘자가 되면서 전성기를 이룬다. 그는 이 오케스트라를 지휘하여 관객들에게 접하기 어려운 예술적 경험을 제공하려 했다. 첼리비다케의 특징은 녹음을 거부했다는 사실이다. 그의 시대는 음반 산업의 전성기로서, 음악가들이 음반을 통해 명성과 부를 거머쥐던 시대였다. 그럼에도 첼리비다케가 녹음을 거부한 이유는, 실황을 통해서만 그가 "초월적인 경험"이라고 불렀던 감흥을 느낄 수 있다는 신념 때문이었다. 그런 경험은 공연장에 직접 와서 음악회에 참석해야만 얻을 수 있다는 것이 그의 신념이었다.

"**나를 들으려면 여기까지 오라.**"

그런데 그가 죽고 나서 또 한 번의 논란이 일었다. 그의 사후에 많은 녹음들이 쏟아지듯 출시된 것이다. 그 음반들은 그의 가족이나 본인의 동의 하에 녹음된 것이며 사후에만 공개하는 조건이 있었다는 해명이 따랐지만, 사후의 음반 마케팅은 모순적이라는 비난을 받았다. 하지만 결과물 자체는 탁월하다. 그가 남긴 최고의 음반은 브루크너다. 다음으로는 브람스, 슈베르트, 리하르트 슈트라우스 그리고 차이콥스키가 뛰어나다.

한편 첼리비다케는 뛰어난 교사이기도 했다. 그는 평생 독일의 마인츠 고등음악학교에서 후학들을 모아 가르쳤다. 교육이나 강의 즉 가르친다는 것은 그의 평생의 관심 분야였다. 그는 자신의 수업을 젊은이들에게 수업료 없이 공개한 것으로도 유명했다.

독일 박물관 Deutsches Museum

한국 사람들이 처음 뮌헨으로 관광을 떠나기 시작했을 때, 가장 인기 있었던 곳 중 하나가 독일 박물관이었다. 재미있는 점은 이곳을 찾았던 사람들 대부분이 여기가 무엇을 전시하는 곳인지 모르는 채로 가이드에게 끌려 왔다는 것이다. 이름이 독일 박물관(미술관이라는 뜻도 된다)이니, 당연히 독일에 오면 이곳이 최고라고 생각했던 것 같다.

이곳은 전시 내용으로 보자면 '독일 과학기술 박물관'이다. 실제 명칭도 '독일 과학기술의 명작 박물관 Deutsches Museum von Meisterwerken der Naturwissenschaft und Technik'이다. 이름이 길다 보니 앞의 두 단어만 남기고 뒤의 긴 말은 뚝 잘라서 '독일 박물관'으로 번역한 것이다. 사실 이곳은 세계에서 가장 큰 과학기술 박물관이다. 하지만 크다는 것이 도리어 단점이기도 하다. 너무 넓고 보여주려는 게 많다 보니 어지간한 각오를 하지 않고서는 이 박물관을 즐기기보다는 박물관에 휘둘리다가 지칠 것이다. 과학기술에 특별한 관심이 있지 않은 사람에게는 쉽지 않은 일이다. 게다가 실은 이곳은 어린이를 겨냥한 전시관이기도 하다. 하여튼 독일이 얼마나 과학기술을 중시했고 대단한 업적을 거두었는지는 확실히 알 수 있다.

독일 박물관은 뮌헨 시내를 가로지르는 이자르강의 가운데에 있는 작은 섬 하나를 모두 쓰고 있다. 서울의 여의도와 같은 지형이다. 당시에 '석탄섬'이라고 부르던 섬 전체를 개발하여 박물관으로 만들었는데, 1903년을 기원으로 치니 백 년이 넘었다. 과학기술을 무려 50개의 분야로 세분하여 총 28,000가지의 전시물을 가지고 있다.

게르트너플라츠 극장 Staatstheater am Gärtnerplatz

뮌헨에는 바이에른 국립 오페라극장이 유명하지만, 오페라극장이 또 하나 있다. 유럽의 대도시에는 정통 오페라를 공연하는 극장 외에 오페레타를 비롯한 가벼운 오페라를 전문적으로 올리는 극장이 별도로 있다. '베를린 코미쉐오퍼'나 '빈 폭스오퍼' 등이 그런 곳이다. 뮌헨에서는 그런 곳이 '게르트너 광장의 국립극장'이다. 흔히 '게르트너플라츠 극장 Gärtnerplatztheater'이라고 줄여 부른다. 건축가 게르트너의 이름을 딴 게르트너 광장에 1865년에 문을 열었다. 궁정 오페라극장이 상류층을 대상으로 한 데 반하여, 이 극장은 당시 번성하던 중산층을 겨냥한 것이다. 레퍼토리도 가벼운 오페라나 오페레타를 올렸다.

이 극장은 바이에른 국립극장과 합병되지 않고 독립적으로 운영된다. 지금은 오페레타뿐만 아니라 뮤지컬도 공연하고, 대중적으로 알려진 『라 트라비아타』나 『카르멘』 같은 오페라도 공연한다. 그런데 그런 작품들은 독일어로 번역해서 부를 때도 많아서 주의해야 한다. 연주의 수준은 그리 높지 않다. 지휘자 카를로스 클라이버가 아버지의 도움 없이 처음으로 작은 자리를 얻어서 일을 시작한 극장이 바로 여기다.

게르트너플라츠 극장

테레지엔비제 부근

명예의 전당 Ruhmeshalle

시대를 거스른 것 같은 신전이 눈앞에 나타난다. 내가 그리스나 로마 제국에 와있는 것인지? 가까이 가 보면 더욱 놀랍다. 로지아 형태의 회랑들은 붉은 벽에 휘감겨 있고, 벽 위에는 흰 두상들이 돌아가면서 붙어있다. 마치 고대 황제나 영웅 아니면 신들을 모아놓은 만신전萬神殿을 떠올리게 한다. 이곳은 영웅들을 모아놓은 '루메스할레', 즉 '명예의 전당'이라고 부를 수 있는 곳이다.

1825년 바이에른 왕좌에 앉은 루드비히 1세는 왕세자 시절부터 뮌헨에 조국을 기리는 애국기념비를 세울 계획을 가졌었다. 그는 여러 분야에서 업적을 낸 '위대한 바이에른인들'의 목록을 스스로 작성했다. 왕위에 오른 그는 '명예의 전당'을 만들기 위한 아이디어를 모으기 시작했다. 그는 바이에른이 "모든 부족을 포함하는 바이에른이며, 진정 위대한 독일국가로서의 바이에른"이라고 주창했다. 그런 점에서 그동안 포함하지 않았던 다른 종족 출신의 바이에른 인까지 포함한 전당을 원했다. 요즘의 개념으로 봐도 외부인을 포용하는 글로벌한 자세가 아닐까?

왕명을 받은 건축가 레오 폰 클렌체는 중심부에 바이에른을 상징하

명예의 전당과 바바리아 상

는 청동상을 세우고, 그것을 'ㄷ'자 형태의 3면으로 둘러싸는 건물을 구상했다. 약 10년에 걸친 공사 끝에 건물은 1853년에 완공되었다. 이곳은 바이에른이라는 국지적 개념이 범독일적인 위대함으로 확대되는 듯한 기분을 안겨준다. 뮌헨이라는 도시와 독일이라는 큰 나라 사이에, 바이에른이라는 부유하고 문화적인 국가가 있었다. 만약 사라진 바이에른 왕국을 중심으로 독일이 통일되었다면 역사는 어떻게 바뀌었을까? 바이에른의 영웅들을 둘러보면서 사념에 사로잡히는 시간이다.

바바리아 상 Die Bavaria

명예의 전당 앞, 아니 엄밀히 말하면 'ㄷ'자 로지아 가운데에는 엄청난 크기의 인물상이 서 있는데, 이를 '바바리아 상 Die Bavaria'이라고 부른다. '바바리아'라는 말은 바이에른의 영어식 표현이기도 하지만, 여기서는 바이에른 정신이라는 추상적 개념을 여인으로 인격화한 이름이다.

바바리아 상은 완전한 청동으로, 높이가 18.52미터이며 무게는 87톤이다. 거대한 크기 때문에 여러 개의 조각으로 만든 후에 붙이는 식으로 작업했다. 내부에는 원형으로 된 계단이 있어서 올라갈 수 있다. 계단의 맨 위에는 청동상의 헬멧 부분에 네 개의 구멍이 있어서 방문객은 그 구멍을 통해 밖을 내다볼 수 있다. 바바리아 상은 유럽에서 가장 큰 청동상이며, 역사적 의미는 물론 기술적으로나 예술적인 면에서도 걸작으로 평가받는다.

명예의 전당을 지을 때 레오 폰 클렌체의 설계에는 이미 바바리아 상이 포함되어 있었다. 클렌체는 전설 속 로도스의 거상과 올림피아의 제우스 상과 같은 기념비를 세우자고 했다. 이러한 클렌체의 제안에 말들이 무성했다. 이런 거대한 상을 청동으로 만들자면 엄청난 재원이 필요했기 때문이다. 어떤 이는 거대한 작업을 추진하는 왕을 네로에 비유하기도 했다. 결국 바이에른 정부는 비용 절감과 정치적 상징성이라는 두 마리 토끼를 잡기 위해 나바리노 전투에서 회수한 터키 군대의 대포들을 녹여 이 상의 머리를 만들었다.

옥토버페스트 Oktoberfest

많은 분들이 뮌헨 하면 옥토버페스트를 떠올린다. 사실 술을 마시는 행위를 이렇게 큰 행사로 만들고 또한 세계적으로 알려진 경우는 많지 않다. 옥토버페스트는 세계에서 가장 큰 맥주 축제일뿐만 아니라, 가장 큰 술 마시기 행사이기도 하다.

매년 뮌헨에서 열리는 이 행사는 대략 9월 중순에 시작해서 10월 첫 일요일까지 열린다. 그러니 이름처럼 10월이 아니라 주로 9월에 벌어지는 행사인 셈이다. 현지에서는 옥토버페스트라고 부르기보다는 행사가 벌어지는 지역인 '테레지엔비제Theresienwiese'에서 따온 말인 '비젠Wiesn'을 주로 쓴다.

이 행사의 기원은 확실하지 않지만, 흔히 1810년에 바이에른의 루드비히 1세와 작센의 테레제 공주와의 결혼 축하행사에서 뿌리를 찾는다. 국혼國婚을 축하하기 위해서 경마와 공연 등 여러 행사가 벌어졌는데, 그때부터 매년 그날을 기념하는 축제가 열렸다. 그 후로 행사에는 농산물 전시회, 퍼레이드 또는 운동회 등이 추가되었다. 행사를 진행했던 공터를 '테레지엔비제' 즉 '테레사의 초원'이라고 불렀는데, 이는 지금의 지명이 되었다. 지금도 옥토버페스트는 여기서 벌어진다. 바로 루메스할레(명예의 전당) 앞에 펼쳐진 광활한 들판이다.

축제를 시작하기에 앞서 퍼레이드가 거행된다. 이 퍼레이드는 옥토버페스트에서 가장 인기 있는 행사로서, 세계적인 규모의 퍼레이드다. 보통 오데온 광장에서 출발하는 퍼레이드는 축제의 첫 일요일 아침에 출발한다. 약 8천 명 정도가 참여하는 이 퍼레이드는 뮌헨 시장을 비롯한 지방 고관들이 앞장서며, 전통의상을 입은 시민 단체와 클럽들, 악단들, 깃발부대 등을 태운 퍼레이드 차량 40여 대가 그 뒤를 따른다. 참가 단체는 주로 바이에른 출신이지만, 요즘은 다른 주나 오스트리아, 스위스, 이탈리아 혹은 다른 유럽 국가에서도 참여한다.

행사 중에는 테레지엔비제에 크고 작은 많은 텐트가 설치된다. 뮌헨의 맥주 규정에 의거하여 만들어진 맥주만 참여할 수 있는데, 이런 기준을 만족시킨 맥주는 '옥토버페스트 비어Oktoberfest Bier'라는 이름을 붙이게 된다. 요즘은 변질되었지만, 옥토버페스트에서는 맥주잔에도 회사 로고를 빼고 '옥토버페스트 비어'라고만 쓰는 것이 전통이었다. 브랜드가 아니라 뮌헨을 내세우는 것이다. 이 기준을 만족시킨 맥주는 6개가 있는데, 이들이 가장 큰 텐트 6개를 차지한다. 바로 이것이 뮌헨의 6대 맥주로서, 아우구스티너Augustiner, 하커프쇼르Hacker-Pschorr, 호프브로이Hofbräu, 뢰벤브로이Löwenbräu, 파울라너Paulaner, 슈파텐Spaten이다.

13만 평에 달하는 테레지엔비제에 텐트가 가득 차고 6백만 명 이상의 사람들이 참여하며, 소비되는 맥주만 7백만 리터가 넘는다. 너무 많은 사람들이 몰리다 보니 항상 긴 줄, 화장실, 쓰레기, 미아, 테러 등의 문제를 낳고, 많은 경찰과 소방대가 행사 내내 경계를 늦추지 않는다.

옥토버페스트

올림피아파크 부근

올림피아파크 Olympiapark

흔히 '올림픽 파크'라고 부르지만, 정확히는 '올림피아파크'다. 이곳은 여러 경기장 등 1972년 뮌헨 올림픽 때의 시설이 모여 있던 곳이다. 올림픽 전에는 미군 주군지나 난민 캠프 등으로 사용되면서 복구가 지연되던 곳이었다. 올림픽을 맞아 재개발되었고, 이후에는 시민에게 개방되어 다양한 시설을 갖춘 시민공원이 되었다. 안에는 올림픽 스타디움, 올림픽 홀, 수영장, 자전거 경기장, 스케이트 경기장 등이 있다.

올림피아투름 Olympiaturm

흔히 '올림픽 타워'라고도 부르는, 올림피아파크 안에 있는 다목적 탑이다. 1968년에 완성한 탑으로, 뉘른베르크 타워보다 조금 낮다. 높이가 해발 291미터이지만, 전망대는 190미터에 위치하고 있다. 안에는 록앤롤 박물관도 있다. 해발 181미터 높이에는 '레스토랑 181'이 있다. 식당이 53분마다 한 바퀴 회전해서 앉은 채로 뮌헨의 전망을 보며 식사할 수 있다. 드레스코드까지 있는 고급 식당이지만 만족하는 사람은 별로 보지 못했다. 일단 가격이 비싸서 가성비가 좋지 않고, 식사하는 동안 몸이 돌아간다는 점이 한국인에게는 영 불편한 것 같다.

뮌헨 대학살 / 뮌헨 올림픽 참사
Munich Massacre

역사

'뮌헨 대학살'은 1972년 뮌헨 올림픽 기간에 일어난 테러사건으로, '검은 9월단 사건'이라고도 부른다. 팔레스타인의 테러단체 '검은 9월단Black September'이 올림픽에 출전한 이스라엘 선수단 11명을 인질로 잡았다. 이후 당국과 협상이 진행되었지만, 결국 11명이 살해된 사건이다. 이 사건은 이후 더 극심한 복수의 반복을 낳았다.

뮌헨 올림픽이 한창이던 1972년 9월 5일, 올림피아파크 내 이스라엘 선수단 숙소에 검은 9월단 단원 8명이 침입하여 이스라엘 선수들을 인질로 삼았다. 2명은 숙소에서 살해되었고 9명은 인질이 되었다. 테러범들은 성명을 발표하여 이스라엘에 수감된 팔레스타인 양심수 234명의 석방을 요구했다. 이스라엘 수상 골다 메이어는 이 요구를 거절했으며, 군사력으로 사태를 해결하겠다고 서독에 통보했다. 그러나 서독 측은 외국 군대를 받아들이기 곤란하여, 직접 해결하겠다고 나섰다. 이스라엘은 빠지고 서독 당국과 범인들 사이에 협상이 시작되었다. 범인들은 비행기로 카이로까지의 탈출을 요구했다. 선수촌에서 뮌헨 공항까지 2대의 헬기로 이동하고, 공항에 준비된 보잉기에 탑승하여 이집트로 가는 것으로 협상은 타결되었다. 그러나 서독의 속셈은 헬기를 공항이 아니라 퓌르스텐펠트브루크 공군기지로 이동시켜서 저격수들이 범인을 사살하고 인질을 구출한다는 각본이었다.

그러나 서독 측의 미숙함으로 인해 작전은 허점과 실수투성이였다(이 사건 이후 서독은 전문 대테러부대를 창설하게 된다). 심지어 범인의 숫자도 파악하지 못하여, 8명의 테러범을 상대로 5명의 저격수를 배치하는 데 그쳤다. 범인과 인질들을 태운 헬기가 공군기지에 착륙했고, 저격수가 발포했다. 그러나 총탄은 한 명만 명중시켰다. 범인들이 응전하면서 총격전이 벌어졌고, 결과는 최악이었다. 인질 9명 전원과 경찰 1명이 사망했다. 범인은 8명 중 5명이 사살당했고 3명은 생포되었다. 올림픽은 중지되지 않았다. 올림픽기가 조기弔旗로 게양되는 게 다였다. 경기는 34시간 만에 속개되었다.

"
미숙한 작전으로 인해 참혹하게 끝난 인질 납치극
"

이스라엘 정부는 이 사건에 대한 보복으로 '신의 분노 작전'을 세워 팔레스타인에 대량 폭격을 감행한다. 이 폭격으로 수백 명의 민간인이 사망했다. 또한 당시 이스라엘의 총리였던 골다 메이어는 뮌헨 참사에 직간접적으로 연관된 모든 자들을 정리하고 정보를 수집하라고 모사드(이스라엘의 첩보 기관)에 지시했다. 이후 모사드의 암살부대는 세계를 돌면서 관련자들을 찾아내 모두 살해했다. 보복의 악순환이었다.

BMW 벨트

BMW 벨트 BMW Welt

많은 한국 사람들이 가보고 싶어하는 곳이다. 올림피아파크 옆에 있다. 뮌헨을 대표하는 자동차 회사 BMW에서 전시와 홍보를 위해 만든 곳이다. 회의와 판촉행사가 벌어지며, 여기서 고객에게 차량을 인도하기도 한다. 둥근 유리로 된 플랫폼에서 고객이 주문한 차량을 받는 과정을 쇼로 만들어 유명해졌다. 건물 디자인은 상품 가치를 높이고 구매 욕구를 자극하는데 성공했으며, 기업 이미지도 높였다는 평가를 받았다. 2007년에 완성된 이 건물은 이제 뮌헨의 명실상부한 명소가 되었다.

건물은 오스트리아의 건축사무소 쿠프 힘멜블라우 Coop Himmelblau에서 설계했다. 이 사무소는 뮌헨 미술 아카데미를 리노베이션했으며, 그로닝겐 박물관과 프랑크푸르트의 유럽중앙은행 등을 설계한 세계적인 설계소다. 부산에 있는 영화의 전당도 이 사무소의 작품이다.

BMW 본사 BMW Vierzylinder, BMW Hochhaus

BMW 벨트를 보러 와서 만나는 또 하나의 건물이 바로 길 건너에 있는 BMW 본사 또는 BMW 타워다. 자동차 엔진의 4개의 실린더 모양을 형상화한, 눈에 띄게 아름다운 건물이다. 회사의 정체성을 형상화한 건물 중에는 세계적으로 이만한 곳이 없을 것이다.

오스트리아의 건축가 카를 슈반처 Karl Schwanzer가 설계한 건물은 1972년에 완성되었다. 광활한 대지 위에 솟아 있는 101미터 높이의 실린더 모양은 기업의 이미지를 크게 상승시켰다. 이 건물은 이제 뮌헨에서 가장 유명한 건축물로서 뮌헨의 랜드마크가 되었으며, 완공 후 15년이라는 짧은 기간 만에 역사적 건축물로 선정되는 기록을 세웠다.

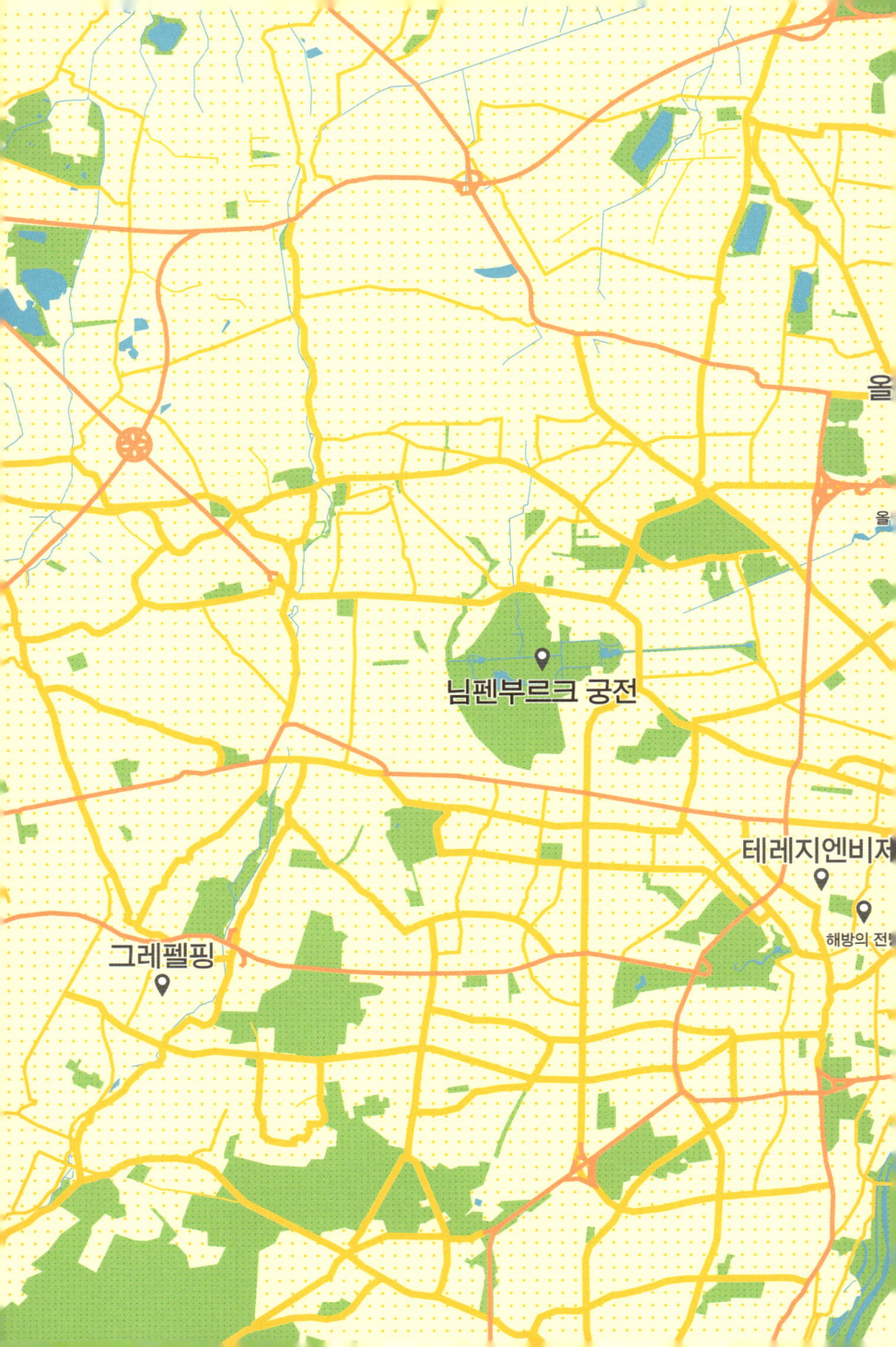

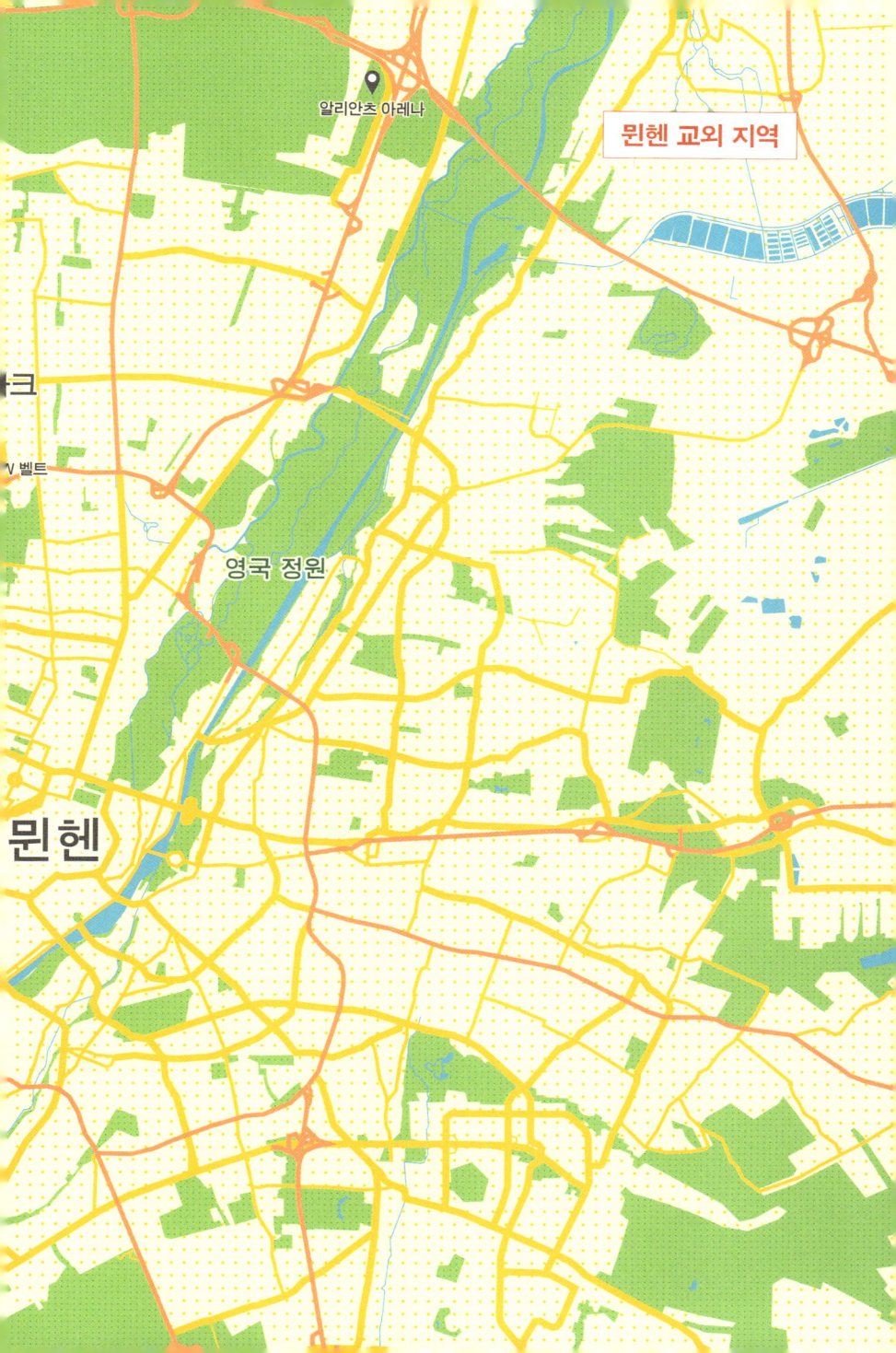

뮌헨 교외 지역

그레펠핑 묘지

전혜린의 번역을 통해서 우리에게 알려졌던 이미륵 선생은 오랫동안 뮌헨에서 살다가 뮌헨에 묻힌 분이다. 그의 무덤이 뮌헨에 있으니, 그를 기억하는 사람이라면 찾아가보는 것도 의미 있을 것이다. 그의 묘는 1997년에 이장하여 그레펠핑Gräfelfing이라는 작은 위성도시에 있다. 그곳의 시립묘지가 평생 이방에서만 살았던 한국인 학자의 안식처다.

그레펠핑 묘지를 찾기는 어렵지 않다. 지하철도 있고, 시간이 없다면 택시를 타도 된다. 묘지는 신묘역와 구묘역으로 나뉘어져 있지만, 안쪽으로는 두 묘역이 붙어 있어서 서로 통한다. 그레펠핑의 묘지는 깨끗하고 아담하다. 늘 따뜻한 손길이 닿고 있다는 느낌을 준다. 입구에 지어진 현대식 관리동과 그 옆에 있는 연못도 인상적이다. 이미륵의 묘소는 번호가 145~147이라고 알고 갔지만, 막상 가 보니 따로 알아둘 필요가 없었다. 왜냐면 묘역 전체가 작아서 전체를 둘러보아도 금방이고, 특히 이미륵의 묘소는 길가에 있어 쉽게 발견할 수 있기 때문이다.

토요일 아침의 고요한 묘지를 걸어간다. 가족들이 묘소를 가꾸라고 설치해놓은 급수대 옆을 보니 나란히 걸려있는 파란 물뿌리개들이 예쁘다. 그의 묘가 어딜까 하고 두리번거리는데, 묘소를 가꾸고 있던 독일 할머니가 고개를 들어서 "이미륵의 묘를 찾아요?"라고 묻는 것이 아닌가? 그녀의 입술을 통해서 들리는 이름 "이미륵"이 영롱하고 명료하다. 한국인의 목소리가 들리니, 이미륵을 찾는다고 생각했던가 보다. 그녀가 손으로 가리키는 곳을 보니, 기와로 한식 지붕을 얹은 묘비가 눈에 들어온다. '이의경李儀景의 묘'다.

최근 이미륵 기념사업회와 한국 정부에서 세운 비석과 석단 옆에는 아담한 나무 두어 그루가 서 있다. 묘소는 깔끔하게 다듬어져 누군가가 돌보고 있다는 인상을 주었다. 비석 옆의 꽃병에 담긴 생화는 말라 있었다. 시든 꽃을 뽑아내고 새 국화를 꽂았다.

새로 세운 비석 뒤로 옛 비석이 누워 있었다. 마치 선생 본인처럼…. 그는 조국에 돌아오지 못하고 남은 평생을 살았지만, 독일인들의 사랑과 존경을 받았다. 그의 주옥같은 글에 의해서 독일인들은 한국이 얼마나 품격 있는 나라인지를 알았다.

이미륙의 묘소

이미륵
李彌勒, 1899~1950

인물

　뮌헨에 잠든 자랑스러운 한국인이다. 그는 '수천 년의 역사와 고귀한 정신세계를 지니고 있는 한국과 한국인'을 독일에, 아니 유럽에 알렸다. 그로 인하여 독일 사람들은 한국이 어떤 나라이며 한국 사람들이 어떤 정신으로 살아왔는지를 알게 되었다. 이미륵이 독일어로 쓴 아름다운 소설 『압록강은 흐른다』는 독일의 고등학교 교과서에도 실렸다. 그 이후로 한국의 광부들과 간호사들이 독일 땅에 들어간 것이다.

　이미륵은 1899년 황해도 해주에서 천석꾼 이동빈의 외아들로 태어났다. 본명은 이의경李儀景이고 미륵은 집에서 부르던 이름인데, 위로 누나만 셋을 둔 어머니가 늦은 나이에 미륵보살에게 백일기도를 드려 낳았다고 이렇게 불렀다. 그는 어려서부터 한학을 공부했다. 그러다가 신학문을 공부하게 되었고, 강의록을 통하여 독학한 지 1년 만에 경성의전에 입학했다. 그러나 재학 중에 3.1 만세 운동에 참가하여 일경에 의해 수배되었다. 그는 홀로 되신 어머니를 고향에 둔 채, 상해를 거쳐서 유럽으로 망명했다.

　독일에 정착한 그는 뷔르츠부르크 대학과 하이델베르크 대학에서 의학을 공부했으며, 뮌헨 대학으로 옮겨서 동물학을 전공했다.

1927년에는 브뤼셀의 세계피압박민족대회에 참가하여 한국의 압제 상황을 알렸다. 이후 뮌헨 대학에서 이학박사 학위를 받았다.

1946년에 그가 발표한 독일어 소설 『압록강은 흐른다』는 큰 성공을 거두었고, 그는 독일인들이 존경하는 인물이 되었다. 이 책은 독일에 한국이라는 나라를 알렸고, 독일인들은 이 책을 통해 우리의 고매한 전통과 문화에 대해서 관심을 가지게 되었다. 1946년에 발간된 이 소설은 "금년에 독일어로 쓰인 가장 훌륭한 책"이라는 극찬을 받았으며, 독일 고등학교 교과서에도 실렸다.

"한국인의 정신세계를 독일에 널리 알린 학자이자 작가"

이미륵 박사는 뮌헨에 살면서 그곳 사회에서 존경받는 학자이자 문필가로 살았다. 점잖고 고결한 인품으로 현지 사람들에게 깊은 인상을 남겼다. 그는 이역만리에서 해방 소식을 접했지만, 남북한으로 나뉜 조국에 돌아올 기회는 없었다. 그는 이후 평생을 뮌헨에서 살다가 51세의 아까운 나이에 위암으로 세상을 떠났다.

그는 뮌헨에 묻혔지만 묘의 관리가 허술하여, 현지 교민들과 국내의 독문학자 등을 중심으로 이미륵 박사 기념사업회가 결성되었다. 이 사업회는 이미륵 박사의 묘를 그레펠핑시의 시립묘지로 이장한 뒤 잘 관리하여 현재에 이르고 있다. 지금도 독일인들 중에서 그의 이름과 책을 기억하는 사람이 적지 않다.

『압록강은 흐른다』 — 소설

전혜린이 독일 유학을 다녀온 후에 독일의 여러 작가들을 국내에 번역, 소개하면서 이른바 전혜린 열풍을 일으켰다. 그런데 그중에서도 눈에 띄는 책이 있었는데, 바로 이미륵이 독일어로 쓴 『압록강은 흐른다』였다.

이 책은 이미륵 박사의 자전적인 소설이다. 그의 어린 시절, 그 중에서도 다섯 살 때 한학 공부를 시작하면서부터의 이야기들이 흥미진진하게 실려 있다. 구한말 해주의 한 부잣집을 배경으로 한 소설은 당시 우리나라 모습을 수채화처럼 아름답게 그려냈다.

> **독일어 속에 담긴 우리네 어머니와 아버지의 이야기**

이야기는 다섯 살이 된 미륵이 사촌형제 수암과 함께 아버지로부터 난생 처음 한문을 공부하는 것으로 시작된다. 이 소설의 가장 큰 장점은 사람에 대한 따뜻한 시선이다. 지위고하를 막론하고 모든 인간에 대한 사랑이 뚝뚝 묻어난다. 미륵의 세 누나들뿐 아니라, 허드렛일을 하는 구월이라는 하녀의 이야기도 차별 없이 따뜻하게 그려진다. 주요 이야기는 한 어린이의 성장기지만, 조국의 자연에 대한 사랑과 우리 문화에 대한 추억 그리고 우리 조상들이 그토록 귀하게 여겼던 동양철학과 정신성에 대한 애정이 가득하다. 저녁이 되어 해주성의 성문이 닫히면서 종이 울릴 때를 미륵은 이렇게 묘사한다. "하루가 가고 밤이 되었으니, 고을의 사람들은 걱정 말고 편안히 쉬라는 뜻에서 원님이 건네는 저녁 인사다. 우리 고을에 평화가 넘치길…."

미륵이 학교를 다니기 시작했을 때, 학자이자 천석꾼이었던 아버지는 방과 후 집에 돌아온 어린 아들에게 매일 서양 학문에 대해서 묻는다. 미륵이 오늘 배운 것을 하나씩 얘기하면, 그는 먼 곳을 바라보면서 말없이 생각에 잠긴다. 아들로부터 링컨의 이야기를 듣고 놀라워하는 아버지의 모습이 눈에 생생하다. 평생 나라를 사랑하고 공부를 했지만, 신학문이 모자라 나라를 침탈당한 시골 지성인의 안타까움이 그대로 전해진다. 미륵은 경성의학전문학교에 진학하여 서울로 떠난다. 그는 3.1 만세 운동에 참여하고, 일본경찰의 수배를 피해서 중국으로 떠난다. 이후 미륵이 독일에 도착하고 정착할 때까지의 이야기가 펼쳐진다.

그가 떠날 때 어머니는 말씀하신다. "너는 반드시 유럽에 가게 될 거야. 어미 걱정은 하지 말거라. 나는 네가 이곳으로 올 때까지 기다리고 있으마. 혹시 우리가 다시 못 만나게 되더라도, 슬퍼하지 말거라. 넌 내 생애에 너무도 많은 기쁨을 주었단다. 자, 내 아들아 이젠 너 혼자 가렴. 멈추지 말고…." 강인하고 슬기로운 어머니를 이렇게 잘 그린 글이 있을까. 독일어로 쓰였지만, 우리의 의젓한 어머니와 아버지를 그린 자랑스러운 책이다.

님펜부르크 성 Schloss Nymphenburg

유럽의 왕이나 영주들의 궁전은 보통 도심에 있는 도시궁전과 외곽에 있는 별궁으로 나눌 수 있다. '도시궁전'은 국사를 보기 위한 곳이니, 일하는 장소다. 주로 도심에 있어서 비좁은 경우가 대부분이다. 반면 도심 외곽에 있는 '별궁'은 주로 여름 등의 계절에 휴식을 염두에 두고 만들어서, 일보다는 휴식과 여유를 위한 공간이다. 그래서 대부분 넓은 정원을 가지고 있다. 그래서 몇몇 왕이나 왕비는 별궁을 더 선호하기도 했다. 빈을 예로 들면 호프부르크 궁전은 도시궁전이며, 쉰브룬 궁전은 별궁에 해당한다.

뮌헨의 경우 레지덴츠가 도시궁전이며, 여기 님펜부르크 성이 별궁

에 해당한다. 님펜부르크 성은 바이에른 왕국의 여름용 궁전으로 지어졌다. 유럽의 별궁들 대부분이 베르사유 궁전을 모델로 하는데, 님펜부르크도 예외는 아니다.

님펜부르크 성은 뮌헨 서부 외곽의 허허벌판에 서 있어서 한가로움이 느껴진다. 바이에른의 선제후 페르디난트 마리아Ferdinand Maria가 늦둥이 왕세자를 얻은 기념으로 지었다. 1675년에 완공된 궁전은 가운데를 중심으로 좌우 대칭을 이룬다. 양쪽으로는 날개부가 길게 뻗어 있고 뒤편으로는 넓은 프랑스풍 정원이 펼쳐진다. 남북을 잇는 날개부의 길이는 632미터로 베르사유 궁전보다도 크다. 무모하게 전체를 둘러보려 도전했다가는 다리도 아프고 반나절 이상이 날아갈 수도 있다.

님펜부르크 성

님펜부르크라는 단어는 이탈리아어인 '보르고 델레 닌페Borgo delle Ninfe'에서 유래하는데, 이는 '님프의 마을'이라는 뜻으로 쾌락에 어울리는 이름이라 하겠다. 1741년에 여기서 '님펜부르크 조약'이 성립되어 성의 이름을 세상에 알렸다. 1825년에 막시밀리안 1세가 이 성에서 죽었으며, 그의 손자 루드비히 2세는 1845년에 여기서 태어났다. 궁전 안에는 여러 가지 박물관이 있다.

미인화 갤러리 Schönheitengalerie

님펜부르크 궁전의 박물관들 중에서 인기가 높은 곳이다. 루드비히 1세는 뮌헨의 아름다운 미인들을 초상화로 그리라는, 요즘에는 이해하기 곤란한 명령을 했다. 덕분에 이런 갤러리가 만들어졌다. 궁정화가 요제프 카를 슈틸러Joseph Karl Stieler가 그린 뮌헨 미인 36명의 초상화가 모여 있다. 이 중에서는 제화공의 딸이었던 헬레네 제들마이어Helene Sedlmayr와 루드비히 1세의 정부였던 롤라 몬테즈의 초상화가 잘 알려져 있다.

마르스탈 박물관 Marstall Museum

성의 남쪽 날개부에는 마르스탈 박물관, 즉 마차 박물관이 있다. 왕실의 화려한 마차와 부속품들을 전시하고 있는데, 유럽의 마차 박물관들 중에서 가장 컬렉션이 좋다고 알려져 있다.

도자기 박물관 Porzellansammlung

마르스탈 박물관의 위층에는 도자기 박물관이 있다. 왕실에서 사용했던 아름답고 정교한 도자기들을 볼 수 있다. 이 궁전에서 사용하던 도자기들은 궁전 옆의 마을에서 직접 제작했는데, 이를 '님펜부르크 도자기'라고 부른다. '님펜부르크 도자기 제작소Porzellanmanufaktur Nymphenburg'가 부근의 마을 론델Rondell에 있는데, 미리 예약하면 가볼 수 있다.

인류와 자연 박물관 Museum Mensch und Natur

성의 북쪽 날개부에 있는 일종의 자연사 박물관이다. 왕실이 수집했던 화석, 광물, 공룡 뼈, 박제 등이 전시되어 있다.

님펜부르크 정원

프랑스풍의 님펜부르크 정원은 아주 넓어 다 돌아보기 어려울 정도다. 하루 소풍이라 생각하고 간다면 좋을 듯하다. 정원 안에 있는 몇몇 건물들은 들어가 볼 수 있고, 식사를 할 수 있는 식당도 있다. 아마 이 성과 정원을 제대로 즐기려면 하루를 꼬박 투자해야 할 것이다.

알리안츠 아레나 Allianz Arena

뮌헨 공항을 오고가다 보면 고속도로 옆에 바람이 잔뜩 들어간 커다란 튜브 같은 것이 보인다. 여기에는 뮌헨의 보험회사 이름을 붙여서 알리안츠 아레나라고 부르는 축구경기장으로, 뮌헨을 대표하는 현대 건축물 중 하나다. 이 건물은 경기의 콘셉트에 따라 외관이 변하는 세계 최초의 경기장으로서 수용 인원은 75,000명에 달한다.

뮌헨의 인기 축구팀인 FC 바이에른 뮌헨은 2005년부터 이곳을 홈경기장으로 이용하고 있다. 그러나 뮌헨에는 이 구장을 홈으로 사용하

알리안츠 아레나

는 또 하나의 축구팀이 있으니, 바로 TSV 1860 뮌헨이다. 그래서 바이에른 뮌헨이 경기를 할 때는 경기장의 외부 즉 튜브 전체가 바이에른 뮌헨 팀의 상징 색인 빨간색으로 변하고, TSV 1860 뮌헨이 경기를 할 때는 그 팀의 색인 하늘색으로 변한다. 그러니 경기장 색깔만 봐도 그날 어느 팀이 경기하는지 알 수 있다. 그 외는 보통 흰색이다.

이 건물은 스위스의 세계적 건축가인 헤어조크와 드 뮈론Herzog & de Meuron이 설계한 것이다. 그들은 베이징의 올림픽 스타디움, 함부르크의 엘베 필하모니, 런던의 테이트 모던 미술관 등도 설계한 바 있다.

다하우 수용소 KZ Gedenkstätte Dachau

뮌헨 방문자들이 무거운 마음으로 찾는 장소가 다하우 수용소다. 이곳은 나치가 세웠던 여러 강제수용소 중의 하나이지만, 좀 더 특별한 의미가 있다. 다하우 수용소는 유럽에 세워진 최초의 강제수용소이며,

세계 수용소의 모델이 된 곳이다. 1933년에 나치당 연립정권이 '정치범의 수용을 위한 강제 수용소'를 모토로 이 수용소를 만들었다.

뮌헨 도심에서 서북쪽으로 18킬로미터 떨어진 곳에 위치한 이 수용소는 뒤이은 강제수용소들의 원형이 되었다. 건축 구조뿐 아니라 관리 조직 구성이나 운영 면에서도 그러하다. 이곳에는 총 30여 개국 출신의 20만 명이 수감되었는데, 이 중 유대인은 1/3정도였다. 수용소 내에 만연한 전염병, 영양실조, 자살 등으로 문서에 기록된 사망자만 32,000명에 다다른다. 종전이 임박하자 여건은 더욱 악화되었다. 연합군이 진격해오자 독일군은 전방에 위치한 수용소의 수감자들을 후방의 수용소로 이동시켰다. 자신들의 만행이 드러나는 것을 막기 위해서였다. 결국 다하우를 향한 이송이 계속 늘어났다. 한계 인원을 넘긴 수용소는 열악한 공중위생, 식량부족은 물론 발진티푸스까지 창궐하면서 최악의 상황으로 치달았다. 이후 전세가 완전히 기운 1945년에 독일군은 진격하는 연합군을 피하려고 수감자 수천 명을 테건제Tegernsee를 향해 도보로 이동시켰고, 이 과정에서 많은 수감자가 사망했다. 이를 '죽음의 행진'이라고 부르는데, 현재 그 길을 따라 후베르투스 폰 필그림Hubertus von Pilgrim이 만든 22점의 조각이 세워져 있다.

이후 다하우를 비롯한 수용소들이 연합군에 의해서 해방되면서 나치의 만행이 만천하에 드러났다. 1955년에는 생존 수감자들이 모여서 회의를 열어 수용소의 철거를 막았고, 이후 1965년에 다하우 수용소 기념관이 개관했다. 현재 이곳에는 인류의 잔혹사를 알리기 위해서 감방, 전기 철조망, 망루, 가스실, 화장터 등이 그대로 보존돼 있으며 사진, 서류, 유품 등도 전시 중이다. 매년 80만 명이 이곳을 방문한다.

『다하우에서 온 편지』
Girl with a White Dog — 소설

앤 부스Anne Booth(1941~)는 이 책을 9세에서 12세에 이르는 어린 독자를 대상으로 집필했다. 우리의 초등학교 고학년에서 중학생 정도의 책읽기 수준이다. 하지만 성인들에게도 유익하고 재미있는 책일 뿐 아니라, 쉽게 찾기 어려운 정보와 가르침을 주고 있다. 원제는 「흰 개를 안은 소녀」다. 이야기는 제시라는 소녀가 어느 날 마리아 할머니 집에서 흰 개를 선물로 받는 장면으로 시작된다. 마리아 할머니는 자신의 과거에 대해서 좀처럼 말을 하지 않는 사람이다. 그러던 중 제시는 한 통의 편지를 통해 할머니의 젊은 시절에 담긴 비밀에 대해서 알아가게 된다.

마리아 할머니는 어린 시절에 다른 나라에서 살았다. 그곳에서는 멀리서 일자리를 구하러 들어온 사람들 때문에 정작 그 나라 사람들은 일자리가 없었다. 멀리서 온 사람들 중에는 부당하게 나랏돈을 타내는가 하면 병이 들었다고 속이는 등, 사기꾼이나 파렴치한이 많았다. 그들 때문에 정작 마리아의 아버지와 오빠는 일할 자리를 잃었다. 하지만 그 나라의 지도자가 그 외부인들이 얼마나 나쁜 사람인지 알려주었다. 용기 있는 지도자가 있어서 마리아는 행복했다. 게다가 그 지도자는 그림을 사랑하고 고전 음악을 이해하고 동물을 사랑하는 사람이었다.

그런데 언젠가부터 사람들이 살해당하기 시작했다. 다만 다르다는 이유로, 병들었다는 이유로, 지도자에게 찬성하지 않았다는 이유로…. 사실 지도자는 좋은 사람이 아니었고, 그가 나쁜 사람이라고 했던 사람들도 나쁜 자들이 아니었다. 마리아는 사람들이 어디론가 사라져서 다시는 돌아오지 않음을 알게 되었다.

"비겁한 어른들이 읽어야 할 책"

이야기는 독일에서 처음 세워진 다하우 수용소의 실화를 흥미진진하게 풀어내고 있다. 그곳에는 토끼를 키우는 막사가 있었다. 앙골라 토끼를 키워서 얻은 털로 독일 공군 조종사의 비행복 안감을 만들기 위해서였다. 그런데 토끼를 사랑하는 히틀러의 지시로 털을 다 채취한 토끼들도 죽이지 않았다. 그렇게 동물을 사랑한 히틀러였다. 그런데 토끼를 사육하는 사람들은 장애인과 유대인들로 이루어진 수용소 죄수들이었다. 히틀러는 토끼는 살렸지만, 정작 사람들은 죽였다.

이 책은 그저 다하우 수용소의 실상을 전달하는 데 그치지 않는다. 한 소녀의 눈을 통하여 강자에게 맞서지 않는 것이 얼마나 비겁한 일인지를 알려주고, 그런 비겁함 때문에 세상의 비극이 계속된다는 것을 일러주는 놀라운 책이다. 아직도 비겁한 우리 어른들이 꼭 읽어야 할 책이다.

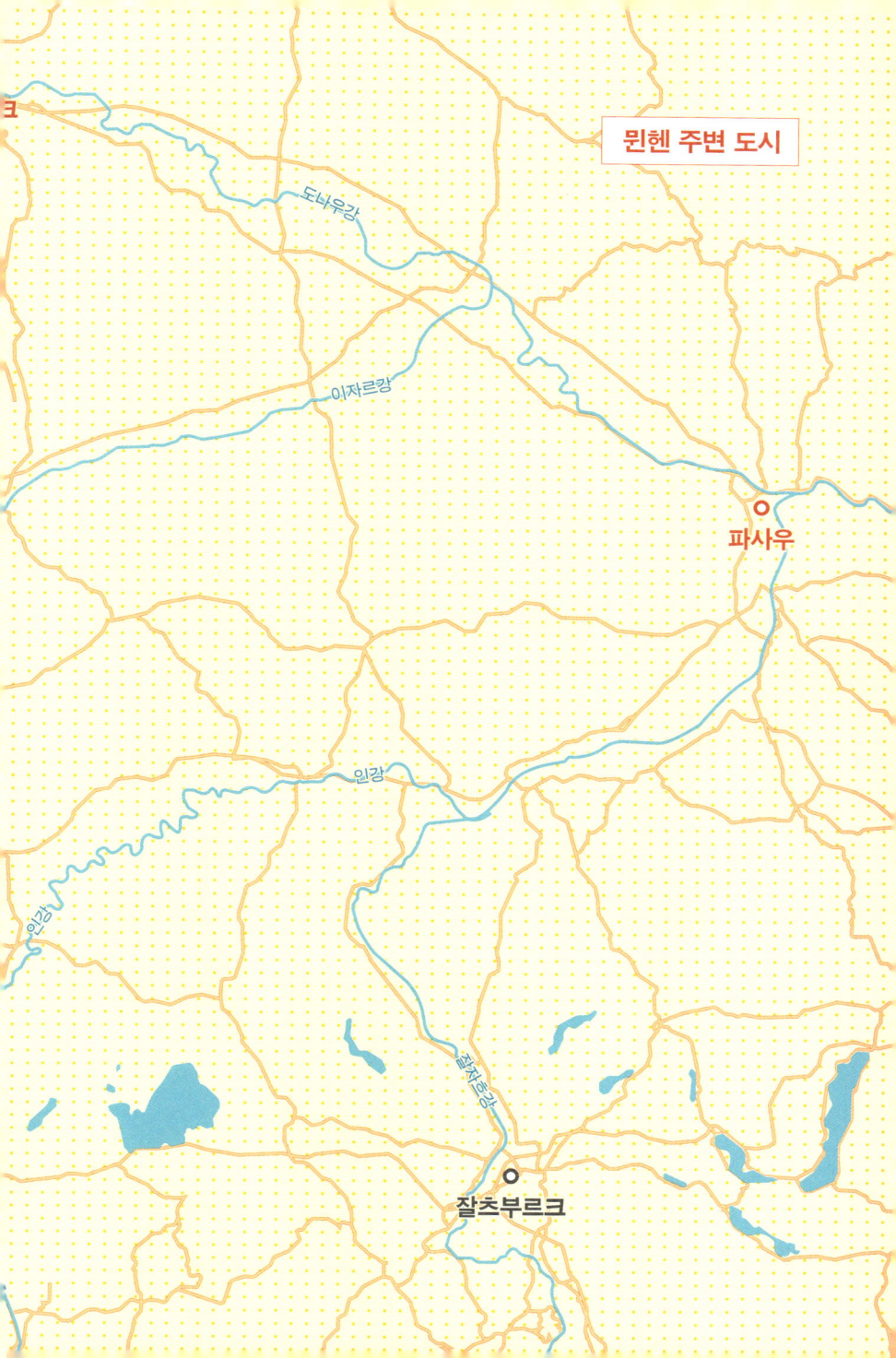

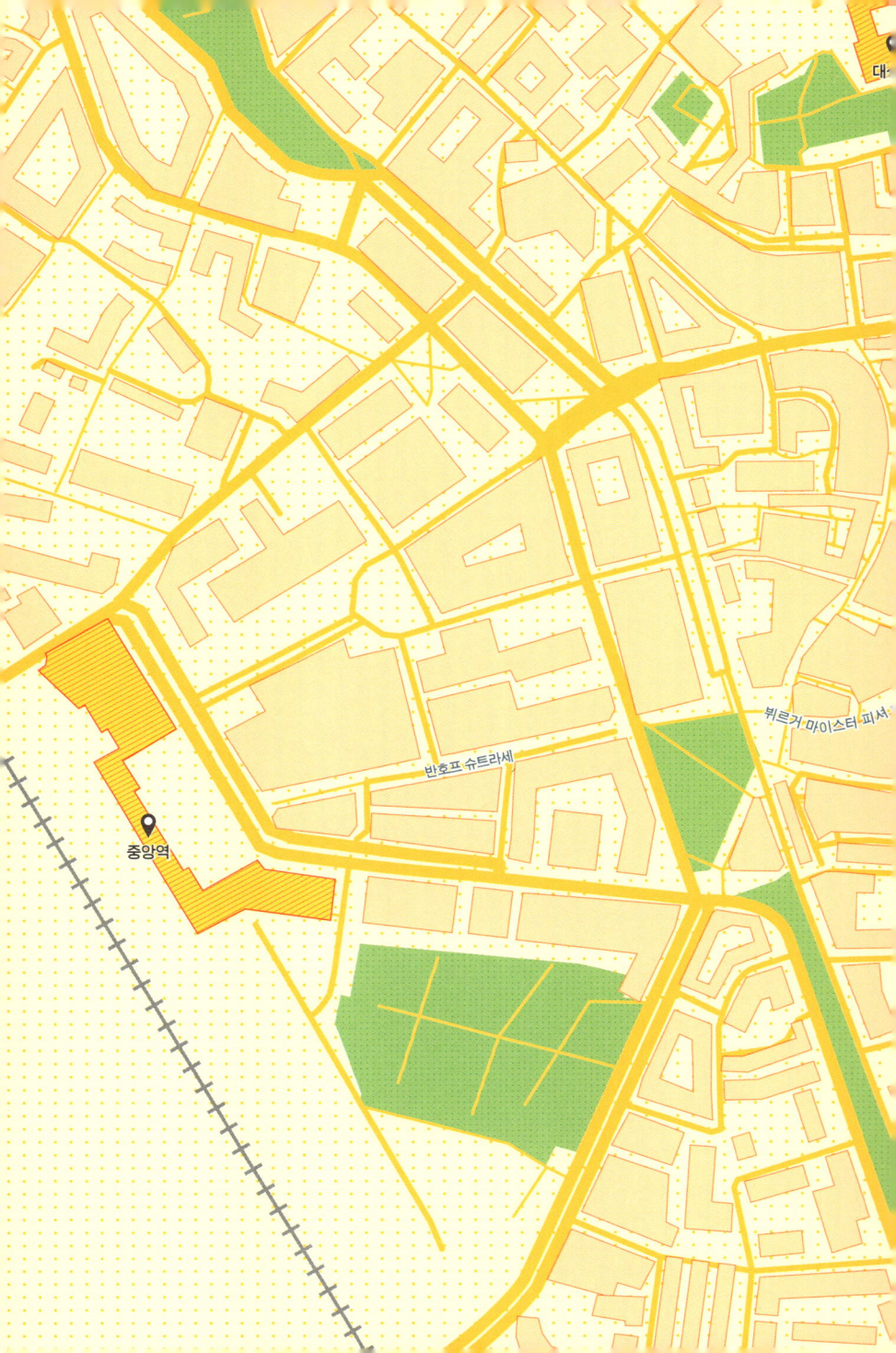

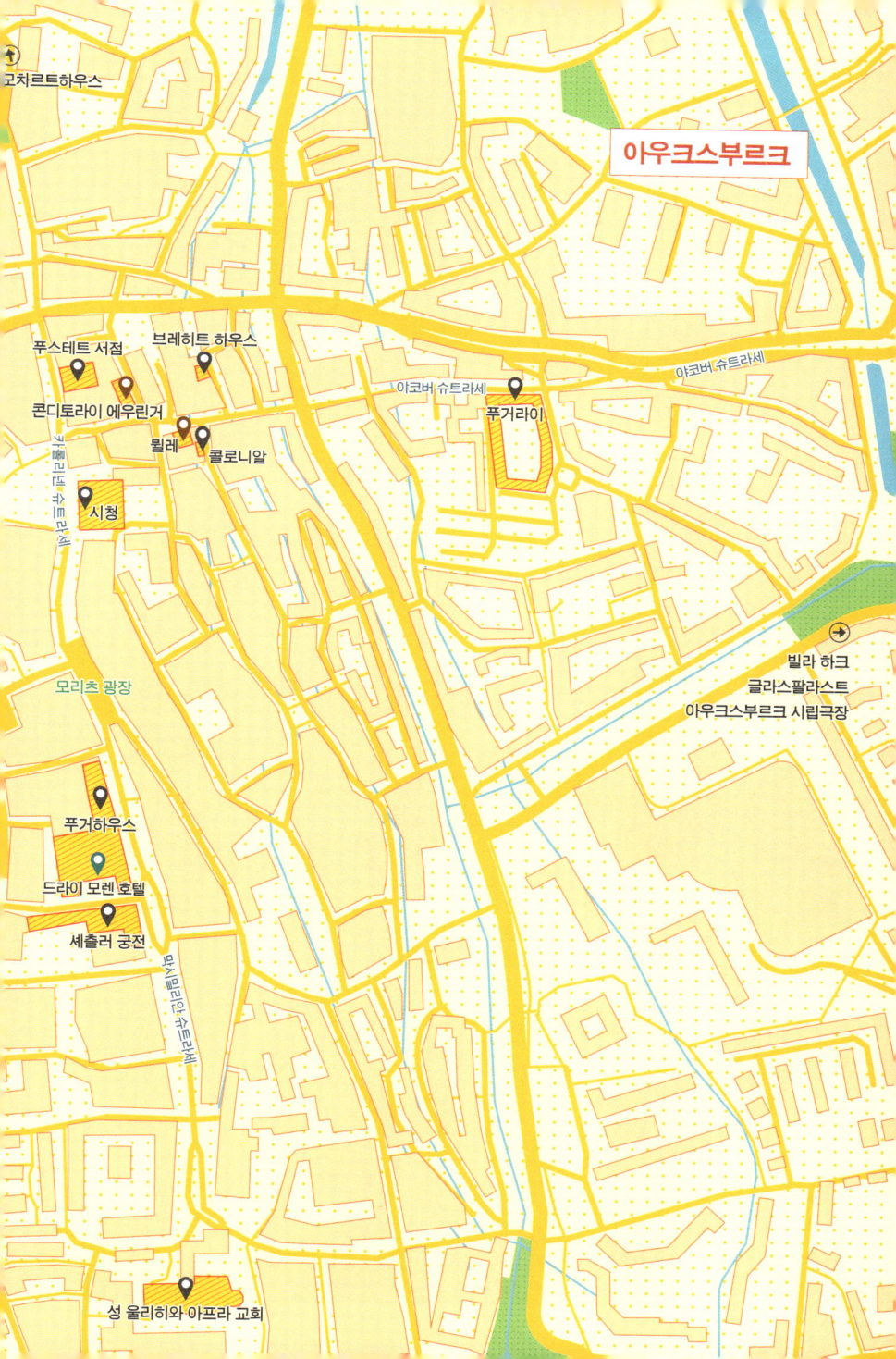

뮌헨의 주변 도시

아우크스부르크

아우크스부르크 Augsburg

아우크스부르크에 간다고 하니 다들 "참, 예쁜 도시지요."라고들 말한다. 독일 사람들도 그랬다. 그래서 아름다운 도시를 그리면서 여기로 왔다. 그런데 정작 아우크스부르크에 와 보니 이 도시 사람들은 '예쁨'을 자랑하지 않았다. 아우크스부르크 사람들이 힘주어 말하는 것은 이곳이 역사적인 도시라는 것, 그러니까 과거 바이에른 일대의 중심지였다는 것이다.

아우크스부르크는 도시명의 유래가 된 로마의 황제가 약 2천 년 전, 정확히는 기원전 15년에 직접 세운 오래된 도시다. 그만큼 이 지역은 옛날부터 지리적인 요충지였다. 아우크스부르크는 이런 지리적 이점 덕분에 각종 교역을 통해 많은 부를 쌓았다.

시청에서는 그들이 오랫동안 세계 각지와 교역했던 역사를 전시하고 있다. 일찍이 자유도시가 되어 세계를 상대로 엄청난 규모의 국제무역을 했던 이 도시는 무역을 통해서 이룬 막대한 부를 자랑하고자 시청의 벽과 천정에 금칠을 했다. 인구 27만 정도의 작은 도시가 이렇게 큰 교역도시였을 줄은 이곳에 오기 전에는 상상조차 하기 어려웠다.

그러나 이 도시를 걸어 다니면서 가장 크게 와닿은 점은 그 아름다움도, 엄청난 부도 아니었다. 유럽에는 아름다운 도시도 많고 부유한 도시도 많다. 하지만 내게 아우크스부르크는 특별한 도시다. 이 도시에는 세계 최초로 빈민을 구제하기 위해서 한 부자가 세운 사립 복지단지가 있다. 그곳을 방문하면서 나는 한 명의 부자가 많은 빈자를 위해서 이토록 큰일을 할 수 있음을 눈으로 보고 몸으로 느꼈다.

아우크스부르크는 아름다운 도시다. 부유한 도시다. 예술이 넘치는 도시다. 많은 부자들을 만날 수 있는 곳이다. 그러나 또한 부자들이 어떻게 자신의 부를 빈자들과 나누는지도 볼 수 있는 도시다. 그래서 아우크스부르크는 더욱 아름답고, 더욱 부유하고, 더욱 살기 좋고 감동적인 도시로 내 기억 속에 남아있다. 부자는 대단하다. 그러나 가난한 이를 염두에 두는 부자는 더욱 훌륭하다.

뮌헨 중앙역에서 45분이면 아우크스부르크에 닿는다. 아우크스부르크 중앙역에 도착하면 역 앞의 길을 건너서 반호프 슈트라세Bahnhofstraße를 따라 걷는다. 아침이면 길가의 많은 카페와 상점들이 기지개를 켜면서 하루를 준비하는 모습이 활기차고 정겹다. 목적지는 라트하우스플라츠Rathausplatz, 즉 시청 광장이다. 광장에 서면 바로 앞에 서 있는 큰 건물이 유명한 시청이다. 시청을 바라보고 안으로 들어가지 말고 광장 오른편에 있는 관광안내소에 먼저 들러야 한다. 그곳에서 시청의 입장권을 팔기 때문이다.

페를라흐 탑과 아우크스부르크 시청 광장

시청 Rathaus

시청 광장에 서면, 전면에 커다란 건물이 눈에 들어온다. 거기가 시청이고 왼편의 탑이 페를라흐 탑Perlachturm이다. 이 두 건축물은 1620년에 건축가 엘리아스 홀Elias Holl이 지은 것으로, 알프스 북쪽에서는 중요한 이탈리아 르네상스 양식의 건물로 꼽힌다. 시청사는 아래층부터 아우크스부르크라는 도시를 자랑하는 전시물들로 채워져 있다. 계단을 통해서 3층에 도착하면 그제야 입장권을 받는데, 여기가 황금 홀Goldner Saal이다. 이 홀은 아우크스부르크를 대표하는 상징적인 공간이다.

아우크스부르크는 1276년에 신성 로마 제국 황제의 명으로 자유로운 체제를 보장받는 자유도시가 되었고, 이후 상공업을 발전시켜 세계적인 무역 도시로 떠올랐다. 아우크스부르크의 모든 부는 이 방의 천정과 벽면에 칠한 금칠로 대변된다. 방의 크기만 552평방미터(약170평)인

황금 홀

데, 높은 천정과 장식 문과 문틀과 벽이 모두 진짜 금이다. 제2차 세계 대전 때의 극심한 폭격으로 이 방은 파괴되었다. 그러던 것을 도시가 세워진 지 2천 년을 기념하는 1985년을 맞아 완벽히 되살렸다.

뮐레 Mühle

페를라흐 탑을 돌아서 야코버 슈트라세Jakoberstraße로 접어들면 재미있는 길이 나온다. 졸졸 소리를 내는 작은 개울이 도심 한복판을 지난다. 도심을 여러 줄기로 지나가는 이 개울은 레히Lech 운하다. 이 개울가에 추천할 만한 작은 카페가 있는데, 그 이름은 뮐레다. 운하의 물소리를 들으면서 차를 마시거나 책을 보기에는 이만한 장소가 없다.

콜로니알 Kolonial

이곳을 밖에서 바라보면 쇼윈도 너머로 소박한 매력이 가득 전해져 온다. 그런데 정작 들어가 보면 가게의 정체성을 알 수 없다. 좋은 물건은 많다. 사고 싶지만, 돈보다도 가져갈 무게가 걱정되는 곳이다. 먼저 눈에 띄는 것은 책이고 다음에는 책장에 꽂힌 식품들이다. 책과 식품, 묘한 조합이다. 그런데 식품도 그저 그런 흔한 상품들을 진열해 놓은 게 아니다. 여기 있는 식품들은 전 세계에서 온 고급 식료품이다. 남미와 터키에서 가져온 향신료, 스페인의 하몽, 포르투갈의 정어리 통조림, 시칠리아의 오일, 브라질의 커피, 중국의 차 등을 볼 수 있다. 그러고 보니 상호가 바로 '식민지의'이라는 뜻이다. 이국적인 이름이지만 한국인으로서는 썩 마음에 들지는 않는다. 세계의 귀한 식료품들을 식민지에서 모아왔다는 뜻인가 보다. 하지만 이런 배짱은 세계적인 무역

콜로니알

도시였던 아우크스부르크에서는 오래 이어져 온 정신일지도 모른다.

이곳은 식품뿐만 아니라 책들의 컬렉션도 선별적이다. 요리책, 여행책, 그림책, 어린이와 청소년책 그리고 주인이 선정한 소설책…. 대부분 읽기 쉽고 내용이 가벼운 책들로 이루어져 있지만, 역시 매력적이라는 점은 부인하기 어렵다.

콘디토라이 에우린거 Conditorei Euringer

동네에 숨어있는 과자집이다. 그러나 과자의 라인업이 대단하고 보기에도 좋아서 구경하다 보면 먹고 싶은 마음이 들지 않을 수 없다. 사실 이 일대에서 인기가 좋고 정평 있는 집이다. 커피도 맛있고, 직원들도 친절하다. 지나가다가 잠시 쉬기에 좋다.

푸거라이 Fuggerei

드디어 이곳에 왔다. 아우크스부르크에서 가장 중요한 시설이다. 입구에 초로의 부인이 앉아서 입장권을 판다(그냥 사람들이 사는 주거단지가 입장권을 판다는 게 의아할 수도 있지만, 이곳의 특징을 이해한다면 납득하게 된다). 그녀는 나에게 "어디서 왔냐?"고 물으면서 여러 언어로 된 안내문을 고른다. 아쉽게 한국어는 없다. "먼 한국에서 몇 년 전부터 벼려서 여기에 왔다."라고 말하자, 그녀는 더 멋진 대답으로 응수한다. "나는 여기서 35년 동안 당신을 기다렸다." 좋은 인사말이다. 아니, 푸거라이는 500년째 나를 기다리고 있었을지도 모른다.

푸거라이는 아우크스부르크의 갑부인 야코프 푸거(224쪽)가 집 없는 빈민들을 위해서 1516년에 조성한 주거단지다. 현재까지 남아있는 사회복지 시설 중에서는 세계에서 가장 오래된 것으로, 500년째 변함없이 운영 중이다. 들어가면 붉은 지붕을 얹은 2층집들이 담쟁이덩굴에 둘러싸인 채 늘어선 모습이 보인다. 공동시설이지만 그 옛날에도 거주민들의 정서적 휴식을 감안하여 단지 내에 광장과 교회, 정원, 분수들을 배치했다. 지금도 52개의 주택에 150명의 주민이 살고 있다. 1년 임대료는 500년 전의 가치에서 한 푼도 오르지 않은 0.88유로, 우리 돈으로 천 원이다.

집안을 보고 싶어 하는 사람들을 위해서 두 개의 모델하우스를 공개하고 있다. 사람들이 살고 있는 집은 방해하지 말라는 뜻도 있다. 모델하우스 한 채는 과거식으로 보존된 집이고, 다른 한 채는 지금 살고 있는 모습을 보여준다. 집은 2층이며 아래층에는 부엌, 식당, 거실 등이

푸거라이

배치돼 있다. 한 가족이 충분히 살 수 있는 형태와 크기로 내부 시설은 검소하다. 오래됐지만 튼튼한 집이다. 창밖으로는 우거진 꽃밭이 보인다. 푸거라이의 역사를 보고 싶다면 별도로 위치한 박물관을 방문하면 된다.

잘생긴 남자가 다가와서 사진을 찍어 달랜다. 그가 원하는 대로 높은 탑과 그를 함께 넣어서 찍어주고, 분수 앞에서도 찍어준다. 스페인에서 왔단다. 그는 "여태 독일에서 둘러본 곳들 중에서 가장 인상적인 곳이다. 많은 생각이 든다."라고 말한다. 나도 그렇다. 그의 비장한 표정에 나도 덩달아 진지해진다. 뒤편의 정원 벤치에 앉는다. 옆에 석상이 있어서 쳐다보니 '야코프 푸거'라고 쓰여 있다. 석상의 표정을 살핀다. 가끔은 돈이 많다는 게 이렇게 멋질 수도 있다.

타펠데커 인 데어 푸거라이 Die Tafeldecker in der Fuggerei

푸거라이 입구에 있는 식당이다. 망설이지 말고 들어가도 된다. 빈민 거주지에 있다고 해서 의심할 필요는 없다. 권위 있는 식당 가이드에도 나오는 좋은 식당이다. 무엇보다도 푸거라이와 같이 지어진 역사적인 건물 안에서 식사한다는 장점이 크다.

야코프 푸거

Jakob Fugger von der Lilie, 1459~1525

인물

아우크스부르크에 오게 되면 여기저기 가장 많이 보이는 성姓이 푸거Fugger다. 거리에도 건물에도 박물관에도 은행에도 푸거라는 명칭이 붙어 있다. 비교적 작은 도시인 아우크스부르크가 많은 부를 축적하고 또 그만큼 많은 명소를 지니게 된 것도 어느 정도 푸거의 덕분이라고 할 수 있다. 이 푸거 가문의 대표적 사업가가 야코프 푸거다. '부자 푸거Jakob Fugger der Reichen'라는 별명으로 불렸던 그는 제후도 영주도 아닌 일반 사업가였다. 개인 사업가가 출현한 근대 이후로 역사상 가장 돈이 많았던 사람으로 여겨지며, 재산으로 그에 견줄만한 사람은 카네기나 록펠러 정도라고 한다.

그는 아우크스부르크에서 푸거 가문의 후계자로 태어났다. 국제무역을 하던 푸거 가문은 그가 어릴 때부터 국제적인 시각을 갖추도록 교육시키고자 했다. 그리하여 그는 14살 때 베네치아로 가서 교양, 법학, 신학, 사업 교육을 받았다. 이후 그는 베네치아의 경제 구조와 법률 개념을 사업에 도입했다.

푸거 가문의 부의 원천은 섬유무역이었다. 그의 형제들은 모두 이탈리아에서 섬유무역에 종사해서 베네치아, 뉘른베르크, 인스부르크 등지에 공장을 가지고 있었다. 그들은 거기서 얻은 부를 광업에 투자했다. 그들은 티롤을 위시하여 잘츠부르크, 보헤미아, 헝가리 등지에서 은과 구리를 비롯한 여러 금속과 보석의 채굴권을 확보했고, 유럽 곳곳에 구리제련소를 세웠다. 이를 통해 당시 유럽의 구리 무역과 은 무역의 대부분을 푸거 가문이 지배했다. 또한 당시 최대 규모를 자랑하던 리스본과 앤트워프의 해외 진출에 투자했으며, 러시아와 발틱해까지 사업 권역을 확대했다. 또한 이들은 그렇게 형성한 재산으로 은행을 설립했다. 그 은행은 오스트리아의 합스부르크가를 지원하면서, 사업을 넘어서 유럽 정치까지 좌지우지하게 되었다. 막시밀리안 1세나 스페인의 카를로스 5세 등이 황제가 되기 위해 푸거의 막대한 지원을 받았으며, 합스부르크가가 보헤미아와 헝가리를 얻을 때도 푸거가 기여했다. 심지어 그는 교황이나 교황후보자들에게도 자금을 대 주었다.

" 가난한 사람들을 사랑한 사상 최대의 부자 "

야코프 푸거의 사회적인 업적은 그가 세계에서 가장 오래된 사회주택단지를 사비私費로 설립했다는 사실이다. 그는 1521년에 아우크스부르크에 푸거라이를 설립하여 극빈자도 인간적인 가정생활을 영위할 수 있는 환경을 제공했다.

야코프 푸거는 자녀가 없이 사망했다. 그래서 그의 유산은 조카 안톤에게 상속되었다. 한편 1967년에 푸거는 기업가로서는 최초로 발할라의 명예의 전당에 이름을 올렸다.

브레히트 하우스 Brechthaus

　세계 연극의 혁명을 가져온 베르톨트 브레히트는 아우크스부르크 출신이다. 그는 이 집에서 나서 이곳에서 성장하고, 여기서 뮌헨의 의과대학까지 다녔다. 나중에 베를린으로 가기 전까지는 여기가 그의 집이었다. 1998년에 그의 탄생 100주년을 기념하여 이곳을 박물관으로 개조했다. 브레히트의 일생과 예술세계를 조명하는 자료, 사진, 영화 등이 전시되어 있다. 매년 브레히트 페스티벌이 여기서 열린다.

　주변이 아주 아름답다. 비록 도심의 좁은 공간이지만, 건물 앞을 흐르는 레히Lech 운하의 줄기를 보노라면 한 30년은 과거로 돌아간 듯이 고즈넉하다. 주변에는 브레히트의 이름을 딴 술집들이 늘어서 있는데, 가로등에 불이 들어오기 시작하면 개성을 자랑하는 젊은이들과 개성 있는 예술가들이 모여들면서 독특한 분위기의 골목으로 다시 살아난다.

브레히트 하우스

레히 운하

푸스테트 서점 Bücher Pustet Augsburg

푸거라이를 보고 돌아 나와서 다시 시청 광장 쪽으로 온 다음 북쪽으로 올라가면 카롤리넨 슈트라세Karolinenstraße가 나온다. 이 거리를 조금 걷다 보면 멋진 건물이 나타나는데, 간판을 보면 '푸스테트 서점'이다. 이 서점은 바이에른 일대에 몇 개의 지점을 가지고 있는 프랜차이즈이긴 하지만, 이 아우크스부르크점의 존재감은 절대적이다.

시청사를 닮은, 궁전 같은 르네상스식 건물 전체를 서점이 사용한다. 들어가면 아치형으로 생긴 육중한 천정이 방문자를 놀라게 한다. 남다른 품격을 갖춘 이 서점은 넓고 쾌적하며 직원들도 친절하다. 위층에는 카페가 있어서 커피를 마시면서 책을 보고 쇼핑을 할 수 있다. 적지 않은 시민들이 시내에 나오면 꼭 둘러보고 간다는 곳이다. 아우크스부르크 시내에서 가장 매혹적인 상점이자 문화공간이다.

베르톨트 브레히트
Bertolt Brecht, 1898~1956

인물

현대 연극을 새롭게 확립한 예술가이면서도 1988년까지 국내에서 상연이 금지된 작가였던 베르톨트 브레히트는 1898년에 아우크스부르크에서 태어났다. 브레히트는 중산층 부모 밑에서 유복한 양육을 받았다. 김나지움 시절부터 예술과 문학에 재능을 보였지만, 부모님의 권유를 따라서 뮌헨 대학에서 의학을 전공했다. 브레히트는 의대를 다니는 동안에도 연극에 심취하여 자신이 좋아하는 희극배우 카를 발렌틴의 카바레 공연이나 표현주의 연극 공연을 쫓아다니곤 했다. 결국 그는 연극으로 길을 돌렸다.

브레히트는 1924년부터 활동 무대를 베를린으로 옮겼는데, 그곳에서 제1차 세계대전 이후의 피폐하고 소외된 도시인의 모습을 목격했다. 그러면서 인간의 문제를 개인 간의 갈등으로 해명하는 전통적 연극의 극작술에 회의를 느끼고 절필했다. 이후 그는 인간이 가진 많은 갈등이 사회의 모순적인 구조에서 기인한다는 마르크시즘을 작품의 프레임으로 받아들였다. 그리고 그런 프레임 위에서 당대 인간의 삶을 사실적으로 묘사함으로써 사회가 은폐한 이미지들을 관객에게 보여주고, 이를 통해 관객이 진정한 현실을 인식하기를 원했다. 이러한 시도는 세계 연극계에 일대 혁명을 일으켰다.

하지만 히틀러가 정권을 잡고 지식인을 탄압하자 그는 독일을 떠나 긴 망명을 떠났다. 그는 오스트리아, 스위스, 프랑스, 덴마크, 러시아, 미국 등지를 방랑하며 자신의 작품을 공연할 극장도 읽어줄 독자도 없는 곳에서 "책상 서랍에 넣어 두기 위해서" 작품을 집필했다. 그는 그 시기에 '서사극'이라고 부르는 새로운 연극 이론을 확립했다. 서사극은 기존 아리스토텔레스의 시학 이론에 입학하여 감정이입과 카타르시스를 기본으로 하는 오랜 연극의 전통을 버리고 새로운 방향을 찾는 전위적인 시도였다.

"현대 서사극을 탄생시킨 비운의 연극인"

제2차 세계대전이 끝나자 브레히트는 17년간의 망명을 청산하고 1948년에 동베를린으로 돌아온다. 그곳에서 그는 새로운 극단 '베를리너 앙상블Berliner Ensemble'을 창단하고, 그동안 서랍에 들어 있던 자신의 작품들을 꺼내어 세상에 발표하기 시작한다. 하지만 그는 1956년 영국 초청공연을 준비하던 도중 심장마비로 급서하여, 불같은 예술을 미처 다 피워보지도 못했다.

거대한 사회 속에서 초라하게 떠도는 나약한 인간을 그려낸 그의 작품들은 이제 고전으로 대접받고 있으며, 공연은 물론 읽는 희곡으로도 꾸준한 사랑을 얻고 있다. 대표적인 희곡들로는 『서푼짜리 오페라』, 『억척어멈과 자식들』, 『갈릴레이의 생애』, 『사천의 선인』, 『코카서스의 백묵원』 등이 있다.

대성당 Augsburger Dom

카롤리넨 슈트라세를 따라서 계속 가면 거대한 성당이 나타난다. 돔 Dom이라 불리니, 대성당이다. 언덕 위에 서 있는 위세부터 범상치 않은 성전임을 느낄 수 있다. 성당 앞에는 커다란 나무 그늘이 인상적인 작은 공원이 있다. 육중한 문을 열고 들어가면 성당의 장엄한 내부가 아우라를 뿜어낸다.

이 성당은 약 800년경부터 있었다고 하니, 역사가 천 년이 넘는다. 현재의 건물은 11세기에 고딕 양식으로 지어졌다가 여러 번 개축되었다. 그래서 다양한 양식이 혼재하지만 묘하게 조화를 이루고 있다. 특히 스테인드글라스는 독일 전체에서 가장 오래된 것이라고 한다. 성당 뒤편으로 연결된 대성당 박물관 Dom Musum은 성당의 옛 출입문이나 제구들을 전시하고 있다.

대성당

모차르트하우스 Mozarthaus

 대성당을 지나 좀 더 올라가면, 모차르트하우스가 있다. 이곳은 우리가 아는 '볼프강 아마데우스 모차르트'가 아니라 그의 아버지 '레오폴트 모차르트'가 태어난 생가다. 레오폴트 모차르트는 볼프강의 아버지로 유명하지만, 그 자신도 성공한 음악가였다. 아우크스부르크에서 태어난 그는 잘츠부르크에서 대학을 다녔다. 그리고 그곳에서 결혼하여 볼프강을 낳았다. 안에는 레오폴트와 볼프강의 유품들이 전시되어 있다. 볼프강 모차르트는 아버지의 고향인 아우크스부르크를 좋아하여 자주 이곳을 방문했으며, 여기서 지휘도 하고 오르간 연주도 했다.

모차르트하우스

레오폴트 모차르트
Leopold Mozart, 1719~1787 — 인물

나는 어릴 적 하이든의 「장난감 교향곡」을 좋아했다. 여러 가지 장난감 소리가 교향악이 된다는 발상 자체가 어린이에게는 신나는 선물이 아닐 수 없었다. 사실 하이든의 음악 중에서 아는 곡이라곤 그 곡뿐이었다. 그런데 어느 날 그 곡의 작곡가가 하이든이 아니라 레오폴트 모차르트, 즉 모차르트의 아버지라고 하는 게 아닌가? 마치 "운명 교향곡의 작곡가가 슈베르트다."라는 얘기를 들은 것처럼 충격적인 뉴스였다.

그때 비로소 레오폴트 모차르트는 누군가의 아버지가 아니라 한 명의 작곡가로 내게 인식되었다. 천재의 아버지이자 작곡가라는 두 개의 모습을 가진 남자, 레오폴트 모차르트는 아우크스부르크 출신이다.

그는 어린 시절부터 음악을 배웠지만, 김나지움에 진학하여 음악 외에도 다양한 과목을 공부한 우수한 학생이었다. 그는 오르간과 바이올린에 뛰어났으며 신학이나 과학에도 관심이 높았다. 부모는 그를 사제로 만들려고 했지만 레오폴트는 원하지 않았다. 18세에는 잘츠부르크의 베네딕트 수도회 대학(지금의 잘츠부르크 대학의 전신이다)으로 옮겨가서 철학과 법학을 공부하고 철학 학사 학위를 받았다. 다방면에 뛰어난 인재였던 것이다.

그러나 그는 바이올리니스트로 생업을 시작했다. 그러면서 작곡도 병행했다. 그는 거기서 안나 마리아 퍼틀Anna Maria Pertl과 결혼하여 7명의 자녀를 낳았지만, 그 중에 살아남은 아이는 단 둘이다. 바로 난네를과 볼프강이다. 1743년에 레오폴트는 잘츠부르크 대주교의 궁정 악단에 바이올리니스트로 취직한 뒤 부악장의 위치까지 올랐다. 그는 많은 작품들을 작곡했는데, 앞서 말한 「장난감 교향곡」처럼 최근에야 재평가를 받고 있다. 그는 4개의 교향곡, 많은 세레나데, 협주곡, 오라토리오 등을 작곡했다. 당대에는 우리 짐작 이상으로 성공한 작곡가였다고 한다.

" 천재의 아버지일뿐 아니라, 그 역시 음악가였다. "

그에 대한 평가 중 엇갈리는 부분은 바로 그의 자녀 즉 난네를과 볼프강을 양육한 방식이다. 우리는 대체로 그를 가혹하기는 하지만 천재 모차르트를 탄생시킨 좋은 교육자라고 생각한다. 그러나 모차르트의 삶의 투쟁은 아버지와의 투쟁이었으며, 아들이 빈으로 간 것도 대주교가 아닌 아버지로부터의 탈출이었다는 의견도 있다. 심지어 볼프강의 요절 역시 아버지의 욕심과 무관하지 않다는 주장이 많다. 하여간 그에 대한 평가는 그간 전기 작가들의 농간에 의해서 많이 왜곡되었는데, 그 중 새롭게 평가해야 할 부분은 그의 작곡가로서의 삶일 것이다.

막시밀리안 슈트라세

막시밀리안 슈트라세 Maximilianstraße와 모리츠 광장 Moritzplatz

시청 광장으로 돌아가서 남쪽으로 뻗은 큰길로 가 보자. 여기가 중심가인 막시밀리안 슈트라세다. 길가에 늘어선 건물들의 지붕이 인상적이다. 삼각형 지붕을 이고 있는 4~5층짜리 건물들이 각기 다른 색깔과 장식을 하고 늘어서서 장관을 연출한다.

이 거리의 중심은 모리츠 광장이다. 여기에 유명한 머큐리 분수가 있다. 가운데 위치한 머큐리 동상이 예쁜 분수다. 아우크스부르크에는 각종 분수와 그 안에 서 있는 동상이 아주 많아서 사람들은 이곳을 분수의 도시라고 부르기도 한다. 그중에서 가장 유명한 것이 머큐리 분수다. 흔히 아우크스부르크에서 유명한 세 개의 분수로 이 머큐리 분수와 막시밀리안 슈트라세 아래쪽에 있는 헤라클레스 분수, 시청 광장에 있는 아우구스투스 분수를 꼽는다. 그 외에도 시내 곳곳에 다양한 분수와 동상들이 서 있으니, 지나가면서 유심히 살펴보자.

주위에 보이는 삼각지붕의 집들 중에는 과거에 길드하우스나 상사商社로 쓰이던 건물이 많다. 상공업이 발달했던 도시다운 업종들이다. 과거 이 도시의 융성을 짐작하게 하는 멋진 거리로, 주변에 가게와 카페, 식당들이 즐비해서 걸어 다니기에 즐거운 곳이다.

푸거하우스 Fuggerhäuser

막시밀리안 슈트라세를 따라 남쪽으로 가면 진노랑빛 큰 건물을 만난다. '푸거 궁전' 혹은 '푸거하우스'라고 부르는 곳이다. 과거 야코프 푸거를 비롯한 푸거 가문이 살았던 곳이다. 여기도 제2차 세계대전 때의 공습으로 파괴되었는데, 재건할 때 거리에 면한 부분을 일부러 단순하게 만들어서 과거의 부유하거나 사치스러운 모습을 찾기는 어렵다. 크고 넓기는 하다. 아래층은 임대를 해서 서점이나 가게들이 들어와 있다. 그나마 '푸거 후작 개인 은행Fürst Fugger Privatbank'이라고 이름을 붙인 은행 업장이 있어서 푸거 가문의 영광을 떠올리게 한다. 건물은 초기 르네상스 양식인데, 사유지로서 각 상점과 일부 안뜰 외에는 내부를 개방하지 않는다.

드라이 모렌 호텔Steinberger Drei Mohren Hotel

푸거하우스 다음으로 만날 건물은 드라이 모렌 호텔이다. 이 호텔의 이름에는 전설이 있다. 1495년에 피부가 검은 세 나그네가 시내로 들어와서 여관의 문을 두드렸다. 에티오피아에서 온 수도사들이었다. 그들은 본래 네 명이었는데, 독일의 혹한 때문에 한 사람은 목숨을 잃고 세 명만 남은 것이었다. 주인은 그들을 여관에 들이고 겨울을 나게 해주었다. 봄이 되어 그들이 떠나게 되었는데, 돈이 없는 수도사들은 여관 바깥벽에다 자신들의 초상을 그려놓고 떠났다. 그리하여 나중에 여관을 개축할 때 그 이름이 '드라이 모렌' 즉 '세 무어인'이 되었다고 한다.

여관은 1722년에 고급 호텔로 개조되었고, 곧 왕족들이 많이 묵는 호텔로 유명해졌다. 방명록에 적힌 왕족의 이름만 500페이지가 넘는다고 한다. 괴테와 카사노바 그리고 아버지의 고향을 찾은 모차르트도 이곳에 묵었다. 호텔은 제2차 세계대전 때 파괴되어 재건 및 개축을 진행했다. 지금의 객실은 현대식이다. 방들은 쾌적하나 좁은 게 단점이다.

호텔 식당인 사르토리Sartory와 막시밀리안스Maximilian's는 모두 유명하다. 특히 사르토리는 이 도시 최고의 식당 중 하나로 알려져 있다. 막시밀리안 슈트라세에 면한 카페도 가볍게 쉬기 좋은 장소다.

셰츨러 궁전 Schäzlerpalais

막시밀리안 슈트라세에 있는 거대한 궁전이다. 길에서 보면 아담해 보이지만 그건 착각이다. 옆으로 난 골목으로 들어가 보면 그 내부가 아주 깊어서 놀랄 정도다. 많은 방과 안마당과 정원을 보유한 호사스런 바로크 양식 궁전이다. 건물을 지은 사람은 은행가였던 베네딕트 폰 리벤호펜 남작으로, 1770년에 카를 알베르트 폰 레스필리츠Carl Albert von Lespilliez가 설계했다. 남작의 사위였던 은행가 요한 로렌츠 폰 셰츨러가 초대 주인이 되었고, 그 가문의 소유로 오늘에 이른다. 궁전 안에는 축제방Festsaal이라는 유명한 방이 있다. 연회장이나 무도장으로 사용했던 이 방은 1770년에 완성된 것으로 황금과 거울로 이루어진 호사스러운

셰츨러 궁전

바로크 스타일을 자랑한다.

하지만 셰츨러 궁전에서 더 중요한 부분은 미술품 컬렉션이다. 이곳의 엄청난 컬렉션 때문에 현재 바이에른 국립 회화관Bayerische Staatsgemäldesammlungen 중 하나로 지정돼있을 정도다. 여기에는 독일 바로크 회화들을 중심으로 17세기 바이에른의 바로크풍 그림들과 반 다이크, 티에폴로, 뒤러 등의 작품이 즐비하다.

성 울리히와 아프라 교회 Basilika Sankt Ulrich und Afra

막시밀리안 슈트라세가 끝나는 곳에는 인상적인 모습을 가진 교회가 당당하게 서 있다. '성 울리히와 아프라 교회'다. 이곳은 '성 아프라와 울리히 성당'과 '성 울리히 교회'라는 두 개의 다른 건물이 나란히 붙어있다. 전자는 천주교회고 후자는 개신교회다. 신구 교회가 서로 등

성 울리히와 아프라 교회

을 대고 화합하는 듯한 모습이라고도 할 수 있다. 한 건물에 천주교와 개신교 교회가 함께 있는 드문 경우다.

두 종파의 교회를 한데 모은 이 해결책은 1555년 이곳에서 있었던 아우크스부르크 종교화의宗敎和議를 계승하는 유산이라 할 수 있다. 들어가는 입구는 서로 다르다. 건물은 고딕 양식인데, 첨탑 위에 양파 모양이 얹혀 있는 모습이 동방교회 같은 이국적인 분위기를 풍긴다. 이 양파 모양은 뮌헨의 성모 교회를 비롯해 바이에른 지방에 있는 많은 교회의 지붕 디자인에 영향을 끼쳤다. 내부는 아름답고 장엄하다. 304년에 성인 아프라의 관棺이 아우크스부르크에 묻혔는데, 그를 기리기 위해서 그 위에 성당을 지은 것이다. 이후 성인 울리히도 973년에 이곳에 묻히면서 두 성인을 함께 모시고 있다. 1777년에 이곳에서 모차르트가 오르간 연주를 했다고 한다.

빌라 하크 Villa Haag 및 아우구스트 August

아우크스부르크의 중심가에서 동쪽으로 조금 떨어진 곳에는 직물공장들이 있었던 이른바 '직물구역'이 있는데, 이곳에는 19세기에 세워진 아름다운 건물이 있다. 직물공장을 운영했던 기업가 요하네스 하크 Johannes Haag가 지은 사무실 겸 주거용 건물인 빌라 하크 Villa Haag다.

인공 언덕 위에 세워진 아름다운 빌라는 1877년에 완공되었다. 신르네상스풍의 2층 건물은 남성적이면서도 우아함을 갖춘 건물인데, 실내도 아름답고 섬세하다. 지금은 시의 소유로서 1층은 행사용으로 사용하고, 2층은 유명 셰프인 크리스티안 그륀발트 Christian Grünwald가 임대하여 유명한 레스토랑 아우구스트 August를 열었다.

아우크스부르크 종교화의和議
Augsburger Religionsfrieden

역사

    아우크스부르크 종교화의는 1555년에 신성 로마 제국 황제 페르디난트 1세Ferdinand I와 슈말칼덴 동맹에 속한 개신교 제후들 사이에 체결된 종교 협약이다. 그 결과로 루터교회가 신성 로마 제국에서 공식적으로 승인받게 되었다. 참고로 칼뱅교회는 나중인 1648년에 베스트팔렌 조약을 통해 인정받게 된다.

    루터의 종교개혁 이후로 신성 로마 제국의 황제 카를 5세Karl V는 개신교를 강경하게 탄압했다. 이에 개신교회들은 1531년에 슈말칼덴 동맹을 맺고 항의하기 시작했는데, 이것이 프로테스탄트의 시작이다. 독일 내에 신구교 사이의 갈등이 증폭되면서 1540년대에는 군사적 충돌까지 일어났다. 카를 5세는 1546년에 군대를 일으켜서 루터파 제후들을 굴복시켰고, 1550년에는 자신의 영지에 '피의 칙령'을 내려서 개신교도는 모두 사형에 처하도록 했다. 그러나 지나치게 강력한 탄압에 가톨릭 제후들조차 불만을 가지기 시작했다. 이후 카를 5세의 동생 페르디난트 1세와 그의 장남 펠리페 2세 사이에 왕위 계승권을 둘러싼 갈등이 생겨났고, 신구교의 오랜 갈등으로 지친 제후들은 온건파인 페르디난트 1세를 지지했다. 그리하여 1555년 페르디난트 1세의 주도로 아우크스부르크 제국 회의에서 신구교 갈등을 봉합하는 합의안이 비준되었다.

글라스팔라스트 Glaspalast

최근 아우크스부르크에서 빼놓을 수 없는 명소가 하나 더 생겼다. 바로 글라스팔라스트, '유리궁전'이다. 1910년에 지어져 면직공장과 제빙공장으로 사용하던 건물이다. 건축가 필리프 야코프 만츠Philipp Jakob Manz의 작품으로서 철골조에 넓은 유리창을 가진 구조 덕에 이런 별명이 붙었다. 하지만 1988년에 회사는 파산했고, 건물은 아우크스부르크시가 구입했지만 용도를 찾지 못했다. 없어질 뻔한 건물을 살려낸 것이 건설사업가 이그나츠 발터Ignaz Walter다. 아우크스부르크시로부터 100만 유로를, 바이에른 주정부로부터는 90만 유로를 지원받은 발터는 이 건물을 미술관으로 탈바꿈시켰다. 사라질 뻔했던 공장은 2006년에 현대미술관으로 부활했다. 안에는 여러 미술관들이 들어있다.

발터 미술관 Kunstmuseum Walter

글라스팔라스트의 중심은 발터가 수집한 현대미술품들을 근간으로 한 발터미술관이다. 발터가 모은 1,000점의 현대미술품을 전시하는 이곳은 독일에서 가장 큰 개인 미술관이다. 바셀리츠, 다니엘 리히터, 게르하르트 리히터 등을 비롯한 서독미술, 라이프치히파를 중심으로 하는 아직 덜 알려진 동독미술, 그리고 국제미술의 세 부분으로 나뉜다.

카비네트 Kabinett

발터는 카비네트라는 이름을 붙여서 현대미술보다는 좀 더 오래된 작품들, 즉 19세기에서 20세기 중반에 이르는, 현대미술에 영향을 끼친 미술품을 따로 정리하고 있다. 여기에는 막스 아커만, 에드워드 호

글라스팔라스트

퍼, 키르히너, 라이너 마케, 가브리엘레 뮌터 등의 작품이 있다.

오스터발트 컬렉션 Sammlung Osterwald

기젤라 프란츠오스터발트 Gisela Franz-Osterwald 컬렉션이 미술관 내에 별도의 공간으로 구분되어 있다. 기젤라 프란츠오스터발트는 살바도르 달리와 코코슈카, 뮌터의 영향을 받은 독립 미술가로서, 여러 기법을 사용하는 개성적인 예술가다.

에지디오 코스탄티니 유리 컬렉션 Glassammlung Egidio Costantini

에지디오 코스탄티니 유리 컬렉션은 역사상 최고의 유리 예술가로 일컬어지는 에지디오 코스탄티니 Egidio Costantini의 작품을 모은, 세계에서 유일한 컬렉션이다. 코스탄티니는 베네치아의 무라노 유리 공예를 예술적 수준으로 끌어올린 사람으로, 페기 구겐하임에 의해서 널리 알려졌다.

갤러리 노아 Galerie Noah

갤러리 노아는 특정 예술가를 선정하여 그의 삶과 작품 등을 집중적으로 조명하는 기획 전시를 진행하는 공간이다.

H2 현대미술센터 H2 Zentrum für Gegenwartskunst

이곳은 아우크스부르크시에서 현대미술 전시회를 진행할 때 쓰인다. 종종 뮌헨의 피나코테크 데어 모데르네의 소장품들을 옮겨와서 '바이에른주 컬렉션'이라는 제목으로 순환전시를 열기도 한다.

아우크스부르크 시립극장 Staatstheater Augsburg

시청사에서 중앙역으로 돌아올 때 자동차가 다니는 북쪽의 큰길로 돌아오다 보면 중간에 케네디 광장 Kennedyplatz을 만난다. 거기에 서 있는 커다란 흰 건물이 시립극장이다. 아우크스부르크의 공연 예술의 심장인 이 극장은 시내 다른 곳에 위치한 공연장들의 공연과 운영을 모두 관장하는 업무도 겸한다. 대극장 Große Haus이라고도 불리우는 이곳에서는 오페라를 중심으로 오페레타와 뮤지컬도 공연한다. 한편 아우크스부르크 필하모닉 오케스트라 Augsburger Philharmoniker는 아우크스부르크 콘그레스 홀 Augsburg Kongresshalle에서 콘서트를 연다.

퓌센

퓌센 Füssen

처음 뮌헨을 가는 사람들이 으레 가봐야 한다고 생각하는 곳이 퓌센이다. 그 목적은 오직 단 하나, 노이슈반슈타인 성을 찾아가기 위해서다. 솔직히 말해서 그 성은 과대평가돼 있다. 프랑크푸르트에 가면 하이델베르크 성, 뮌헨에 가면 노이슈반슈타인 성…. 이런 도식적인 관광이 이 도시들을 오버투어리즘의 대표적인 장소로 만들어버렸다. 뮌헨 현지에서조차 노이슈반슈타인이라고 하면 "아시아 사람들이 많이 찾는 곳"이라고 설명할 정도다. 그 성이 나쁘다는 뜻은 아니지만, 그 지역에는 다른 좋은 곳들도 많다.

솔직히 노이슈반슈타인 성이 문화적으로 그리 의미 있는 장소라고 생각하지는 않는다. 그러나 성만 구경하는 데 그치지 않고 그 관광의 거점이 되는 퓌센이나 슈반가우 같은 도시를 포괄적으로 즐긴다면 얘기가 조금 달라진다.

퓌센은 주변의 유명한 성들뿐만 아니라 아름다운 호수와 강 그리고 멋진 삼림들로 둘러싸인 천혜의 환경을 자랑하는 도시다. 왕들이 이 부근에 성을 많이 지은 이유도 아름다운 자연 때문이었다. 이 그림 같은 작은 도시에서 하루나 이틀 쉴 수 있다면 최고의 휴식은 물론 잊을 수 없는 추억으로 남을 것이다. 특히 그곳에 머물며 주변의 성을 방문한다면 아침의 안개 속이나 저녁의 황혼과 함께 성을 볼 수 있다. 대부분 버스를 타고 당일치기로 몰려오는 대규모 관광객들을 피해 자신만의 일정을 한가롭게 즐길 수도 있다.

퓌센의 중심은 시내 한복판을 교차하는 두 개의 거리, 라이헨 슈트라세Reichenstraße와 제바스티안 슈트라세Sebastianstraße다. 두 거리를 중심으로 중요한 시설들이나 건물들이 거의 다 모여 있다. 특히 라이헨 슈트라세에는 호텔과 카페 그리고 다양한 가게들이 많다.

슈반가우 Schwangau

퓌센보다도 알프스에 더욱 가까운 슈반가우는 산기슭에 자리 잡은 산속 마을이다. 해발 800미터의 고지에 있는데, 초록의 구릉과 높은 산, 그리고 엄청나게 푸른 하늘이 특징이다. 여름에도 선선해서 휴양을 즐기기에도 좋다. 또한 지리적으로도 주변에 위치한 성들을 돌아보기 위한 거점으로 삼기에 적당하다. 노이슈반슈타인 성, 호엔슈반가우 성, 린더호프 성 등을 향한 여정이 모두 슈반가우에서 시작된다.

노이슈반슈타인 성 Schloss Neuschwanstein

노이슈반슈타인 성은 하루 평균 방문객이 4천 명에 달한다. 특히 성수기인 여름에는 6천 명이 넘게 방문한다. 예약하지 않은 사람은 몇 시간이고 줄을 서서 기다려야 한다. 연간 입장료 수입만 백억 원에 육박

하는 곳이다. 개별 방문은 불가능하고 언어별로 줄을 서서 30~40명씩 팀을 이룬 뒤 35분짜리 가이드투어를 통해서만 돌아볼 수 있다.

한마디로 말해서 이 성의 모습은 '키치'다. 키치라는 말을 이보다 더 잘 설명할 예는 없다. 우리가 동화와 만화에서, 영화와 게임에서 많이 보아왔던 성의 모습 그 자체다. 디즈니랜드를 비롯한 대형 테마파크들의 성곽도 다 이 성을 모델로 한다. 그렇다고 이 성이 전통적인 중세 성곽의 모습을 대변하는 것도 아니다. 이 성은 돈과 권력과 특이한 정신세계를 가진 남자가 자신의 낭만적 취향대로 마음껏 만들어 본 건물일 뿐이다. 우리처럼 스케치북에 그리거나 레고 블록으로 만드는 대신 그는 진짜 건물을 세웠다.

이 성이 건설된 시기는 19세기 말이다. 현대적 건축의 개념이 싹텄던 당시 유럽의 건축 성향과는 아주 동떨어진, 엄청나게 시대착오적인 건물이다. 준공 당시에도 사람들은 이 건물을 비웃었으며 미치광이의 낙서 정도로 치부했다. 이 성의 문화적 가치에 대한 결정적인 예로서, 이 성은 그 유명세에도 불구하고 유네스코 세계문화유산에 지정되지 않았다. 역사적, 문화적, 미적 가치가 높다고 평가되지 않는 것이다. 그래도 이 성을 한번 보고 싶다면 가 보자.

노이슈반슈타인 성은 슈반가우 마을 뒤편 언덕의 높은 바위 위에 세운 궁전이다. 성을 세운 사람은 바이에른 왕 루드비히 2세다. 그는 바그너의 오페라와 환상적인 건축에 심취하여, 수도인 뮌헨을 멀리하고 이곳에 살려는 꿈을 꾸었다. 그는 이 지역에 몇 개의 성을 지었는데, 그중에서 상징적인 곳이 노이슈반슈타인 성이다. 그는 바그너의 오페라

노이슈반슈타인 성

에 빠져서 오페라 속의 배경 같은 곳에서 살고 싶어 했다. 그래서 성에는 『로엔그린』, 『탄호이저』 등 오페라의 내용이 많이 나온다.

루드비히 2세는 막시밀리안 2세와 마리 왕비 사이의 첫째 아들이다. 슈반가우 옆에 있는 호엔슈반가우 성에서 어린 시절을 보낸 그는 1864년에 부왕이 서거하자 19세의 나이로 왕위를 계승했다. 1868년에는 할아버지인 루드비히 1세가 서거하면서 상당한 재산을 손자에게 남겼다. 이에 루드비히 2세는 호엔슈반가우 성에서 자랐던 어린 시절의 꿈, 즉 이 지역에 새로운 성을 짓고 사는 꿈을 실현하고자 했다.

루드비히 2세는 무대 디자이너 크리스티안 얀크Christian Jank에게 초안을 의뢰했고, 그의 스케치는 건축가 에두아르트 리델Eduard Riedel에 의해서 건축으로 구현되었다. 원래 이 자리에는 호엔슈반가우 성의 옛터가 있었는데, 그 터는 폐허가 된 지 오래였다. 그래서 왕은 그 터에 새로운 성을 짓기로 했다. 그래서 이 성의 이름이 '새 백조의 성'이 된 것이다. 로마네스크 양식을 바탕으로 하고 고딕과 비잔틴 양식을 절충시킨, 좋게 말하자면 종합적이고 반대로 보자면 시대퇴보적인 작품이었다. 성의 건립에는 엄청난 비용이 들어갔고, 수많은 인원이 동원되어 밤에도 횃불을 밝혀가면서 작업했다고 한다.

항간에서는 엄청난 국고를 낭비했다고 비판했지만, 사실 이 성의 건축 비용은 대부분 루드비히 2세가 할아버지로부터 유산으로 받은 사재私財로 충당되었다. 1884년에 아직 공사가 덜 끝난 상태에서 왕은 이곳으로 이사했다. 그는 2년 후 폐위될 때까지 이곳에서 살았는데, 그가 이 성에 묵은 일수는 고작 172일이었다.

궁전 안에 들어가면 맨 위층부터 보게 된다. 먼저 만나는 큰 방은 '왕좌의 방Thornsaal'이다. 둥근 천개天蓋 밑에 왕좌王座가 놓인 이 방은 『파르지팔』에 나오는 성배聖杯의 방에서 아이디어를 빌려온 것이다. 이 방에서는 6명의 사도 그림을 볼 수 있는데, 그들은 왕의 신분으로 성직자가 되었던 6명의 왕들이다. 루드비히 2세가 원했던 왕은 가계를 풍성하게 가꾼 왕이 아니라, 성직자의 도리를 지킨 왕이었던 것 같다.

다음으로 만나는 큰 방은 노래시합을 하기 위한 '가수들의 방Sängersaal'이다. 이 방의 벽면은 『탄호이저』와 『파르지팔』의 장면들로 장식되어 있다. 물론 이 방에서는 오페라의 극중 내용처럼 가수들을 모아서 벌인 노래시합 같은 일은 한 번도 일어나지 않았다.

그 외의 작은 방들을 보자. 동쪽 응접실은 『로엔그린』으로 장식돼 있다. 아마 왕은 이 방에 있는 도자기로 된 큰 백조를 타고 싶었을 것이다. 인공 폭포와 무지개 장치까지 갖춘 작은 연못 같은 시설도 있다. 『탄호이저』에 나오는 '베누스베르크의 동굴'도 만들어 놨다. 그 외에 식당과 주방 등도 흥미로운데, 19세기 말의 최신 기술이 적용된 부엌 시설이 특히 볼만하다. 흥미로운 점은 왕의 개인 거처 외에는 왕실 가족이 머물만한 거주공간이 없다는 것이다.

호엔슈반가우 성 Schloss Hohenschwangau

호엔슈반가우 성은 노이슈반슈타인 성에서 슈반가우를 바라볼 때 함께 눈에 들어오는 성이다. 이 성은 알프제Alpsee 호수와 슈반제Schwansee 호수 사이의 언덕 위에 위치하고 있어서, 위치가 절묘하다.

아주 오래전부터 이곳에 성채가 있었던 것으로 추정된다. 옛 기록에는 두 호수 사이에 있는 성이 슈반슈타인Schwanstein성이라고 나오는데,

호엔슈반가우 성

1829년에 루드비히 1세의 아들인 막시밀리안 왕자가 여행을 왔다가 성을 보고 매료되어 매입했다. 그러다가 1842년에 막시밀리안 왕자와 프로이센의 마리 공주의 결혼을 계기로 성을 증축했다. 1848년에 왕자가 막시밀리안 2세로 왕좌에 오르면서 성은 왕의 여름별장이 되었다. 그리하여 왕과 왕비가 낳은 왕자들, 특히 후에 루드비히 2세가 되는 장남과 다음을 잇는 차남 오토가 어린 시절을 이 성에서 보냈다.

이후 왕이 된 루드비히는 이곳에 폭포, 인공 무지개, 달과 별이 나오는 밤하늘 및 복잡한 거울 장치 등을 보강했으며, 여기에도 『로엔그린』의 장면을 그려 넣었다. 그러나 1886년에 루드비히 2세가 사망한 후 그의 어머니 마리 왕후는 남편 시절의 모습으로 성을 복원했다. 그리고 그녀는 이 성에서 3년을 더 지내다가 사망했다. 이 성은 노이슈반슈타인 성에 비해서 상대적으로 인기가 덜하지만, 이곳이야말로 실제 왕가가 살았던 곳이다 보니 당시 왕가의 가구나 식기 등을 통해 그들의 취향이나 생활상을 제대로 느껴볼 수 있다.

바이에른 왕가 박물관 Museum der Bayerischen Könige

바이에른 왕가 박물관은 루드비히 2세의 사망 125주년을 기념하여 2011년에 문을 열었다. 원래 이곳은 1786년에 지은 건물로서, 과거에 '그랜드 호텔 알펜로즈Grandhotel Alpenrose'라는 호텔로 운영되었다.

그 건물을 개조하여 박물관으로 만들고, 여기에 이 일대의 여러 성 등에 산재했던 바이에른 비텔스바흐 왕가의 물품들을 모아서 전시하고 있다. 중세부터 20세기까지의 물건들이 모여 있는데, 특히 호엔슈반가우의 성주였던 막시밀리안 2세 및 노이슈반슈타인의 성주였던 루드비히 2세와 관련된 물건들이 많다.

바이에른 왕가 박물관

린더호프 성 Schloss Linderhof

퓌센 지역에서 또 한 군데 방문할 만한, 그러니까 앞의 두 성에 이은 제3의 성에 해당하는 곳이 린더호프 성이다. 이곳은 앞의 두 성과는 조금 떨어져 있기는 하지만, 자동차로 가면 금방이다.

루드비히 2세는 노이슈반슈타인 성 외에도 몇 채의 성을 더 건설했으며, 구상만 했거나 스케치만 한 것까지 합하면 수십 개에 달한다. 그야말로 '성城 마니아'였던 것이다. 그런 그의 성들 중에서 그의 생전에 완성된 유일한 성이 1886년에 완공된 린더호프 성이다. 이 성은 루드비히 2세의 성들 중에서 가장 작지만 어쩌면 가장 아름다운 성일지도 모른다.

원래 이곳은 왕실의 사냥용 여관이었다. 그래서 다른 성들과는 분위기가 사뭇 다른데, 로코코 양식을 바탕으로 프랑스의 궁전을 모방했다. 성은 전체적으로 대칭 구조를 가지고 있으며, 방마다 많은 장식물과 거울들을 부착해서 빈 벽이 없을 정도로 호사스럽다.

성의 본체 이상으로 사람들에게 인기를 끄는 곳이 성 주변에 만들어진 정원이다. 바로크 양식과 로코코 양식을 조화시킨 구조가 실로 아름답다. 십자가 형태의 정원 가운데에는 큰 분수가 있고, 주변 곳곳에 동상과 장식용 건물들이 섬세하게 배치되어 있다. 그 중에는 무어식의 키오스크(천막으로 만들었던 야외별장)나 모로코풍의 별채도 있다. '베누스 그로토Venus Grotto'는 비너스의 동굴이라는 뜻으로, 바그너의 『탄호이저』에 나오는 베누스베르크를 모티프로 만든 것이다.

천천히 걸으면서 시간을 잊을 수 있는 멋진 정원이다. 특히 비 오는 날의 풍경은 지금도 잊을 수가 없다. 그리고 성 바깥으로는 훨씬 더 광활한 정원이 펼쳐져 있다. 사람들이 종종 이곳을 빠뜨리지만, 이 역시 잘 조성된 영국식 정원이다. 느긋하게 거닐어보기를 권한다.

린더호프 성

루드비히 2세

Ludwig II, 1845~1886

인물

    루드비히 2세의 본명은 루드비히 오토 프리드리히 빌헬름Ludwig Otto Friedrich Wilhelm으로, 바이에른 왕국의 국왕이다. 10대에 왕이 되어 '소년왕少年王'이라 불리기도 하고, 행적 때문에 '광인왕狂人王'이라고 불리기도 한다. 그는 뮌헨의 별궁인 님펜부르크 궁전에서 바이에른의 왕 막시밀리안 2세와 프로이센의 마리의 장남으로 태어났다. 호엔슈반가우 성에서 어린 시절을 보냈으며, 부왕이 서거하자 1864년에 19세의 나이로 왕위를 계승했다. 1886년에 바이에른 공작 막시밀리안 요제프의 다섯째 딸인 소피 샤를로테와 약혼했으나 파혼하고 계속 독신으로 살았다.

    그는 예술적인 감성이 뛰어났으며, 특히 오페라와 건축을 광적으로 좋아했다. 그중에서도 화려한 성을 짓기를 좋아해서 퓌센 일대에 3개의 성을 지었다. 특히 유명한 노이슈반슈타인 성을 짓는 데 심혈을 기울였지만, 완공을 보지 못하고 폐위당했다. 그는 크고 화려하며 용도가 불분명한 성을 자꾸 지어서 국가는 많은 부채를 지게 되었다. 그래서 나라가 기울었다고들 하지만, 그보다도 정사를 돌보지 않고 은둔하면서 혼자만의 세계에 파묻혀 살았던 것이 나라로서는 더 큰 위험이었다.

    그는 유례가 없는 오페라 애호가이기도 했다. 특히 바그너의 광적인 후원자였다. 그는 왕이 되자 바그너를 초빙하여 그와 가까이 지내면서 물심양면으로 후원했다. 바그너라는 인물에 대한 부정적 여론과 구설에도 불구하고, 그가 계속 작품을 쓸 수 있도록 마지막까지 그를 후원하고 지지했다. 바그너는 그런 왕을 구슬려 바이로이트에 사상 초유로 자신의 오페라만을 공연하는 전용극장을 지었는데, 그것이 바이로이트 축제 극장이다. 모든 공사비는 루드비히 2세가 사비로 지출했다. 바그너는 일생의 역작인 4부작 악극 『니벨룽의 반지』를 완성하여 바이로이트 축제극장에서 상연했으며, 그 비용 역시 왕실이 부담했다.

오페라 속에서 살고 싶었던 황혼의 제왕

루드비히 2세는 1880년대에 들어서는 사람을 만나지 않고 오직 건축에만 관심을 가졌다. 그의 폐쇄적인 상태는 심각해져 갔다. 1886년 왕은 정신병으로 진단받는다. 이에 바이에른 정부는 퇴위위원회를 결성하고, 위원회는 왕의 폐위를 결정한다. 경비대는 왕을 체포하여 베르크 성으로 옮겨서 보호한다. 왕은 폐위 5일 후에 성에서 가까운 슈타른베르크 호수에서 익사체로 발견되었다. 수심이 낮은 곳이라서 자살로 결론을 내기에는 의문이 많았고, 타살이라는 의혹도 여전했지만 규명되지 않았다. 동생 오토가 그의 왕위를 승계했지만, 바이에른 왕국은 이미 황혼에 접어들고 있었다.

리하르트 바그너
Richard Wagner, 1813~1873

인물

 뮌헨이라는 도시는 바그너와 직접적인 관련이 없을 수도 있다. 그런데 뮌헨에 와서 문화적인 명소들을 다니다보면 바그너만큼 많이 들리는 이름도 없을 것이다. 특히 퓌센 쪽은 정작 바그너의 자취는 없는데, 온통 바그너 이야기다. 아무래도 바그너가 음악사상 가장 많은 화제를 남긴 인물이기 때문일 것이다. 특히 사람들은 바그너뿐만 아니라 그의 추종자들에 대해서도 선망 혹은 호기심을 가지고 바라보기도 한다.

 리하르트 바그너는 라이프치히에서 태어났다. 아버지는 그가 출생하자 얼마 되지 않아 세상을 떠났고, 어머니는 배우인 가이어와 재혼했다. 어떤 이들은 바그너가 양부養父의 소생이며 예술적 재능을 그에게서 물려받았다고도 한다. 어려서부터 작가가 되고 싶었던 바그너는 문학과 철학 등에 해박했다. 이 공부는 나중에 그의 예술이론의 바탕이 된다. 젊은 그는 오페라로 성공하려 했지만 실패했고, 절치부심 끝에 악극樂劇이라는 자신만의 세계를 이루면서 결국 오페라계를 제패했다.

 바그너는 오페라 작곡가이지만, 자신의 작품을 오페라가 아닌 '악극樂劇'이라는 이름으로 부르게 했을 만큼 오페라 장르의 개혁을 이루었다. 그는 무한선율, 유도동기, 새로운 교향악법 등을 창안하고, 자신이 직접 대본도 써서 문학과 음악의 균형을 추구했다. 그는 예술이란 개별적인 장르로서가 아니라, 모든 것이 합쳐져서 총합적인 감동을 주어야 한다고 주창했다. 그는 이것을 '총체예술Gesamtkunstwerk'이라고 부르고, 그 방식에 맞춘 자신의 작품을 '악극Musikdrama'이라고 이름 붙여 기존 오페라와 차별화했다. 그런 악극이 『니벨룽의 반지』를 비롯하여 『트리스탄과 이졸데』, 『뉘른베르크의 마이스터징어』, 『파르지팔』 등이다. 반면 『탄호이저』나 『로엔그린』 같은 초기작들은 그냥 오페라라고 부른다.

모든 예술 분야에 영향을 남긴 전방위적 예술인

그의 예술 세계는 후세의 음악과 오페라는 물론이고 연극, 영화 등 많은 부분에 엄청난 영향을 발휘했다. 거의 모든 예술 분야에서 바그너의 그림자가 남아 있지 않은 곳은 찾아보기 힘들 정도다. 또한 바그너는 바이에른 왕 루드비히 2세의 후원을 받아서 바이로이트에 자신의 작품만 공연하는 축제극장을 세웠다.

바그너는 음악가일 뿐만 아니라 대본을 직접 썼던 극작가이며, 음악, 예술, 사상 등의 분야에 많은 저작을 남긴 저술가다. 또한 바쿠닌 등과 투합한 혁명가였던 그의 사상은 쇼펜하우어의 철학을 계승하는 것으로, 그에 대한 문학적 철학적 평가도 높다. 하지만 그런 업적들에도 불구하고 반유대주의적인 성향 때문에 지금도 그에 대한 평가나 선호는 극단으로 나뉘고 있다.

무르나우

무르나우 Murnau

무르나우는 뮌헨 남쪽으로 약 1시간 정도의 거리에 있는 인구 12,000명 정도의 작은 도시다. 주변에 슈타펠제 Staffelsee 라는 호수가 있어서, 시의 정식 이름은 '무르나우 암 슈타펠제 Murnau am Staffelsee'다. 무르나우는 바이에른 알프스의 마지막 끝자락에 있는 산중 마을이다. 바로 앞까지 알프스의 능선과 봉우리들이 보인다. 자연이 가까워 여름에는 초록 숲, 겨울에는 흰 눈을 가까이 접할 수 있는 좋은 환경이다. '무르나우 무스 Murnauer Moos'라고 불리우는 유럽 최대의 습지도 가까이 있다.

무르나우가 예술사에 등장한 것은 20세기 벽두다. 1908년에 화가 두 쌍이 거의 동시에 여기에 정착했다. 바로 '가브리엘레 뮌터와 바실리 칸딘스키'의 쌍과 '마리안네 폰 베레프킨 Marianne von Werefkin 과 알렉세이 야블렌스키'의 쌍이다. 이 두 쌍은 서로 교류하면서 함께 그림을 그렸다. 그들의 작업 소재는 무르나우의 아름다운 전원 풍경이었고, 그들의 작품을 통하여 무르나우는 세계적으로 알려졌다. 미술사에서도 20세기 초부터 제1차 세계대전 이전까지의 뮌헨을 '무르나우 시대'라는 말로 부른다. 그 중 뮌터가 살았던 뮌터하우스는 무르나우에서 가장 유명한 집이다. 한편 근대 독일 최고의 작곡가였던 리하르트 슈트라우스가 만년에 살았던 슈트라우스 빌라(274쪽)도 무르나우에 있다.

뮌터하우스 Münterhaus

뮌헨의 미술계를 대표하는 여류화가 가브리엘레 뮌터가 살았던 집이 무르나우에 있는데, 이곳을 뮌터하우스라고 부른다. 뮌터가 그녀의 운명적인 사랑이었던 바실리 칸딘스키를 만나 사랑을 나누었던 시절, 두 사람은 이 집에서 1909년부터 1914년까지 함께 살았다. 칸딘스키가 러시아 출신이어서 마을 사람들은 이 집을 '러시아하우스' 즉 '루센하우스Russenhaus'로 불렀다. 이후 그들은 헤어졌다.

그 후에 뮌터는 새로 만난 마지막 반려자인 요하네스 아이히너Johannes Eichner와 함께 1931년부터 사망하던 1962년까지 31년 동안 다시 이곳

뮌터하우스

에서 살았다. 지금 이 집은 '가브리엘레 뮌터와 요하네스 아이히너 재단 Gabriele Münter und Johannes Eichner Stiftung'이 관장하는 박물관으로 사용 중이다.

뮌터가 죽고 나자 유언에 따라서 그녀가 소장하고 있던 그림들은 뮌헨의 렌바흐하우스에 기증되었다. 그리고 그녀의 희망에 따라 그녀가 살던 집도 개방시켜 대중들이 방문할 수 있게 만들었다. 이 집은 뮌터와 그녀에게 중요했던 두 남자, 칸딘스키와 아이히너라는 세 사람의 족적이 그대로 담긴 유산이자 기념비이며, 예술에 바쳐진 경건한 헌정물이다. 이 집 하나만으로도 무르나우를 방문할 가치는 충분하다.

1908년에 뮌터와 칸딘스키는 이 집으로 와서 함께 작업했다. 이 집을 방문하곤 했던 동료로는 프란츠 마르크, 아우구스트 마케, 파울 클레 등이 있었으며, 마리안네 폰 베레프킨과 알렉세이 야블렌스키와는 이웃으로 교류했다. 그중에는 작곡가이면서 화가이기도 했던 아르놀트 쇤베르크Arnold Schönberg도 있었다. 이들이 무르나우에서 펼친 회합과 우정은 청기사파 성립의 바탕이 되었다.

뮌터와 칸딘스키는 무르나우에 와서 이 지역 화가인 하인리히 람볼트Heinrich Rambold를 만나 영향을 받았다. 람볼트는 유리 위에 그림을 그리는 민속화가였다. 당시 칸딘스키의 그림들에는 유리 위에 그린 듯한 효과를 강조한 그림이 있는데, 이는 람볼트의 영향이다.

1914년 이 집을 떠난 뮌터는 이후 러시아로 귀국한 칸딘스키와 헤어지고, 1920년대 말에 이 집으로 다시 돌아온다. 그리고 그녀는 새롭게 만난 파트너인 아이히너와 함께 1931년부터 31년간을 이 집에서 산다.

나치가 집권하면서 칸딘스키는 '타락한 예술가'로 낙인찍혔고, 나치는 많은 책들을 분서^{焚書}했던 것처럼 칸딘스키의 그림들도 없애려고 했다. 하지만 뮌터는 나치의 추적을 피해서 칸딘스키의 그림들을 지하실에 숨겼다. 그 덕분에 칸딘스키의 작품들은 나치의 박해와 전쟁의 공습을 모두 피할 수 있었다. 한편 아이히너는 그녀와 함께 이곳에서 칸딘스키의 미술사적 업적에 대한 연구를 했다. 1957년에 80세가 된 뮌터는 자신이 분신처럼 목숨을 걸고 보관했던 칸딘스키의 그림들을 뮌헨의 렌바흐하우스에 기증했다. 이를 통해 렌바흐하우스는 가장 많은 청기사파의 그림들을 보유한 세계 최고의 표현주의 미술관으로 자리잡았다.

지금 뮌터하우스에는 뮌터와 칸딘스키 두 사람이 그린 그림들, 특히 다른 곳에서는 보기 어려운 유리 그림, 도안 작업, 집의 가구나 계단에 그린 그림 등을 볼 수 있다. 그 외에도 그들이 수집한 그림들과 생전에 사용한 집기도 있다.

호텔 알펜호프 무르나우 Hotel Alpenhof Murnau

뮌터하우스에서 멀지 않은 곳에 위치한 좋은 호텔이다. 이런 시골 기준으로는 비교적 시설이 잘 갖추어진 고급 호텔에 속하는 이곳은 무르나우의 한적함을 찾는 사람들에게 인기가 높다. 호텔의 마당에는 무르나우에서 탄생한 청기사파를 기념하기 위해서 토니 크래그$^{Tony\ Cragg}$의 조각「헬릭스^{Helix}」가 놓여있다. '청동 조랑말'이라는 별명을 가진 이 동상은 이곳에서 청기사파 정신이 태동했다는 사실을 상기시키고 있다.

가브리엘레 뮌터
Gabriele Münter, 1877~1962

인물

세상에는 연인과의 만남 때문에 자신의 빛을 잃고, 다른 한쪽에게 끌려가면서 인생을 망치는 경우가 있다. 우리는 그 대표적인 예로 로댕Auguste Rodin과 클로델의 경우를 알고 있는데, 뮌헨에서는 칸딘스키를 만난 뮌터가 그러한 안타까운 예라고 할 수 있다. 뮌헨에 와서 절대로 지나칠 수 없는 인물이 가브리엘레 뮌터다.

뮌터는 베를린의 부유한 중산층에서 태어났다. 그녀는 예술에 재능이 있어 화가가 되려고 했지만, 당시에는 여성을 받아주는 미술학교가 없었다. 21세에 그녀의 부모가 돌아가시자, 그녀는 많은 유산을 가지고 여동생과 함께 살았다. 그러던 중에 그녀는 러시아에서 온 바실리 칸딘스키가 세운 미술학교에 등록하면서 당시에 이미 유부남이었던 칸딘스키와 만났다. 칸딘스키는 알프스 기슭의 여름학교에 그녀를 초대했고, 둘은 본격적으로 가까워졌다. 그들은 연인이자 사제지간이었고 동지였다.

뮌터의 그림은 초기에는 마티스를 중심으로 반 고흐, 고갱 등의 영향을 받았다. 강렬하고 아름다운 색채가 인상적이어서 풍부한 시정을 불러일으킨다. 칸딘스키가 뮌터의 스승이기는 하지만, 초기 칸딘스키의 회화도 뮌터의 영향을 받았다. 뮌터는 칸딘스키와 함께 뮌헨의 신미술가협회Neue Künstlervereinigung의 창설을 돕고, 표현주의 전시회에 적극적으로 참여했다. 뮌터와 칸딘스키가 살았던 무르나우의 집에는 뮌헨의 표현주의 화가들이 찾아왔고, 결국 1911년에 그곳을 중심으로 청기사파가 탄생했다.

그러다가 러시아 혁명이 끝나면서 칸딘스키는 모스크바로 돌아갔다. 뮌터를 그를 기다렸지만, 두 사람은 다시 만나지 못했다. 나중에 칸딘스키는 독일로 돌아와서 바우하우스Bauhaus의 교수가 되었다. 그는 추상화를 창시하며 세계적인 대가가 되지만, 뮌터는 그의 활약을 신문을 통해서 볼 뿐이었다. 칸딘스키가 본부인과 이혼하고 다른 여성과 재혼했다는 소식까지도.

"오지 않는 사랑을 위해 바쳐진 인생과 예술"

뮌터는 무르나우의 집에 있는 칸딘스키의 많은 작품들을 나치와 폭격으로부터 보호하기 위해 지하실에 보관했다. 이후 자신의 80회 생일을 맞아 그때까지 보관하고 있던 80점의 유화와 330점의 드로잉을 렌바흐하우스에 모두 기증했다. 그녀는 나중에 새로운 파트너인 요하네스 아이히너를 만나서 함께 무르나우에 살게 되는데, 그때도 두 사람은 칸딘스키의 작품을 정리하고 알리는 일을 계속했다. 결국 가브리엘레 뮌터와 요하네스 아이히너 재단이 설립되었다. 그녀는 추억을 포함한 자신의 모든 것이 남아있는 무르나우의 집에서 1962년에 영면했다.

바실리 칸딘스키
Wassily Kandinsky, 1866~1944

인물

바실리 칸딘스키는 미술사를 완전히 바꾼 혁명적인 인물이다. 그는 순수한 색채와 추상적인 형상만으로 이루어진 회화를 만드는데 역점을 두었고, 그에 의해서 추상의 탄생이 이루어졌다. 이에 그는 20세기의 가장 중요한 화가 중 한 명으로 인정받으며, 피카소나 마티스와 비견된다.

모스크바 출신인 그는 모스크바 대학에서 법학과 경제학을 전공하여 교수까지 된 인물이다. 그런 그는 30세의 나이에 미술로 방향을 전환했다. 1896년 30세 때에 뮌헨으로 건너가서 뮌헨 미술 아카데미에 들어간 그는 프란츠 폰 슈투크의 문하에서 최신 미술을 공부했다. 이때의 칸딘스키를 초기로 분류한다. 그는 독일 표현주의적인 기법에 러시아의 민속적인 요소를 가미한 구상화를 그렸으며, 뮌헨의 청기사파가 발족하는데 일조했다. 1910년에는 미술이 가진 정신적인 가치와 색채가 가진 잠재력에 대한 견해를 약술한 유명한 논문「예술에서의 정신적인 것에 대하여」를 썼다. 이 책은 추상미술에 관한 이론서로 지금도 많이 읽히고 있다.

칸딘스키는 사제지간이었던 뮌터와 연인으로 지내게 되었고, 두 사람은 무르나우에서 함께 생활한다. 그들이 살던 집(지금의 뮌터하우스)에는 많은 화가들이 모여들었고, 칸딘스키-뮌터 커플을 중심으로 청기사파가 결성되었다. 러시아 혁명이 끝나자 칸딘스키는 1918년에 모스크바로 귀국한다. 뮌터는 그를 기다렸지만, 그것은 영원한 작별이었다.

모스크바에 온 칸딘스키는 모스크바 미술아카데미의 교수직을 제안받지만, 그의 예술 방향은 시대에 뒤떨어진 모스크바와 화합하기 어려웠다. 결국 러시아 미술계와의 공감은 불가능하다고 판단한 칸딘스키는 교수직을 버리고 다시 독일로 건너갔다.

"현대 추상화의 이론을 세운 미술의 혁명가"

독일로 온 칸딘스키가 찾은 곳은 뮌터가 있는 뮌헨이 아니라 베를린이었다. 그는 1922년부터 바우하우스의 교수가 된다. 바우하우스 시기에 그는 기하학적인 추상회화를 확립한다. 그곳에서 저술한 두 번째 저작 『점, 선, 면』은 조형예술의 개념을 이론적으로 정리한 것이다. 바우하우스가 사라지자 칸딘스키는 프랑스로 망명해 파리를 중심으로 활동했다. 파리에 정착한 후에는 기하학적인 추상화를 넘어, 동양적이고 러시아적인 환상이 가미된 서정적인 회화세계를 펼쳤다.

칸딘스키는 오페라 팬으로 바그너의 신봉자였다. 그는 바그너의 음악을 들으면서 작업했고, 음악이 그림이 될 수 있고 그림이 음악이 될 수 있다고 믿었다. 이는 그의 추상 이론의 한 축이다.

프란츠 마르크 미술관 Franz Marc Museum

무르나우의 산기슭 여기저기에 숨어있는 예술가들의 흔적을 찾아다니다 보면 프란츠 마르크 미술관과 조우하는 행운을 얻게 된다. 코헬 암 제Kochel am See에 있는 마르크 미술관은 화가가 살았던 집을 미술관으로 탈바꿈시킨 곳이다.

19세에 신학을 포기하고 미술을 택한 프란츠 마르크는 이후 뮌헨 미술아카데미에 들어가서 본격적인 화가 수업을 시작했다. 1908년에는 오버바이에른의 전원으로 거처를 옮겨 자연 속에서 홀로 그림을 연마했고, 1914년에는 그곳에 집을 구입했다. 오버바이에른의 풍광 속에서 그림처럼 서 있는 건물은 자연 속에서 사람이 얼마나 달라질 수 있는지, 어떤 예술이 탄생할 수 있는지 방문객이 직접 느끼게 해 준다. 마르크는 이 지역을 '푸른 땅Blaues Land'이라고 부르면서, 자연을 관찰하며 자신만의 예술세계를 펼쳐갔다. 이것이 청기사파의 바탕이 된다.

1986년에 마르크의 집을 개조하여 미술관으로 만든 이곳은 마르크의 작품 150여점을 보유하고 있으며, 그의 동료였던 가브리엘레 뮌터, 바실리 칸딘스키, 파울 클레, 알렉세이 야블렌스키 등의 작품들이 함께 전시되어 있다. 2008년에는 스위스의 건축가 디텔름과 슈필만Diethelm & Spillmann의 설계에 의해서 현대적인 느낌으로 증축되었다. 밖에서 보면 본래의 전통적인 건물과 현대적인 미술관 부분이 멋진 조화를 이룬다.

푸른 언덕 위에 세워진 아름다운 미술관은 짧은 생애를 살다가 연기처럼 전쟁에서 산화한 젊은 예술가의 인생에 아쉬움을 더해준다. 안에 들어가 창문을 통해 바깥 풍경을 바라보노라면 마르크가 보았던 자연이 이렇게 아름다웠는가 하는 사념에 사로잡힌다.

프란츠 마르크 미술관

프란츠 마르크
Franz Marc, 1880~1916 — 인물

　렌바흐하우스에 가 보면 유난히 청기사파의 그림들이 많아서 청기사파에 관심을 갖지 않을 수 없는데, 이름 그대로 푸른 말을 탄 기사들의 그림이 많이 보인다. 그 푸른 말을 주로 그린 사람이 프란츠 마르크다. 나이를 보면 36년의 생을 살았는데, 그 짧은 기간 동안 불멸의 이름을 얻은 화가다.

　뮌헨에서 정원사의 아들로 태어난 마르크는 신학교에 들어갔지만 2년 만에 그만두었다. 군대를 다녀온 그는 뮌헨 미술 아카데미에 들어가서 화가 수업을 시작했다. 자연을 좋아한 그는 독일 알프스가 있는 오버바이에른 지역으로 이주해서 자연을 접하면서 수련했다. 특히 그는 동물을 정신적인 본질을 반영하는 상징으로 생각하고 자기 예술의 대상으로 삼았다. 또한 파리를 방문하여 많은 미술관을 다니면서 모사模寫 훈련을 했다. 그는 반 고흐와 고갱의 그림에 경도되기도 했으며, 이를 통해 파리의 예술적 자극들이 그의 작품세계에 스며들었다.

　뮌헨으로 돌아온 그는 아우구스트 마케를 만나 우정을 쌓았다. 뮌헨의 신미술가협회에 참여한 마르크와 마케는 그곳에서 바실리 칸딘스키를 만나 예술적 유대관계를 공고히 한다. 세 사람은 신미술가협회에서 독립하기로 결정하고 1911년에 뮌헨의 탄호이저 화랑에서 새로운 전시회를 연다. 이 전시는 '청기사'라고 불리웠으며, 이후로 사람들은 그들을 '청기사파'라고 불렀다. 청기사파는 독일 표현주의 운동의 핵심이 되었다. 표현 양식에 연연하지 않고 회화를 통해 정신적인 본질을 나타내는 것을 과제로 삼는 미술가들이 청기사파로 모여들었다. 그들은 1912년에 공동 에세이 「청기사 연감」을 출판한다.

" 전장의 이슬로 사라진 청기사파의 수장 "

마르크의 작품들은 단순하고 밝은 원색, 입체파적인 동물 묘사, 형태의 단순함 등을 특징으로 한다. 그는 짧은 기간의 활동에도 불구하고 큰 주목을 받았다. 그의 원색들 중에서 파랑은 남성성과 영성, 노랑은 여성성, 빨강은 폭력성을 나타낸다는 것만 알아도 그의 그림은 친숙해진다. 그의 강렬한 색채와 단순한 형태는 뒤따르는 야수파와 입체파에게 큰 영향을 남겼다.

하지만 제1차 세계대전이 발발하면서 그는 자기 그림의 주인공처럼 기병騎兵으로 징집되었다. 그는 군대에서도 화가로서의 경력을 인정받아 자신만의 능력을 발휘했다. 적군의 항공기로부터 포대를 숨기기 위한 위장막을 그리는 작업을 맡은 것이다. 그는 대포들을 숨기기 위한 그림에 전념하면서 나름대로 행복했다고 한다. 그러나 결국 1916년에 베르됭 전투에 참여하여 전사하고 말았다.

슈트라우스 빌라 Strauss Villa

무르나우 중심부에서 25킬로미터 떨어진 가르미슈Garmisch-Partenkirchen 에는 뮌헨이 낳은 최고의 작곡가이자 20세기 전반의 위대한 작곡가인 리하르트 슈트라우스가 만년에 살던 집이 있다. 이 집을 슈트라우스 빌라라고 부른다.

슈트라우스는 바그너 이후 최대의 오페라 작곡가로 성공을 거두었다. 50대가 되어 활동이 안정적인 국면에 접어들자, 슈트라우스는 그가 좋아했던 가르미슈에 빌라를 짓기로 했다. 원래 산을 좋아했고 등산을 즐겼던 슈트라우스는 특히 알프스의 기슭이 보이고 언제나 산에 오를 수 있는 가르미슈를 좋아했다.

그리하여 슈트라우스는 역시 뮌헨 출신 건축가인 에마누엘 폰 자이들Emanuel von Seidl에게 의뢰하여 가르미슈에 빌라를 지었다. 자이들은 아르누보풍 스타일의 빌라를 잘 설계하는 것으로 유명하여, 당시 뮌헨 주변에 180채나 되는 개인 빌라를 지은 최고 인기 건축가였다. 가르미슈는 최고의 음악가가 요구하는 까다로운 사항들을 받아들여서 빌라를 완성했다. 둥근 타워와 뾰족 지붕을 가진 슈트라우스 빌라는 자이들의 주택들 가운데에서도 가장 잘 지은 대표작으로 평가받는다.

슈트라우스는 이 집을 좋아하여 평생 여기서 살았다. 오페라 『엘렉트라』 이후에 작곡된 그의 대부분의 걸작들이 이 빌라에서 만들어졌다. 슈트라우스가 자신의 가정 이야기를 오페라로 만든 『인테르메초』가 1924년에 드레스덴에서 초연되었을 때, 무대미술가가 이 집에 찾아와서 내부를 스케치한 뒤 무대장치를 슈트라우스 빌라처럼 제작했다. 결국 이 오페라가 작곡가 자신의 이야기일 것이라는 세간의 추측을 지지한 셈이다. 그렇게 오페라에까지 등장했던 곳이 이 집이다. 슈트라우스가 작곡을 하던 서재에서는 책상 너머 숲이 보인다. 그가 죽은 침실도 보존되어 있다. 안에는 상당히 많은 장서와 악보, 메달과 훈장들 그리고 그의 수집품들이 진열되어 있다. 모차르트, 베토벤, 바그너 등의 자필 악보도 있다.

슈트라우스 빌라

리하르트 슈트라우스 연구소 Richard Strauss Institut

슈트라우스 빌라는 여러 면에서 흥미로운 집이며, 더불어 안에 있는 작곡가의 흔적이나 소장품들도 궁금증을 자아내는 것들이 많다. 그러나 안타깝게도 지금 슈트라우스 빌라는 일반에게 공개되지 않고 있다. 빌라는 현재 개인이 소유한 사유지이므로 집의 문을 두드려서는 안 된다. 지금도 여전히 슈트라우스의 손자가 살고 있다고 한다.

그리하여 대작곡가의 집도 있고 그가 영면한 곳이기도 한 가르미슈시(현재의 정식 명칭은 이웃의 시와 합병하여 가르미슈파르텐키르헨Garmisch-Partenkirchen시)는 그를 기념하기 위하여 시내의 다른 부지에 기념관을 건립했다. 이것이 '리하르트 슈트라우스 연구소'다.

이 건물은 만하임 출신의 담배제조업자인 게오르그 루드비히 마이어도스Georg Ludwig MayerDoß가 1893년에 지은 집이다. 이 빌라는 슈트라우스 빌라만은 못하지만 역시 아름다운 빌라로서, 19세기 말의 모습이 보존되어 있다. 바이에른주 과학예술부의 재정적 지원을 받고 있는 이 재단은 슈트라우스의 가족들이 현재 하지 않고 있는 슈트라우스에 대한 연구, 교육, 연주, 출판, 홍보 등의 사업을 열심히 수행하고 있다.

현재 이 재단의 이사장은 독일의 세계적인 메조소프라노인 브리기테 파스벤더Brigitte Fassbaender다. 미리 연락하면 직원이 안내는 물론이고 슈트라우스에 대한 상세한 설명을 해준다. 안에는 슈트라우스에 관한 방대한 도서와 논문 등 다양한 자료들이 소장되어 있으며, 콘서트를 위한 작은 공간도 있다.

전쟁 속의 슈트라우스 빌라 — 에피소드

1945년 4월에 미군은 가르미슈를 점령했다. 무장한 미군들이 슈트라우스 빌라를 징발하기 위해서 쳐들어왔다. 빌라로 들어온 미군은 집주인 노인을 체포했다. 공포에 사로잡힌 노인은 미군에게 끌려가려는 찰나에 "나는 리하르트 슈트라우스요. 『장미의 기사』와 『살로메』의 작곡가요."라고 말했다. 그러자 병사들을 지휘하던 장교가 노인을 향해 고개를 돌렸다. 미국의 시골에서 온 중위가 『장미의 기사』와 『살로메』를 알았던 것이다.

그는 미국에서 음악을 공부하다가 징집되어 참전한 밀튼 웨이스Milton Weiss 중위였다. 그는 슈트라우스를 풀어주게 하고, 병사들에게 빌라 앞에 '출입금지'라는 표시를 세우게 했다. 그렇게 하여 슈트라우스는 생명을 구했으며, 빌라 역시 전쟁의 피해를 비껴가서 지금까지도 작곡가 생전의 모습이 완벽하게 보존될 수 있었다.

한편 그 미군 부대의 병사 중에는 오보에 연주자였던 존 드 란시John de Lancie가 있었는데, 그는 슈트라우스에게 자신을 위하여 오보에 협주곡을 작곡해줄 것을 부탁했다. 처음에는 그 말을 무시했던 슈트라우스는 자신을 구해준 부대를 위해서 무엇인가 해야겠다고 생각해서 오보에 협주곡을 작곡해 주었다. 그것이 슈트라우스의 「D장조 오보에 협주곡」이다.

 **리하르트 슈트라우스**
Richard Strauss, 1864~1949 — 인물

독일에는 위대한 음악가들이 많지만, 뮌헨 출신의 음악가로는 누가 있을까? 뮌헨에서 태어난 작곡가들 가운데에서 가장 위대한 사람은 리하르트 슈트라우스다. 그는 20세기 벽두의 근대 클래식 음악에서 가장 중요한 작곡가 중 한 명이다.

20세기 초의 독일 음악계는 무조음악을 비롯한 현대적인 음악 사조로 급격하게 전환하는 중이었다. 슈트라우스는 그런 흐름에 흔들리지 않고 자신만의 음악세계를 끝까지 지키면서 스스로를 "음악사의 마지막 인물"이라고 자칭할 정도로 자신만만했다.

그의 아버지는 바이에른 궁정 악단의 호른 주자였다. 때문에 어려서부터 아버지의 동료들이 슈트라우스의 집에 드나들었다. 그는 아버지의 동료들로부터 여러 악기의 원리와 특색을 자연스레 체득했다. 그는 한 번도 따로 음악학교를 다닌 적이 없었지만, 아버지에 의해서 철저한 음악 교육과 함께 수준 높은 교양을 획득했다. 그는 어려서부터 많은 서적을 읽고 교양이 풍부한 인간으로 성장했다. 이후에도 음악학교가 아닌 뮌헨 대학에 입학해 철학과 문학과 역사 등을 공부했다.

하지만 학업을 마친 그는 아버지를 이어서 음악계에 들어왔다.

그때 그의 직업은 지휘자였다. 우리는 지금 그를 작곡가로 기억하고 있지만, 생전에 슈트라우스는 작곡가로서보다도 지휘자로 더욱 유명했다. 유럽을 통틀어서도 손꼽히는 지휘자였던 그는 전 유럽을 돌아다니는 바쁜 일정을 소화했다. 그 와중에도 틈틈이 작곡을 해서 놀라운 작품들을 연이어 발표했다.

『살로메』를 필두로 『엘렉트라』, 『장미의 기사』. 『낙소스의 아리아드네』, 『그림자 없는 여인』, 『아라벨라』, 『카프리치오』 등 그의 오페라는 발표할 때마다 예상을 넘어서는 파격적인 걸작들이어서 최고의 오페라 작곡가라는 평가를 받았다. 그는 또한 최고의 관현악곡들도 내놓았으니, 「돈 후앙」, 「죽음과 변용」, 「틸 오일렌슈피겔의 즐거운 장난」, 「차라투스트라는 이렇게 말했다」, 「영웅의 생애」, 「돈 키호테」, 「알프스 교향곡」 등이 있다.

"고전음악 역사의 마지막 위대한 인물"

그는 소프라노 파울리네 데 아나Pauline de Ahna와 결혼했다. 아내는 그와는 다른 성격을 지닌 여성이었지만 그들은 마지막까지 결혼생활을 유지했고, 그의 음악의 원천 중 하나가 아내였다는 점은 분명하다. 슈트라우스는 가르미슈에 집을 짓고 죽을 때까지 조용한 인생을 누렸다. 이런 그의 일생에서 빼놓을 수 없는 오점은 나치에 협력했다는 사실이다. 제2차 세계대전 후에 그는 나치에 부역한 혐의로 재판을 받기도 했다.

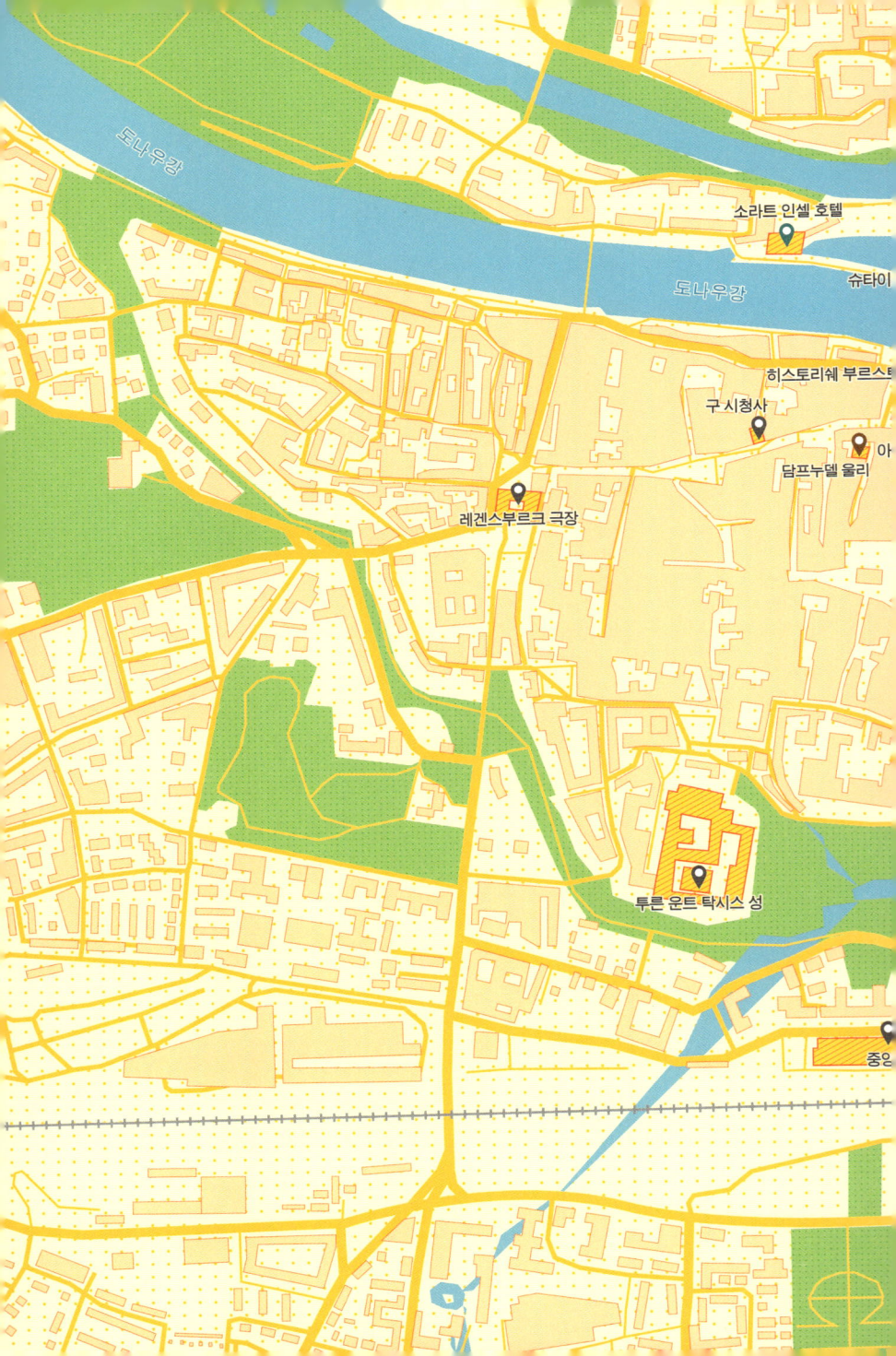

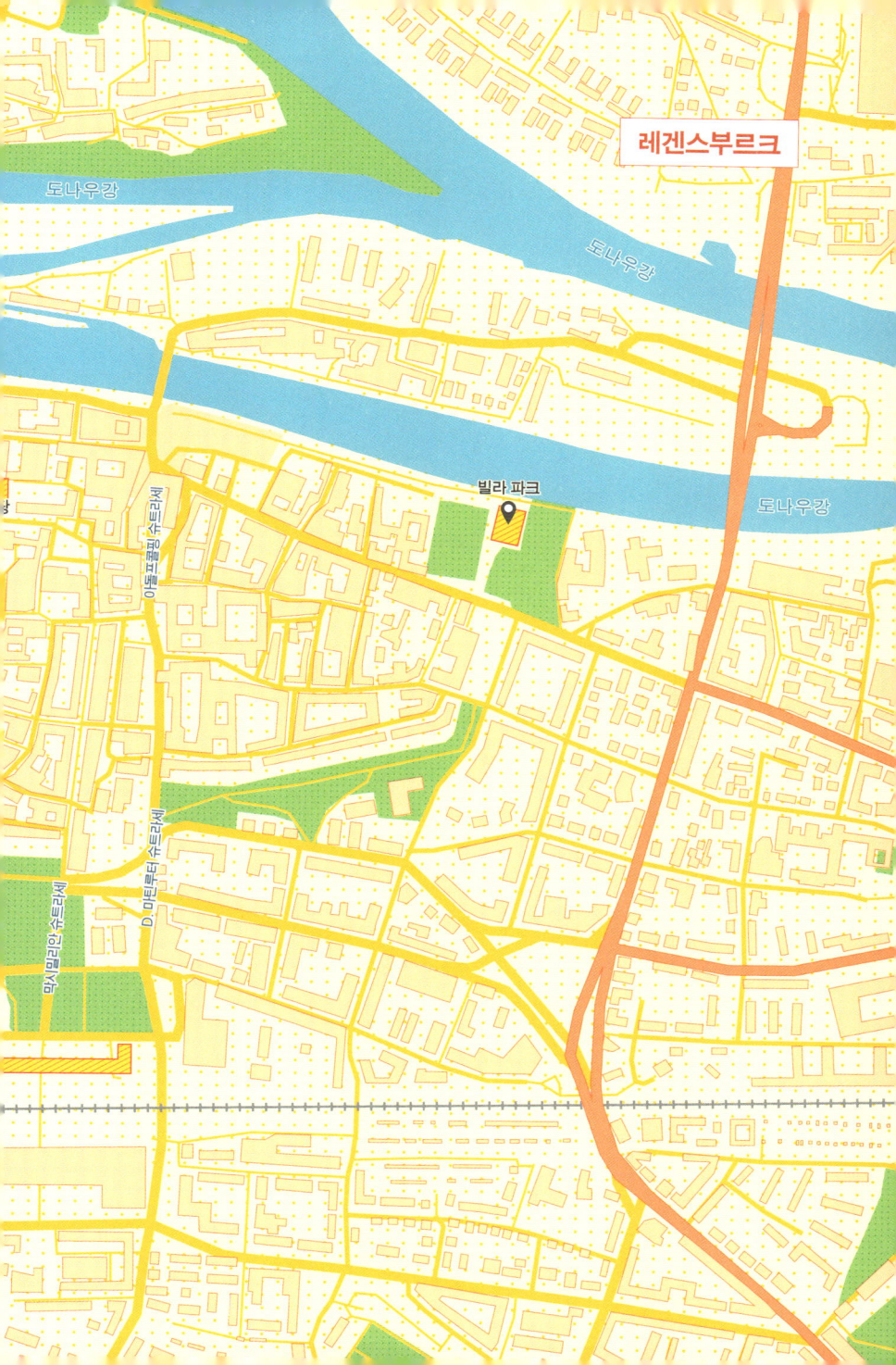

레겐스부르크

레겐스부르크 Regensburg

레겐스부르크는 뮌헨에서 기차나 자동차로 1시간 30분 정도 걸리는 곳이다. 그러니 뮌헨 부근의 도시라고 하기에는 멀어 보이기도 한다. 사실 레겐스부르크는 뮌헨의 근교 도시가 아니라 오버팔츠Oberpfalz 지역의 중심도시라고 해야 할 것이다. 레겐스부르크는 바이에른 왕국의 최초의 수도였으며, 그들만의 전통과 문화를 가지고 있다. 바이에른주에서는 뮌헨, 뉘른베르크, 아우크스부르크에 이어서 네 번째로 큰 도시로 인구는 15만 명 정도다.

도시 가운데 도나우강이 지나는 레겐스부르크의 역사는 길어, 도시가 된 것은 로마시대까지 거슬러 올라간다. 로마 제국의 최북단이라 변방 세력을 막기 위한 군사 요충지였던 이곳에 90년에 로마인들이 요새를 지었다. 요새 이름은 나중에 '카스트라 레지나Castra Regina'가 된다. 이는 '레겐Regen강의 요새'라는 뜻으로, 레겐스부르크의 어원이 된다.

1146년에 레겐스부르크의 도나우강 위에 놓인 석교石橋는 지금도 독일에서 가장 오래된 돌다리로 남아있다. 이 다리의 개통은 레겐스부르크를 국제적인 무역도시로 발전시키는 결정적인 계기가 되었다. 북유럽과 베네치아를 잇는 중요한 무역로가 레겐스부르크를 지나면서 이 도시는 유럽 교역의 중심이 되었다. 무역업에 힘입어서 레겐스부르크 내에서도 금세공업과 직물공업이 발전했고, 레겐스부르크는 더욱 부유해졌다. 1245년에는 자유도시로 지정되면서 더욱 융성했다. 하지만 1486년에 바이에른 공국의 일부로 편입되었다. 이후 1806년에 바이에른 지방과 팔츠 지방을 아우르는 바이에른 왕국이 성립되면서, 레겐스부르크는 바이에른 왕국 최초의 수도가 되었다.

제2차 세계대전 때 독일군의 전투기 공장과 정유소가 있었던 레겐스부르크는 연합군의 맹렬한 공습을 받았다. 하지만 군사시설은 교외에 있었고, 고도古都를 지켜주려는 연합군 측의 배려로 도심은 손상을 입지 않은 채로 살아남았다. 그리하여 레겐스부르크는 알프스 북쪽에서 중세 시가지가 가장 잘 남아있는 도시가 되었다. 한편 종전 후 레겐스부르크는 서독의 다른 도시에 비해서 발전이 늦었고, 결과적으로는 그 덕에 구도심이 개발되지 않고 옛 모습을 그대로 유지할 수 있었다. 그리하여 레겐스부르크는 '가장 북쪽에 있는 이탈리아'라는 별명을 얻었고, 2006년에는 구시가지 전체가 세계문화유산으로 지정되었다.

1960년대에 독일 정부는 레겐스부르크를 발전시키기 위해서 많은 투자를 시작했고, 특히 지멘스가 레겐스부르크에 공장을 설립하면서 도시는 활기를 찾았다. 연방정부는 1965년에 레겐스부르크 대학교를 설립하고, 1971년에 응용과학대학교가 설립되었다. 그러자 인피니온, BMW, 오스람 등 많은 기업들이 이곳에 공장을 세웠고, 이후 레겐스부르크는 새로운 산업도시로 발전했다.

슈타이네르네 다리 Steinerne Brücke

자동차를 타고 레겐스부르크에 오면 구시가로 이어지는 다리를 건너기 전에 신도시 쪽 주차장에 차를 세워야 한다. 차에서 내리면 곧 커다란 다리와 만나게 된다. 걸어서 다리를 건너면서 보는 구도심의 풍경은 대단히 아름답다. 높은 대성당을 중심으로 펼쳐지는 중세 도시의 스카이라인은 꿈속으로 들어온 듯이 낭만적이다. 다리의 가운데는 레겐스부르크를 바라보기에 가장 좋은 지점이다. 또한 도나우강에 있는 몇 개의 섬을 거쳐서 놓은 다리 위에서 보는 도나우강의 풍경도 멋지다.

이 다리는 '돌다리'라는 뜻의 슈타이네르네 다리다. 앞서 얘기했듯 레겐스부르크를 발전시킨 결정적인 구실을 했던 다리다. 이 다리를 통하여 북유럽과 이탈리아의 교역이 이루어지면서 레겐스부르크는 부유한 도시가 되었다. 1146년에 완성된 다리에는 '독일에서 가장 오래된 돌다리'라는 현판이 붙어 있다. 당시에는 도나우강을 건너는 유일한 다리였으며, 이후 8백 년 동안 레겐스부르크에서 유일한 도나우강의 다리였다.

다리의 옆면은 옛날 그대로의 모습이지만 상판은 아쉽게도 요즘 식이다. 제3차 십자군도 이 다리를 건너 예루살렘으로 향했다. '붉은 수염'이라는 별명을 가진 프리드리히 1[Frederick I]세는 레겐스부르크에 십자군 병사를 결집시킨 뒤 이 다리를 건너서 출발했다. 즉 슈타이네르네 다리는 공식적으로 십자군이 출정한 지점이다.

히스토리쉐 부르스트쿠흘 Historishe Wurstkuchl

슈타이네르네 다리를 지나면, 바로 나타나는 건물이 히스토리쉐 부르스트쿠흘. 그 이름부터가 '역사적인 소시지 가게'다. 실제로 이 식당의 역사는 깊어, 무려 슈타이네르네 다리를 건설할 때에 현장사무소로 쓰였던 건물이다. 그러다가 다리가 완성된 후에는 식당으로 바뀌었다. 그때부터 소시지를 만들었는데, 석쇠에 구워먹는 맛이 독특하여 널리 알려졌다. 그때부터 이어진 식당의 역사는 850년이 넘어 이제는 '독일에서 가장 오래된 소시지 식당'으로 소개된다. 항상 사람이 많은 이곳은 위치가 좋아서 슈타이네르네 다리와 도나우강을 바라보면서 소시지를 먹을 수 있다. 바쁜 사람들은 식당에 들어오지 않고 밖에서 소시지를 받아가기도 하며, 그들을 위해서 바깥에 소시지 굽는 데가 따로 있을 정도다. 그래서 사람들은 이곳을 '세계에서 가장 오래된 패스트푸드점'이라고 말하기도 한다. 오늘도 지나가던 학생들이 여기서 건네받은 소시지를 입안에 넣으면서 가던 길을 간다.

구도심 Altstadt

레겐스부르크의 구도심은 구역 전체가 세계문화유산인 만큼 아름다우며, 다른 독일 도시들과는 어딘가 다른 분위기를 풍긴다. 건물들은 작고 골목도 좁다. 이곳은 제2차 세계대전의 공습으로부터 살아남은 1,500개의 건물을 가진 중세풍의 거리다. 대부분의 독일 도시 내 구시가지는 사실 전쟁 이후에 복원한 건물들이 주를 이루고 있다. 그러니 레겐스부르크만이 가진 '오리지널한' 분위기는 다른 도시가 흉내 낼 수 없는 독특한 것이다.

레겐스부르크 구시가는 걷는 재미가 좋다. 건물들은 아기자기하고 골목은 좁다. 목적지도 방향도 필요 없다. 예쁘고 마음에 드는 골목만

들어가면 된다. 그러면 좋은 카페나 식당, 약국, 이발소, 상점을 만나게 된다. 다리가 아프면 카페에서 앉고, 배가 고프면 사 먹으면 된다. 과거 레겐스부르크는 금세공이 대단히 발달했었기 때문에 골목마다 오래된 금은세공 가게나 장신구 가게가 많다. 이쪽에 관심이 있는 사람에게는 특히 신나는 거리다.

대성당 Regensburger Dom

레겐스부르크의 구도심을 돌아다니다 보면 결국은 자연스럽게 대성당에 닿게 된다. 엄청나게 큰 건물이 앞을 가로막는다. 돔 광장 Domplatz에 서서 바라보면 소박하고 작은 광장에 비해서 성당은 유난히 크고 높다.

고딕 양식의 이 거대한 성당은 좌우 두 개의 첨탑을 가지고 있는데, 높이가 뮌헨의 성모 교회보다도 더 높아서 105미터에 이른다. 원래 이 자리에 있던 대성당은 파괴되었고, 지금의 대성당은 새로 지은 것이다. 새 성당이 건설되기 시작한 때는 1275년이며 완성되기까지 3백 년이 걸렸다. 안에 들어가면 상당히 경건한 분위기가 인상적이다.

레겐스부르크 대성당 소년합창단 Regensburger Domspatzen

레겐스부르크 대성당에는 성당 자체보다 더 유명한 합창단이 있으니, 레겐스부르크 대성당 소년합창단이다. 원래 성당에서는 여성이 노래할 수 없는 전통 때문에 고음을 확보하기 위해 남자 아이들을 기용했는데, 이것이 소년합창단의 기원이다. 특히 레겐스부르크 대성당 소년합창단은 975년에 창설되어 역사가 무려 천 년이 넘었다. 그래서 '세

레겐스부르크 대성당

계에서 가장 오래된 소년합창단'의 타이틀을 붙이고 있다. 어린 소년뿐 아니라 변성기를 넘긴 청소년들도 있어, 이들은 중저음부를 맡는다. 일요일 미사 때면 그들의 노래를 들을 수 있다. 이곳 사람들은 이 합창단을 '돔슈파첸Domspatzen'이라고 부르기도 한다. '대성당의 참새들'이라는 뜻이다.

요즘은 '레겐스부르크 돔슈파첸'이라고 말하면 레겐스부르크 대성당 합창단과 레겐스부르크 성악학교Regensburger Sängerschule를 같이 일컫는 말이다. 즉 기숙학교를 가진 음악학교에서 성가대를 운영하는 것이다. 이곳에서는 한국으로 치면 초등학교에서 고등학교 과정까지 420명의 참새들을 교육 중에 있다.

아들러 약국 Adler Apotheke

대성당 부근의 길모퉁이에 아들러 약국이 있다. 평범하게 보이나 1610년에 문을 열어 4백 년이 넘은 약국으로, 지금의 위치를 지킨 지도 350년이 넘었다. 겉은 평범하지만 들어가면 수백 년이 넘은 약 빻는 절구와 절구통, 천칭, 약병, 약장 등 흥미로운 물건들을 볼 수 있다. 구경 삼아 들어가서 연고라도 하나 사자.

담프누델 울리 Dampfnudel Uli

구시가의 가운데에 있는 작은 카페 겸 식당이다. 이곳이 지역에서 유명해진 건 담프누델Dampfnudel이라는 케이크 때문인데, 독일과 프랑스 등지에서 많이 먹는 것이다. 보통의 담프누델은 얼핏 찐빵처럼 부풀어 오른 모양이지만 이 집 것은 케이크 모양에 가깝다.

구 시청사 Alte Rathaus

구도심의 한가운데에 있는 귀여운 건물이 구舊시청사다. 현재는 시청으로 사용하지는 않고, 내부는 레겐스부르크의 역사를 보여주는 박물관으로 이용중이다. 건물의 오래된 부분은 13세기에 지어진 그대로이며, 연회장은 1360년에 지어졌다. 지금은 시에서 여러 용도로 사용하는데, 과거의 고문실과 감옥 등도 보존되어 있다.

레겐스부르크 극장 Regensburg Theater, Stadttheater Regensburg

레겐스부르크 시립극장은 오페라를 중심으로 발레, 연극, 콘서트에 뮤지컬까지 공연하는 극장이자 공연단체다. 레겐스부르크 전역에 있는 몇 개의 공연장을 모두 관장한다. 한편 사람들이 보통 레겐스부르크 극장이라고 부르는 곳은 비스마르크 광장Bismarckplatz에 있는 '테아터 암 비스마르크플라츠Theater am Bismarckplatz'다. 1804년에 개관한 이 극장에는 레겐스부르크 필하모닉 오케스트라가 상주하며 콘서트를 한다.

투른 운트 탁시스 성 Schloss Thurn und Taxis

레겐스부르크 중앙역에서 구도심으로 들어가는 길에는 좌측으로 정원이 펼쳐져 있다. 그 정원 안에 있는 거대한 건물이 '투른 운트 탁시스 성Schloss Thurn und Taxis'이다. 원래는 8세기에 지은 '성 에메람Sankt Emmeram 수도원'이었는데, 1810년에 투른 운트 탁시스Thurn und Taxis 가문에서 매입하여 궁전으로 개조했다.

'투른 운트 탁시스'라는 이름은 라이너 마리아 릴케Rainer Maria Rilke의 불멸의 명시 『두이노의 비가悲歌』를 읽을 때에 마주친다. 이탈리아를 떠돌던 릴케는 트리에스테 부근의 두이노 성城에서 투른 운트 탁시스 후작 내외를 만난다. 그들은 릴케에게 집필 장소로 성을 제공했고, 릴케는 그때 썼던 시를 『두이노의 비가』라고 발표했던 것이다. 투른 운트 탁시스 가문은 북이탈리아에서 우편사업을 일으켜서 크게 성공했다. 이후 그들은 우편사업을 알프스 북쪽까지 확장하고 신성 로마 제국의 황제로부터 독일 전역의 우편사업 독점권을 따냈다. 그리하여 그들은 엄청난 부를 축적하고 작위까지 받았다. 그리고 그들의 사업 지역 내로 가문의 거처를 옮기는데, 그때 구입한 건물이 이곳이다. 그들은 수도원을 매입하여 궁전으로 개조해 1829년에 지금의 모습을 갖추었다. 일부는 박물관으로 만들어 개방하지만, 또 다른 일부에는 아직도 가문의 후손들이 살고 있다.

내부의 박물관으로는 가문의 마차와 부속품을 전시하는 마차 박물

투른 운트 탁시스 성

관Marstallmuseum과 보물박물관Schatzkammer이 있다. 특히 바이에른 국립 박물관의 분관이기도 한 보물박물관은 가문의 식기와 장신구, 무기, 의상 등을 전시하고 있다. 성의 정원에서는 매년 6월마다 '투른 운트 탁시스 정원 쇼', 7월에는 '투른 운트 탁시스 성 페스티벌Thurn und Taxis Schlossfestspiele', 그리고 12월에는 '크리스마스 마켓' 등 다양한 행사가 열린다. 그중에서도 7월의 페스티벌은 레겐스부르크의 대표적인 음악 페스티벌로서, 레겐스부르크 극장이 직접 관장하고 투른 운트 탁시스 가문이 후원한다.

왕의 빌라 및 빌라 공원 Königliche Villa, Villa Park

'왕의 빌라'는 레겐스부르크의 도나우강 변에서 눈에 띄는 멋진 건물이다. 1856년에 뮌헨의 건축가 루드비히 폴츠Rudwig Foltz가 바이에른 왕 막시밀리안 2세를 위하여 여름 별장으로 건축한 것이다. 고딕 양식을 현대화한 일종의 신고딕 양식이라 할 수 있는 독특한 형태는 왕의 이름을 따서 '막시밀리안슈틸Maximilianstil'이라고 불렸다. 건물에는 해부학탑이라는 독특한 이름을 가진 탑이 있는데, 본래 해부학 실험과 화약보관용으로 사용되던 탑을 막시밀리안슈틸로 개조한 것이다. 별장 옆에는 '빌라 공원'이라 부르는 공원이 있다.

발할라 Walhalla

레겐스부르크의 시내 구경을 마쳤다면 이제 이곳을 떠나도 될까? 천만에! 절대로 돌아가서는 안 된다. 꼭 보아야 할 곳이 교외에 남아 있다. 레겐스부르크의 도심에서 동쪽으로 10킬로미터 떨어진 곳에 있는

발할라

발할라를 찾아갈 시간이다. 자동차를 타고 가면 도나우강 변의 언덕 위에 파르테논 신전같이 서 있는 건물이 보인다. 그 위용이 당당하면서도 어딘가 신기루처럼 신비로운 분위기를 풍긴다.

이곳은 루드비히 1세가 독일어권에서 가장 위대한 업적을 낸 인물들을 기리기 위해 세운 곳이다. 발할라는 이름은 북유럽 신화에서 영웅들이 죽으면 그들을 모아서 살게 한다는 하늘나라의 궁전이다. 바그너의 악극 『니벨룽의 반지』에도 발할라가 등장한다. 그런 발할라를 실제로 구현한다는 발상 자체가 놀라운 일이다. 도나우강이 내려다보이는 100미터 높이의 언덕 위에 신전처럼 지어진 거대한 집은 영웅들이 쉬기에 적합하다. 레오 폰 클렌체가 설계하여 1842년에 완성했다.

발할라가 가장 멋지게 보이는 장소는 도나우강 건너편이다. 그곳에서 바라보면 발할라 앞에는 수백 개의 계단이 가파르게 놓여있어서 사뭇 위압적이다. 물론 뒤편으로 난 길을 통해서 상당히 가까운 거리까지 자동차로 올라갈 수도 있다. 편하긴 하지만 계단으로 올라갈 때의 긴장감은 없다.

안으로 들어가면 과거 그리스 신전의 내부는 어땠을까 하는 의문이 해소된다. 실제 그리스에 있는 신전들은 거의가 무너진 폐허라서 내부 구조를 짐작하기는 어렵다. 그런데 발할라에서는 그 구조를 목격하고 체험할 수 있다. 귀한 석재들로 지어진 건물 내부는 많은 인물들의 흉상이 진열되어 있다. 독일의 위대한 인물들을 나타내는 130개의 흉상과 65개의 상패(얼굴을 알 수 없는 사람들이다)가 있다.

루드비히 1세는 발할라에 등재할 인물들의 범위를 '독일어를 쓰는 인물'로 정했다. 그리하여 독일뿐만 아니라 오스트리아, 보헤미아, 폴

발할라

란드, 스웨덴, 네덜란드, 벨기에, 스위스, 러시아 등에서 활동한 사람도 망라했다. 또한 전쟁 영웅뿐 아니라 정치, 과학, 예술, 철학, 신학을 모두 포함했으며, 성별 제한도 두지 않아 여성도 포함시켰다. 당시로서는 상당히 앞선 생각이었다. 처음 개관할 때 모신 위인은 160명이었으며, 그 후로 심사를 거쳐서 조금씩 늘려가고 있다.

발할라에 들어와서 아는 인물을 찾아보면 생각보다 많은 것을 배울 수 있다. 예술가만 살펴보면, 바흐, 헨델, 하이든, 모차르트, 글루크, 베토벤, 베버, 슈베르트, 브람스, 바그너, 브루크너, 리하르트 슈트라우스, 괴테, 레싱, 실러, 하이네, 레거, 반 다이크, 멤링, 루벤스, 뒤러 등이 있다. 누가 들어갔고 누가 들어가지 못했는지 보면 흥미롭다. 기술자 및 과학자로는 구텐베르크, 케플러, 코페르니쿠스, 라이프니츠, 뢴트겐, 멘델, 아인슈타인, 가우스 등이 있다. 앞서 아우크스부르크 편에서 설명했던 기업가 야코프 푸거도 들어있는 모습이 인상적이다.

해방의 전당 Befreiungshalle

루드비히 1세가 세운 또 하나의 기념비적 건물이 레겐스부르크에서 동쪽으로 25킬로미터 떨어진 켈하임 Kelheim에 있다. '베프라이웅스할레'라는 단어는 '해방의 전당' 정도로 번역할 수 있겠다. 바이에른 사람들은 1813년부터 라이프치히 등지에서 펼쳐졌던 나폴레옹과의 마지막 전쟁을 '해방 전쟁'이라고 부르는데, 이 전쟁의 역사적인 승리를 기념하기 위한 것이다.

해방의 전당은 궁정 건축가 프리드리히 폰 게르트너의 설계로 1842년부터 작업을 시작했지만, 1847년에 게르트너는 완공을 보지 못하고 사망하고 만다. 왕은 발할라를 지은 레오 폰 클렌체에게 작업을 계승할 것을 명령했다. 이렇게 해서 1863년 라이프치히 전투 50주년을 기념하여 성대한 낙성식이 열렸다.

해방의 전당은 외관부터가 압도적이다. 석회암으로 만들어 남성미를 강렬하게 풍기는 외관은 원통과 흡사한 18각형으로 되어 있다. 이것을 18개의 거대한 석상들이 둘러싸고 있는데, 키가 5.8미터에 달하는 거대한 조각들은 조각가 요한 할비크Johann Halbig의 작품이다. 석상들은 해방전쟁에 참여한 18개 독일 부족을 나타낸다. 석상에는 프랑켄, 보헤미아, 티롤, 바이에른, 오스트리아, 프러시아, 하노버, 작센 등 각 부족의 이름이 라틴어로 새겨져 있다. 내부는 판테온같은 돔 형태로 높이가 45미터에 지름은 29미터. 높이가 3.3미터에 이르는 승리의 여신 2명이 서 있고 그녀들을 묘사한 34개의 이미지가 만들어져 있다.

해방의 전당

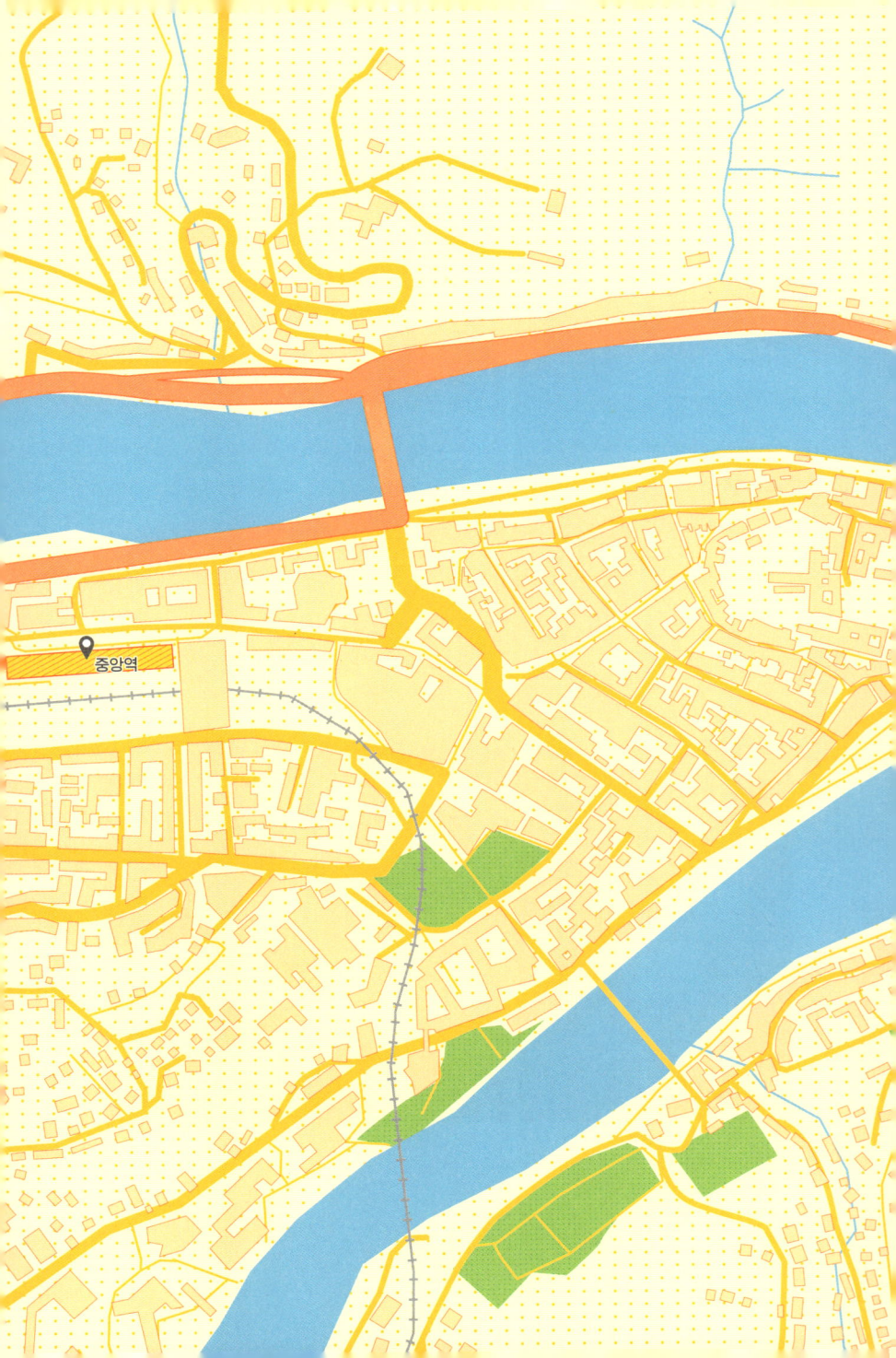

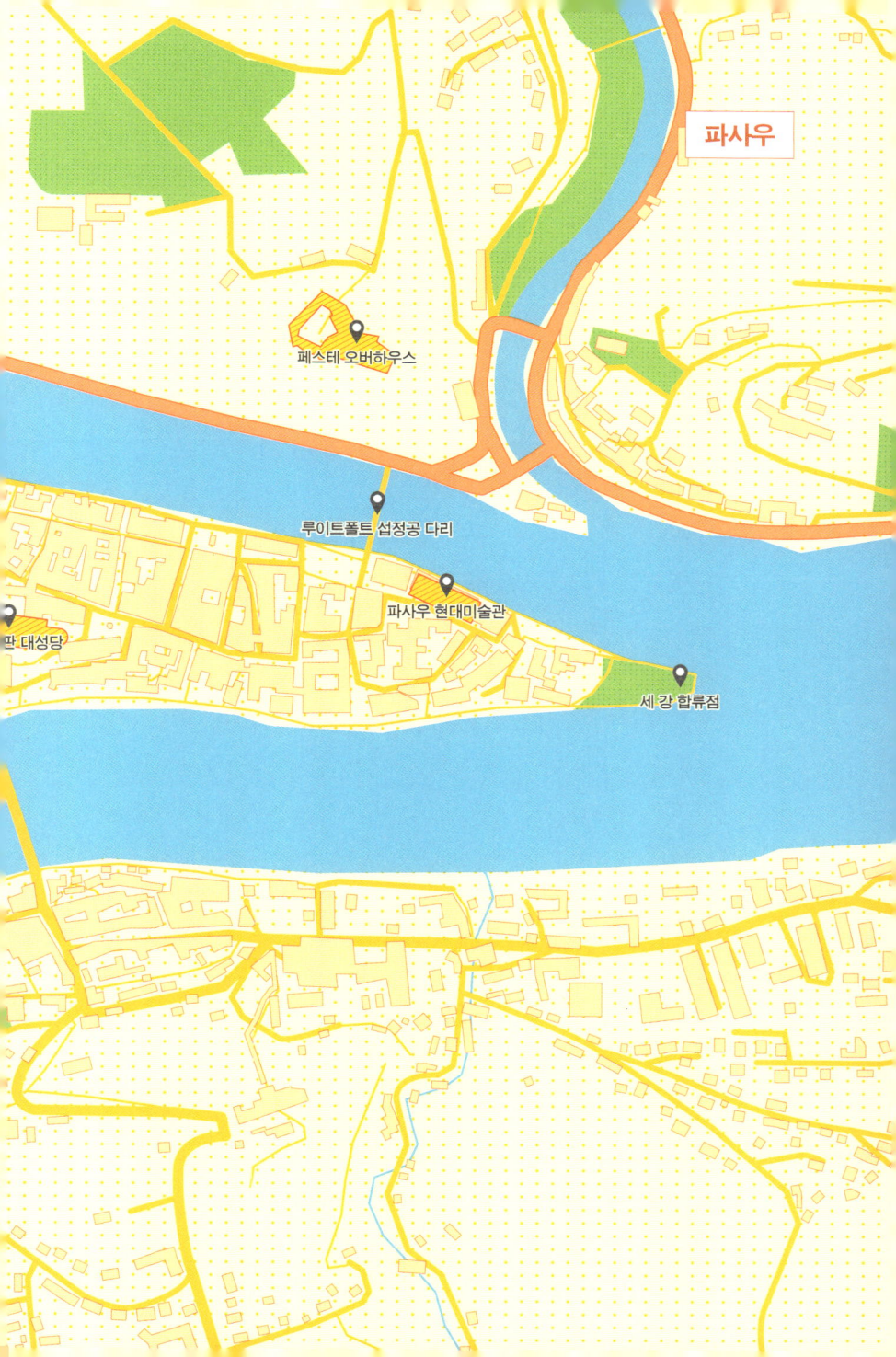

파사우

파사우 Passau

훔볼트가 "지구상에서 가장 아름다운 도시중 하나"라고 극찬했던 파사우. 세 개의 강, 즉 도나우강, 인강, 일츠강이 한꺼번에 합류하면서 다른 데서는 찾아보기 어려운 풍광을 연출한다. 그래서 사람들은 파사우를 '세 강의 도시Dreiflüssestadt'라고 불렀다.

파사우까지는 뮌헨 중앙역에서 열차로 2시간 정도 걸린다. 파사우는 독일의 동쪽 아래 맨 구석으로, 바로 옆이 오스트리아 땅이다. 그래서 이곳은 독일의 끝이다. 도나우강은 여기서부터 린츠Lienz 쪽으로 흘러가면서, 오스트리아 사람들이 말하는 "아름답고 푸른 도나우강"이 된다. 인구가 5만인데, 파사우 대학 학생만 12,000명이 넘고, 대학 관계자와 가족들까지 합하면 사실상 대학 도시인 셈이다. 사실 이런 산속에서 공부 말고 뭐 할 게 있을까….

파사우에 도착하면 먼저 언덕에 올라가 보자. 거기서 '오버하우스 요새Veste Oberhaus'에 올라가야 하는데, 구도심에서 '루이트폴트 섭정공 다리Prinzregent Luitpold Brücke'를 건너면 언덕 위로 올라가는 길이 나온다. 올라가면 올라갈수록 점점 펼쳐지는 눈앞의 풍경에 감탄하게 된다. 요새를 지나서 정상에 다다르면, 서쪽으로 보이는 풍경이 바로 훔볼트가 말한 경치다. 늦은 오후나 석양이 질 때는 더욱 아름답다. 앞에는 인강과 도나우강이 흐르는데, 두 강물 가운데에 배처럼 떠 있는 뾰족한 땅이 구시가지다. 건물들이 빽빽하게 들어선 구시가지는 마치 모형처럼 정교해 보인다. 요새 뒤편으로는 일츠강이 흘러와서 앞의 강과 합류한다. 높은 곳에서 보면 인강과 도나우강의 물 색깔이 확연히 다른데, 합류된 이후에도 두 강의 색이 합쳐지지 않고 색이 다른 상태로 오스트리아로 흘러가는 모습이 특이하다.

페스테 오버하우스 Veste Oberhaus

'페스테 오버하우스'는 언덕 위의 요새다. 1219년에 언덕 위 교회가 있던 자리에 군사적인 목적으로 건립되었다. 해발 105미터의 언덕 위에 있으며, 양쪽이 절벽이라 사방으로 시야가 트여있는 천혜의 요새다. 1932년에 파사우시는 이곳을 '오버하우스 박물관Oberhausmuseum'으로 개장했다. 지금은 요새의 역사 및 주교와 관련된 물품을 전시하고 있으며, 과거 요새의 모습도 살펴볼 수 있다. 요새에는 야외극장이 있다. 원형을 약 1/4로 잘라낸 듯한 부채꼴 모양의 극장으로 대략 6,000석 규모다. 지금도 여기서 연극 등을 공연한다. 여기 있는 오버하우스Das Oberhaus라는 식당은 전망도 좋지만 음식도 괜찮다.

구도심 Altstadt

파사우의 구시가지는 아기자기하다. 곳곳에 예쁜 가게들이 많고 소

소한 구경거리들도 많다. 모퉁이마다 카페가 있어서 시민들이 담소를 나누거나 맥주를 마신다. 거리는 깨끗하고 곳곳에 꽃이 꽂혀있다. 도심 양편으로 지나가는 두 강의 물결이 공기로 전해오는 것 같다.

군사적 요충지였던 파사우는 칼을 잘 만드는 곳으로 알려져 있어서, 가게에 칼 또는 그와 관련된 물품들이 많다. 또 좋은 과자집도 있고 편안한 식당도 많다. 한가하게 산책하기에 좋다. 특히 양편이 강으로 둘러싸인 여객선 같은 모양이라 아무리 돌아다녀도 길을 잃을 염려가 없다.

성 슈테판 대성당 Dom St. Stephan

구시가를 돌다 보면 결국 만나게 되는 건물이 '성 슈테판 대성당'이다. 구시가 가운데의 제일 높은 언덕 같은 곳에 당당히 서 있다. 이탈리

성 슈테판 대성당

아의 건축가 카를로 루라고Carlo Lurago가 설계한 것으로, 이탈리아 바로크 양식을 제대로 구현한 걸작으로 인정받고 있다. 알프스 북쪽의 바로크 건물들 중에서 가장 큰 규모를 자랑한다. 이 대성당에서 가장 유명한 것은 오르간이다. 17,774개의 파이프를 가진 오르간은 한때 세계에서 가장 큰 교회 오르간이었다. 종종 오르간 콘서트가 열리는데, 그때 문 앞에 포스터가 붙으니 한번 확인해 보자.

파사우 현대미술관 Museum Moderner Kunst Wörlen Passau, MMK

파사우의 구시가지에서 현대미술관을 만난다면 반가울 수밖에 없다. 안에는 특별한 전시물은 없지만 귀엽게 봐줄 만하다. 그러나 가장 좋은 전시물은 고색창연한 건물 자체일 것이다.

세 강 합류점 Dreiflüsseeck

성 슈페판 대성당 뒤쪽에서 강이 흐르는 방향으로 계속 걷다보면 어린이 놀이터가 나타난다. 놀이터 끝에 이르면 세 강 합류점Dreiflüsseeck이 있다. 세 강이 합쳐지는 모습을 바로 옆에서 느낄 수 있어서 묘하게 비현실적이다. 근방에 카페가 만들어져서 그곳에 앉아 사념을 이어갈 수 있다.

부록

뮌헨의 호텔

막스 요제프 광장 주변

호텔 바이에리셔 호프
Hotel Bayerischer Hof

뮌헨을 대표하는 최고의 고급호텔이다. 300실이 넘는 방과 20개의 스위트룸은 대부분 넓고, 무게감 있는 육중한 디자인을 자랑한다. 중심 호텔답게 40개가 넘는 회의실을 가지고 있으며, 대 연회장에서는 엔리코 카루소도 공연한 적이 있었다. 엘리자베트 황후를 비롯한 수많은 왕족과 명사들이 묵은 곳이다. 호텔의 대표 레스토랑인 아틀리에(Atelier)는 뮌헨에서 최고의 식당으로 일컬어지고 있다. 미술관을 다니거나 조용하게 지내고 싶은 사람에게 아주 좋다. 앞에 공원이 있어서 늘 나무그늘이 있는 것도 좋다. 5성급

호텔 피어 야레스차이텐 켐핀스키
Hotel Vier Jahreszeiten Kempinski Munich

막시밀리안 슈트라세 한가운데에 당당하게 서 있는 건물이 호텔 피어 야레스차이텐(Vier Jahreszeiten)이다. '사계절'이라는 뜻인데, 이것 때문에 '포 시즌스'로 여기는 사람도 있지만, 호텔 체인인 포 시즌스와는 완전히 다른 체인이니 그렇게 말하면 큰 혼선이 생긴다. 길지만 원어로 얘기하는 것이 낫고, 아니면 켐핀스키 체인이니 켐핀스키라고 하는게 낫다. 1858년에 문을 열어 160년이 넘은 호텔인데, 위치가 아주 좋다. 특히 바이에른 국립극장과 가까워서 편리하다. 영국의 엘리자베스 여왕 등 명사들은 묵은 바 있다. 호텔의 식당 슈바르츠라이터(Schwarzreiter)는 프랑스식을 기반으로 한 현대식이다. 5성급

호텔 오페라
Hotel Opera

막시밀리안 슈트라세 뒤편에 있는 작은 호텔로서 가족이 경영하는 곳이다. 고풍스러운 건물로서 예스럽지만, 낡은 것이 싫은 사람에게는 권하고 싶지 않다. 4성급이라고 하지만 사실상 3성급이다. 바이에른 국립극장이나 샤크 미술관 쪽으로 다닐 사람에게는 위치가 괜찮다. 3성급

플라츨 부근

만다린 오리엔탈
Mandarin Oriental

번잡한 플라츨 지역 안에 숨어있는 고급 호텔이다. 1880년에 지어진 건물은 원래 오페라 극장으로 쓰던 곳인데, 개조하여 2000년에 호텔로 태어났다. 지하에는 오래된 플라츨 지역의 중세에 세워진 성벽을 보존하여 방문객이 볼 수 있도록 해 놓았다. 워낙 부지가 좁아서 일반 객실은 50개가 채 되지 않는다. 호텔 식당인 마츠히사(Matsuhisa)는 일식당인데, 가성비로는 거의 실망하게 될 것이다. 5성급

플라츨 호텔
Platzl Hotel

뮌헨의 유서 깊은 플라츨 지역 가운데에 위치한다. 역시 역사적 건물에 있는 호텔이다. 위치는 아주 좋지만 방은 구식이며 좀 낡았다. 문제는 하드락 카페가 호텔 건물 뒤편의 1층에 있어서 그곳과 인근의 호프브로이하우스 등에서 떠드는 취객들의 소리가 수면을 방해할 수 있다는 점이다. 4성급

호텔 안 데어 오퍼
Hotel an der Oper

이름처럼 오페라극장 바로 건너편에 있다는 것이 거짓말이 아니다. 플라츨의 좋은 위치에 있으며, 특히 조용한 것이 장점이다. 최근 수리를 했지만, 그래도 건물은 낡고 방들은 좀 좁다. 하지만 위치만 좋으면 된다는 사람이나 오페라를 보려는 사람에게는 최고다. 3성급

코르티나 호텔
Cortiina Hotel

플라츨의 아주 좋은 위치에 있는 상당히 좋은 호텔이다. 처음에는 부티크 호텔을 표방하고 문을 열어서 세련된 인테리어와 서비스를 자랑했는데, 이제 약간 낡긴 했다. 한 발만 나가면 주변에 좋은 식당과 맥줏집이 즐비한 곳이라, 그것마저도 이 호텔의 시설로 봐도 될 정도다. 하지만 방에 따라서는 시끄러울 수 있다. 4성급

호텔 암 마르크트
Hotel am Markt

저렴하고 귀여운 3성급 호텔을 찾는다면 1순위로 추천한다. 호텔 앞에 서서 바라만 보아도 호기심이 발동할 것이다. 외양부터가 과거로 돌아간 듯이 오래된 성에서 묵는 기분이

든다. 방은 아주 좁고 시설도 썩 좋지는 못하다. 하지만 오래된 가구와 창밖으로 펼쳐지는 뒷골목의 풍경은 무엇과도 바꿀 수 없다. 이름처럼 바로 앞이 시장이라서 번잡하고 늘 활기찬 동네다. 다만 아침부터 교회의 종소리와 영업을 준비하는 상인들의 소리가 잠을 깨울 것이니, 아침잠이 많은 사람은 고려해야 한다. 3성급

루이 호텔
Louis Hotel

성 페터 교회 뒤편, 빅투알렌 시장이 보이는 좋은 위치에 자리한 귀엽고 아름다운 호텔이다. 5성급으로 표기되어 있지만, 제반 시설로 보면 그것보다는 조금 소박하다. 다만 방은 작지만 잘 꾸며져 있고 인테리어 감각이 세련되었다. 높은 층의 방이라면 전망이 좋아서 기분 좋게 뮌헨의 아침을 시작할 수 있다. 4~5성급

호텔 슐리커 춤 골데넨 뢰벤
Hotel Schlicker Zum Goldenen Löwen

빅투알렌 시장의 남쪽에 있는 작은 호텔이다. 작지만 깨끗하고 편리하며, 방도 밝고 상쾌하다. 다만 바로 앞이 시장이고 주변이 맥줏집들이라서 편리하지만 늘 시끄럽다. 3성급

중앙역 부근

소피텔 바이에르포스트
Sofitel Hotel Munich Bayerpost

유럽의 많은 도시들이 그렇듯, 중앙역 앞에는 호텔은 많지만 쾌적한 호텔을 찾기는 어렵다. 뮌헨의 중앙역 부근도 마찬가지다. 그런데 그런 지역에 완전히 분위기를 바꾼 현대적인 고급 호텔에 생겼으니, 바로 소피텔이다. 거대한 우체국이었던 건물을 개조하여 초현대식 시설로 꾸며서 이런 이름이 붙었다. 창문을 열어보면 현대식 벽 안에 옛 우체국의 벽을 그대로 살려놓은 모습을 볼 수 있는데, 이것은 오래된 건물을 보존하는 최근 방식의 하나다. 로비는 아주 넓고 으리으리하다. 방들도 시설이 아주 좋다. 시설 측면에서는 지금 뮌헨에서 가장 좋고 최신식인 호텔일 것이다. 방이 400개에 달하는 대형 호텔이다. 5성급

르 메르디앙 호텔
Le Méridien Munich

역시 뮌헨 중앙역 옆에 최근에 새로 생긴 호텔이다. 완전히 현대식 인테리어로 쾌적한 분위기를 선사한다. 그러면서도 차갑지 않고 따뜻하여, 역과 큰 길을 곁에 두고도 방에 들

어서면 편안한 기분을 느낄 수 있다. 4성급

찰스 호텔
The Charles Hotel

중앙역에서 가깝지만 바로 앞은 아니고, 울창한 공원을 바라보며 있는 현대식 호텔이다. 방은 전반적으로 단순한 인테리어지만 무게가 있고 아주 넓다. 어떤 다른 호텔이나 상점들이나 식당들과도 가깝지 않은 게 최고의 단점인 동시에 장점이다. 하지만 구도심까지 충분히 걸어갈 수 있다. 반면 쿤스트아레알의 미술관들을 가기에는 상당히 가깝다는 장점도 있다. 5성급

호텔 엑셀시오르 바이 가이젤
Excelsior by Geisel

중앙역과 카를스 광장의 중간쯤에 위치하는 호텔이다. 내부가 완전히 개조되었지만 고풍스런 스타일을 그대로 살려서, 편리함과 안정감을 모두 추구하고 있다. 4성급

안나 호텔
Anna Hotel

카를스 광장에 면한 호텔이다. 재단장하면서 디자인 호텔의 요소를 많이 가미했다. 최신 디자인의 젊은 인테리어를 원하는 사람에게 적합하다. 4성급

영국 정원 동편 지역

힐튼 파크
Hilton Munich Park

영국 정원 바로 옆에 위치해서 공원을 즐길 수 있다. 하지만 영국 정원의 동편에 있기 때문에, 도심까지 오는 교통이 좋지 않다. 주변에 상가 같은 것도 없다. 걸어서 영국 정원을 가로지르거나 영국 정원이나 슈바빙 부근에 볼 일이 있다면 좋은 위치이지만, 시내로 오는 게 쉽지 않다는 것을 염두에 두어야 한다. 단체 관광객들이 많이 온다. 5성급

호텔 뮌헨 팰리스
Hotel München Palace

영국 정원 남단에서 이자르강을 건너면 바로 나타나는 호텔이다. 부근의 좋은 환경, 격조 있는 분위기, 세련된 디자인, 넓은 객실 등 모든 점에서 훌륭한 호텔이다. 다만 시내까지

의 접근성이 좋지 않다는 점이 문제다. 차량을 이용해야만 한다. 5성급

웨스틴 그랜드 호텔
The Westin Grand Munich

초대형 호텔이다. 유명 체인이지만 이름에 비해서는 시설이나 서비스가 좀 미치지 못한다. 시내까지 접근성이 매우 떨어진다. 단체 관광객용으로 선호된다. 5성급

쉐라톤 아라벨라파크 호텔
Sheraton Munich Arabellapark Hotel

웨스틴 그랜드 호텔보다도 더 외곽에 있지만, 객실은 좀 더 낫다. 역시 초대형 호텔로서, 단체 관광객이 많다. 시내까지 접근성이 나쁘기는 마찬가지다. 5성급

뮌헨 근교 도시의 호텔

퓌센

호텔 좀머
Hotel Sommer

포르겐 호숫가의 선착장 부근에 있어서 천혜의 위치에 있다. 노이슈반슈타인 성에 굳이 가지 않더라도, 퓌센의 매력을 만끽할 수 있는 호텔이다. 시설들은 현대적이며 디자인도 좋다. 주변이 좋아서 산책을 하거나 내다보기만 해도 기분전환이 되는 곳이다. 4성급

뤼베찰 호텔
Das Rübezahl

노이슈반슈타인 성을 비롯한 이 일대의 성들을 보기 위한 휴양 호텔 중의 대표 주자다. 규모는 크며, 내부는 편안하고 단정하다. 여름에는 수영장이, 겨울에는 사우나가 매력적이다. 주변의 경관은 아주 훌륭하지만, 때문에 퓌센 시내에서는 좀 떨어져 있다. 4성급

호텔 쾨니히 루드비히
Hotel König Ludwig

퓌센에 있는 호텔들 중에서 아주 좋은 편으로 관리가 잘 되어 있다. 방들도 예쁘고 수영장이 좋다. 호텔 주변의 경치도 훌륭하다. 4성급

호텔 가스트호프 암 제
Hotel Gasthof am See

이름 그대로 호숫가의 여관인데, 정말 그림 같은 호숫가에 있다. 소박하고 좁은 방이지만, 이런 곳에서는 이런 소박한 분위기도 좋지 않을까. 3성급

슈반가우

호텔 뮐러 호엔슈반가우
Hotel Müller Hohenschwangau

노이슈반슈타인 성에서 아주 가까운 호텔이다. 방이 특별하지는 않지만, 큰 불만은 없이 지낼 수 있다. 호텔 앞에서 노이슈반슈타인성까지 가는 버스나 마차를 탈 수 있다. 3성급

호텔 빌라 루드비히 호엔슈반가우
Hotel Villa Ludwig Hohenschwangau

작은 호텔이지만 예쁘게 꾸민 곳이다. 방은 좀 좁기는 하지만 나름대로 디자인 감각을 발휘하여 꾸몄다. 주변의 경관이 아주 좋다. 4성급

호텔 알펜슈투벤
Hotel Alpenstuben

노이슈반슈타인 성이 빤히 보이는 산 위에 있는 아주 작은 호텔이다. 방은 별 기대할 것이 없다. 식당을 같이 운영하는데, 주변에서 식사하러 일부러 오는 곳이다. 3성급

무르나우

호텔 알펜호프 무르나우
Hotel Alpenhof Murnau

뮌터하우스에서 멀지 않은 곳에 있다. 시골치고는 상당히 시설이 좋은 고급 호텔이다. 무르나우의 한적한 분위기에서 쉬고 싶어하는 사람들에게 인기가 높다. 호텔의 마당에는 무르나우에서 탄생한 청기사파를 기념하는 토니 크래그(Tony Cragg)의 조각「헬릭스(Helix)」가 놓여있다. 별명이 '청동 조랑말'이다. 4성급

그리스브로이 추 무르나우
Griesbräu zu Murnau

무르나우 시내에서는 가장 크고 괜찮은 숙소다. 방도 수리되었고 비교적 넓다. 이름처럼 양조장에서 운영하는 호텔이다. 지하에 가서 맥주 만드는 것을 볼 수도 있다. 4성급

아우크스부르크

슈타인버거 드라이 모렌 호텔
Steigenberger Drei Moren

이름의 유래를 본문에서 자세하게 설명했던 호텔이다. 아우크스부르크의 중요한 건물이자 역사적인 고급호텔로서 왕족과 명사들이 줄줄이 묵었던 곳이다. 지금은 개조되어서 방들은 현대적이다. 깨끗하고 세련되었지만, 고급 호텔임에 비하면 방이 좀 작은 것이 흠이다. 로비는 멋지고 1층에 있는 두 개의 식당은 아주 유명한 곳이며, 카페도 좋다. 시내 한복판의 막시밀리안 슈트라세에 있어서 위치도 좋다. 드라이 모렌이 이름이고, 슈타인버거는 독일의 유명 호텔 체인의 명칭이다. 5성급

시티 호텔 오스트 암 쾨
City Hotel Ost am Kö

중앙역과 구도심의 중간 정도에 위치한다. 겉으로는 작고 표정도 없는 건물이지만, 방은 그리 좁지도 않으며 인테리어도 나쁘진 않다. 3성급

돔 호텔
Dom Hotel

대성당 뒤편의 골목 안에 있는 호텔이다. 아주 조용한 곳에 숨어있어서, 만일 이 도시에 숨을 일이 있다면 최적의 장소가 아닐까. 대성당의 종소리가 들리며, 창문으로 보이는 성당과 동네의 뒷모습이 고즈넉하다. 3성급이지만 4성급에 견줄 만큼 괜찮고 방도 넓다. 다만 걸어서 시내를 돌아보기에는 좀 많이 걸어야 한다. 3성급

타궁스호텔 하우스 장크트 울리히
Tagungshotel Haus Sankt Ulrich

성 울리히 성당 뒤편에 있는 컨퍼런스 호텔이다. 원래 성당에서 만든 숙소에서 출발한 것이다. '타궁스'란 말은 컨퍼런스란 뜻으로, 말 그대로 큰 회의를 유치하기 위해서 세웠으며, 400명이 참석할 수 있는 대형회의장을 가지고 있다. 방들은 기숙사를 연상시키는 단

순한 형태지만 불편함은 없다. 3성급

레겐스부르크

호텔 골리아트 암 돔
Hotel Goliath Am Dom

슈타이네르네 다리에서 대성당으로 가는 중간에 있는 호텔이다. 아마 레겐스부르크의 구도심 내에서는 가장 큰 호텔일 것이다. 인테리어는 소박하지만 깨끗하다. 4성급

호텔 카이저호프 암 돔
Hotel Kaiserhof am Dom

황제가 묵었을 것 같지는 않지만, 그래도 깨끗하고 자는 데에 문제는 없다. 대성당뿐만 아니라 예쁜 가게들이 잔뜩 있는 중세 시가지의 한복판에 있다. 3성급

호텔 다비드
Hotel David

골리앗 호텔도 있으니 다윗 호텔도 있어야 할 것이다. 확실히 골리아트 호텔보다는 작지만, 완전히 수리가 되어서 신식 인테리어를 원하는 사람이라면 이쪽이 나을 것이다. 슈타이네르네 다리 부근에 있다. 4성급

파사우

알트슈타트 호텔
Altstadt Hotel Passau

파사우 구시가에 있는 호텔이다. 바로 앞에 흐르는 강이 보이는 입지가 아주 좋다. 낡은 호텔이지만 방이 비교적 넓고 깨끗하다. 4성급

호텔 빌더 만
Hotel Wilder Mann

아주 오래된 건물에 있는 작은 호텔이다. 방도 모두 낡았지만 관리는 깨끗하다. 침대며 가구가 오래된 것들이라서 불편할 수 있겠지만, 파사우의 구도심에서라면 이런 호텔에서 하룻밤을 보내는 것도 인상적인 경험이 될 것이다. 3~4성급

뮌헨의 카페 및 식당

막스 요제프 광장과 막시밀리안 슈트라세 주변

슈파텐하우스
Spatenhaus an der Oper

맥줏집 형태의 식당들 가운데에서는 뮌헨 시내에서 가장 평판이 높은 곳 중 하나다. 특히 바이에른 국립 오페라극장에서 공연이 끝난 후에 연주자와 관객들이 찾는 곳이다. 슈파텐브로이 맥주를 만드는 양조장에서 운영하는 곳으로서, 과연 맥주가 훌륭하다. 그러나 이 집의 강점은 음식이다. 거의 모든 바이에른 전통 요리들은 다 취급하는데, 대부분 어느 수준에 있다. 맥줏집 형태의 식당 중에서는 고급이고, 비싼 편이다. (42쪽)

춤 프란치스카너
Zum Franziskaner

슈파텐하우스와 함께 이 지역의 쌍두마차로서, 맥줏집 계통의 식당들 중에서는 가장 훌륭한 요리를 선보이는 곳이다. 프란치스카너는 뢰벤브로이 계열의 맥주이기 때문에, 프란치스카너와 뢰벤브로이의 두 가지 맥주를 다 맛볼 수 있다. 이곳의 요리는 고급 레스토랑에 못지않은데, 바이에른 전통요리는 거의 다 취급한다. 그중에서도 이 집의 명물은 슈판페르켈(Spanferkel)이다. 애저 즉 어린 돼지를 통째로 구운 요리다. (43쪽)

쿠플러
Kuffler

'캘리포니아 키친'이라고 표방하듯이, 독일 요리가 아니라 미국 스타일을 합친 것이다. 음식은 좋지만, 비스트로나 술집 같은 분위기가 싫으면 곤란하다. 오래된 고전적인 건물 속 현대적인 인테리어에서 식사하는 분위기가 독특하다. 가격은 높은 편이다.

브레너
Brenner Operngrill

바이에른 국립 오페라극장은 본관 뒤편에 현대식 건물을 새로 지어서 극장의 매표소와 사무실 등을 그리로 옮겼는데, 이 일대가 작지만 세련된 동네를 이루고 있다. 이곳의 중심이 되는 식당이 브레너다. 뛰어난 인테리어와 함께 창의적인 요리를 자랑하지만, 기존의 전통적인 메뉴도 잘한다. 일대에서 가장 뛰어난 식당 중의 하나로서, 음식의 수준은 아주 좋다. 겨울에 실내의 페치카 앞에서 식사를 하는 것도 운치 있고, 여름에 테라스에서 식사를 하는 경험은 신선하다. 젊고 세련된 직장인들이 항상 넘친다.

슈바르츠라이터
Schwarzreiter

막시밀리안 슈트라세의 대표적인 호텔인 야레스차이텐 호텔의 1층에 있는 식당이다. 뛰어난 음식과 세련된 분위기를 제공한다. 독일과 프랑스식을 합친 요리다.(58쪽)

토시, 키초
Toshi, Kicho

야레스차이텐 호텔의 오른편에 있는 골목에는 일본 식당들이 두어 개씩 들어서고 있다. 밥이나 국을 먹고 싶을 경우에 이용하면 좋다. 음식의 질은 너무 기대하지 말고, 밥만 먹어도 좋다는 기분이라면 이용해보기 바란다. 토시 및 키초 등이 있다.

스파이스 바자
The Spice Bazaar

독특한 개념의 식당으로, 좋은 재료를 사용하며 지중해풍이 가미된 동양식을 표방한다. 하지만 먹어보면 역시 독일식을 바탕으로 그리스, 중동, 아시아 등을 혼합한 스타일이다. 하지만 국적과 관계없이 대부분 맛있고 우리나라 사람의 입맛에도 맞을 것이다. 실내의 멋진 분위기가 주는 이점도 크다.

오데온 광장 부근

카페 탐보시
Café Tambosi

오데온 광장 동쪽의 바자르 건물에 있다. 240년 전에 문을 연 탐보시는 뮌헨의 현존하는 카페들 중에서 가장 오래되었다. 이탈리아풍의 오데온 광장에 어울리게 이탈리아 커피와 음식을 보급하기 위해서 만들어졌다. 더 이상 예전의 명성에는 미치지 못하지만, 간단한 요기를 하기에 괜찮다.(70쪽)

오스카 마리아 브라세리
Oskar Maria Brasserie

문학의 집(Literaturhaus) 1층에 있는 카페다. 작가들과 출판 관계자들이 좋아해서 문화적 향취가 넘치는 곳이다. 주변의 문화예술부 관리나 회사의 직원들도 식사를 위해서 즐

겨 찾는다. 샐러드 등 간단한 음식들이 다 질이 좋다.(72쪽)

카페 루이트폴트
Café Luitpold

뮌헨을 대표하는 최고의 카페다. 세련된 건물구조와 멋진 인테리어는 차치하고, 무엇보다 뮌헨에서 탄생한 '청기사파'가 자주 모였던 곳이다. 지금도 이 카페의 상징과 같은 붉은 의자와 테이블에 앉으면 역사 속으로 들어간 듯이 흥분된다. 카페지만 식사의 수준이 상당히 높다. 거의 모든 음식이 뛰어난데, 특히 독일 요리를 잘한다. 샌드위치나 샐러드도 좋고, 케이크와 아이스크림의 수준도 시내에서 거의 최고다.(72쪽)

코이
Koi

루이트폴트의 건너편인 비텔스바허 광장에 면한 일식당이다. 유럽에서는 일본 음식을 먹는 것이 나름대로 세련된 행위로 여겨지는데, 이곳의 현대적 인테리어나 그릇들이 그런 문화의 단면을 보여준다. 나름대로 독일식으로 변형된 일식을 제공한다. 우리가 보기에는 좀 어설프지만, 그들에게는 나름 인기가 높은 곳이다.

플라츨 부근

오를란도 하우스
Orlandohaus

플라츨의 맥줏집들 중에서 음식이 맛있다고 알려져 있는 집이다. 아름다운 건물은 1900년에 지어진 르네상스 양식으로 문화재로 등록돼 있다. 작곡가 오를란도 디 라쏘가 살았다는 장소다. 실내도 예쁘다. 식사를 하기에도, 맥주를 마시기에도 좋다. 낮에 뷔페를 열기도 하는데, 오를란도의 음식을 저렴하게 맛볼 수 있어 인기가 높다.(80쪽)

호프브로이하우스
Hofbräuhaus

뮌헨에서 가장 유명한 맥줏집 아니 세계에서 가장 유명한 맥줏집일 것이다. 유명한 맥주는 맑고 시원함이 독특하다. 아주 큰 곳이지만 음식도 나쁘지 않다. 저렴하면서도 비교적 일정 수준은 맞추고 있다. 사람들이 아주 많아서, 번잡한 게 싫다면 곤란하다. 물론 구석이나 안마당을 잘 찾아보면 비교적 호젓한 자리도 찾을 수는 있다. 2층에서는 악단이 연주를 하지만, 주로 단체 위주로 예약을 받는다.(81쪽)

아잉거스
Wirtshaus Ayingers

맥주로 유명한 호프브로이하우스와 요리로 유명한 오를란도하우스에 비해서 상대적으로 인지도는 낮지만, 유명한 곳 말고 조용한 곳을 찾는 사람에게는 아잉거스를 추천한다. 상당히 좋은 바이에른 음식을 제공해서 동네에서는 평판이 높다.(83쪽)

피스터뮐레
Pfistermühle

담쟁이덩굴이 오래된 건물 전체를 뒤덮은 모습이 아름답다. 내부의 테이블이나 세팅도 바깥만큼이나 예쁘다. 바이에른풍의 전통식당으로서, 음식도 상당히 좋다.(83쪽)

슈나이더 브로이하우스
Schneider Bräuhaus

바이세스 브로이하우스(Weisses Bräuhaus)라는 이름으로 유명했지만 현재의 이름으로 바뀌었다. 지금도 이전의 이름으로 알고 있는 사람들이 많다. 뮌헨의 여러 맥줏집 중 바이에른 요리를 가장 잘 하는 집으로 꼽힌다. 특히 학세가 유명하다. 흰 소시지 즉 바이스부르스트도 훌륭한데, 오전 11시 30분 이후에는 소시지 주문을 받지 않는다. 슈나이더 맥주 회사에서 직영하는데, 1번부터 11번 이상까지 단계별로 맛이 다른 맥주를 제공한다. 기본인 7번부터 시작하여 여러가지를 마셔보는 즐거움이 크다.(85쪽)

파울라너 임 탈
Paulaner im Tal

우리에게도 유명한 파울라너를 취급하는 맥줏집은 많지만, 이곳이 중심가에서 가장 가깝고 인기가 높다. 이곳은 맥주보다도 음식으로 더 유명하다. 학세나 바이스부르스트를 비롯한 바이에른 음식을 잘 한다.(86쪽)

비노 에 구스토
Vino e Gusto

플라츨에 있는 많은 식당들 가운데 숨어 있는 이탈리아 식당이다. 최고라고는 할 수 없지만, 괜찮은 이탈리아 음식을 제대로 맛볼 수 있다.

오스테리아 카츨마허
Osteria der Katzlmacher

오랫동안 현지인들의 사랑을 받아온 이탈리아 식당이다. 완전히 이탈리아에 온 듯한 기분이 들게 해주는데, 이는 쾌활하면서도 닳고 닳은 노련한 웨이터들 때문이다. 음식은 최고는 아니지만, 저녁 한 때를 웃으면서 신나게 즐길 수 있는 분위기다.

춤 알텐 마르크트
Zum Alten Markt

빅투알렌 시장에 있는 오래된 식당이다. 겉으로도 아주 예쁜, 잘 꾸며진 바이에른 전통 식당이다. 특히 전통적인 돼지고기 요리에 장기를 가지고 있는 곳으로, 정말 독일 사람처럼 오늘은 한번 많이 먹어봐야지 하는 기분이라면 추천한다.

마리엔 광장 부근

달마이어
Dallmayr

유명한 달마이어 식품점의 2층에 있는 최고급 레스토랑이다. 가격은 상당히 비싸지만, 최고의 재료를 사용한 격조 있는 요리로 유명하다. 특히 엄청난 와인 컬렉션은 최고의 재료와 함께 이 식당의 자존심이다. 중요한 자리나 의미 있는 저녁을 갖고자 한다면 만족할 것이다. 프랑스 요리를 기본으로 하는 창작 요리다. 저녁만 한다. (97쪽)

카페-비스트로 달마이어
Café-Bistro - Dallmayr

달마이어 식품점에 있는 캐주얼한 식당이다. 2층의 레스토랑이 부담스러운 사람들에게 인기가 좋다. 간단한 점심식사도 할 수 있다. 레스토랑에 비해 저렴해서 적은 부담으로 달마이어의 재료와 요리를 맛볼 수 있다. 점심때 혼자 식사하는 미식가들을 많이 볼 수 있다.

성모 교회 부근

아우구스티너 클로스터비르트
Augustiner Klosterwirt

프라우엔 광장 뒤편에 있는 넓고 쾌적한 식당이다. 유명한 양조장인 아우구스티너에서 운영하는 이곳은 오랜 역사와 맛있는 음식 그리고 운치 있고 친절한 분위기가 인상적이다. 성모 교회와 프라우엔 광장을 바라보면서 기분 좋게 식사할 수 있다. (106쪽)

춤 아우구스티너
Zum Augustiner

뮌헨의 대표적인 식당 중 하나다. 아우구스티너에서 운영한다. 아침부터 이 집의 유명한 뮌헨 소시지인 바이스부르스트를 먹기 위해서 단골들이 찾는다. 이것은 원칙적으로 오전까지만 판매한다. 또한 바이에른 음식은 거의 다 취급한다. 밖에서 잘 보면 건물이 두 개로 나뉘어져 있다. 같은 상호지만, 하나는 식당이고 하나는 맥줏집이다. 어느 쪽에서도 원하는 음식을 주문할 수 있으니 분위기가 마음에 드는 곳으로 가면 된다.(106쪽)

르 드
Les Deux

최근 뮌헨의 젊은 사람들에게 가장 뜨거운 식당 중 하나다. 두 명의 스타 셰프인 파브리스 키퍼와 요한 라펜글뤼크가 함께 세워서, 이렇게 '두 사람'이라는 상호를 붙였다. 쾌적하고 밝은 분위기 속에서 세련되고 모던한 프랑스 요리를 제공한다. 낮에는 밝은 분위기 속에서, 저녁에는 주변의 뒷골목 분위기가 전해지는 조명 속에서 식사를 한다. 아주 고급이다.

파주
Pageou

과거에 은행이었던 역사적인 거대한 건물 안에서 쾌적한 서빙을 제공한다. 땅과 바다에서 나는 가장 좋은 재료를 쓴다는 원칙하에서 포르투갈의 전통을 중심으로 하는 지중해식 요리를 내는데, 대단히 새롭고 좋은 경험을 할 수 있다. 뮌헨에서 손꼽히는 식당 중 하나다.

아틀리어
Atelier

말할 것도 없이 뮌헨 최고의 식당이다. 최근에 미슐랭 가이드의 별 셋을 비롯하여 거의 모든 식당 평가에서 최고점을 받았다. 얼마 전에 나온 호텔의 식당 뒷이야기를 그린 영화도 이 식당에서 촬영했다. 프랑스 요리를 바탕으로 앞서가는 그들만의 요리를 만든다는 자부심이 있는 곳이다. 더 이상 설명이 무의미하다. 물론 상당히 비싸다.(76쪽)

쿤스트아레알 부근

훈징거
Hunsinger

노이에 피나코테크 안에 있는 식당이다. 미술관 식당으로서는 좋은 요리를 제공하는 편이다. 인테리어는 구내식당 수준이지만, 음식은 괜찮다. 특히 생선 요리가 유명한 곳으로, 일부러 여기서 점심을 먹는 사람이 꽤 있다. 여름에는 아름다운 분수가 있는 작은 야외 정원에서도 식사할 수 있다.(123쪽)

일 보르고
Il Borgo

노이에 피나코테크 뒤편으로 좀 걸어가야 한다. 세련되고 현대적인 분위기속에서 훌륭한 재료로 된 이탈리아 음식을 맛볼 수 있다. 비교적 가격이 높은 고급 식당이다.

영국 정원과 슈바빙 부근

베엔엠 레스토랑
BNM Restaurant

바이에른 민족 박물관 안에 있는 식당이다. 하지만 그냥 박물관 구내식당 정도로 생각했다간 큰코다치는 곳이다. 정말 좋은 음식과 뛰어난 서빙을 자랑한다. 적지 않은 시민들은 일부러 이곳을 찾아서 점심을 먹으며, 박물관이 문을 닫은 저녁에는 분위기 있는 모임을 많이 갖기도 한다. 날씨가 좋다면 정원에서도 식사를 할 수 있다.(145쪽)

제로제
Birreria e Trattoria Seerose

전혜린이 자주 찾았다는 식당이지만, 지금은 완전히 바뀌어 이탈리아 식당이 되어 있다. 그래서 그냥 그녀를 추억하기 위해 온다면 말리지는 않겠다. 이탈리아 식당으로서 음식의 수준은 중상급 정도는 되는 곳이다. 독일인이 만드는 이탈리아 음식인데, 파스타보다는 샐러드나 고기 등을 잘한다. 테라스도 있어서 분위기가 좋다.(166쪽)

카페 콘테
Caffè Conte

슈바빙 지역에 숨어있는 작은 카페다. 특히 맛있는 이탈리아 커피로 시작한 카페답게 커피의 풍미가 좋은 집이다. 음식은 좀 약하지만, 간단히 요기하기에 괜찮다.

아쿠아렐로
Aquarello

슈바빙 지역에 넣었지만, 이자르강을 건너서 동편의 주택가 가운데에 있으므로 걸어가기는 힘들다. 하지만 택시를 이용해서라도 일부러 찾아갈 만한 식당이다. 잘생긴 이탈리아 셰프 마리오 감바가 만드는 요리는 고급이라기보다는 따뜻한 이탈리아 어촌의 음식 같은 기분을 안겨준다. 전체가 물색으로 이루어진 인테리어가 인상적이다.

뮌헨 근교 도시의 카페 및 식당

아우크스부르크

레스토랑 아우구스트
Restaurant August

미식계에 소문난 아우크스부르크의 전설적인 식당이다. 먼저 타의 추종을 불허하는 위치와 건물부터가 압도적이다. 역사적인 빌라 하크를 식당으로 사용하고 있다. 우아한 식탁과 세련된 분위기는 기분을 완전히 전환시켜 줄 것이다. 스타 셰프인 크리스티안 그룬발트가 프랑스 스타일을 바탕으로 내놓는 섬세한 요리가 훌륭하다. 일주일에 수~토 4일간 저녁 네 번만 한다.(239쪽)

디 에케
Die Ecke

아우크스부르크 시청 뒤에 있는 좋은 식당이다. 예쁘고 세련된 테이블에서 접하는 요리는 얼핏 낯설지만 맛은 익숙하고 편안하다. 바이에른 요리를 바탕으로 하여 프랑스 요리의 요소를 가미한 것이다.

뮐레
Mühle

레히(Lech) 운하 옆에 있는 작은 카페다. 운하를 바라보며 쉬기에 좋다.(219쪽)

콘디토라이 에우린거
Conditorei Euringer

동네에 숨어있는 과자집이다. 그러나 과자도 커피도 맛있고, 심지어 친절하다. 지나가다가 잠시 쉬면서 요기를 하기에 좋은 곳이다.(220쪽)

타펠데커 인 데어 푸거라이
Die Tafeldecker in der Fuggerei

푸거라이 입구에 있는 식당이다. 빈민 거주지에 있다고 해서 꺼려할 필요 없다. 망설이지 말고 들어가도 된다. 권위 있는 식당 가이드에도 나오는 좋은 식당이다. 역사적인 건물에서 식사한다는 장점이 크다.(223쪽)

사르토리, 막시밀리안스
Sartory, Maximilian's

드라이 모렌 호텔에 있는 두 개의 식당들이다. 사트로리는 호텔의 메인 레스토랑으로서, 프랑스 요리를 기반으로 우아하고 격조 있는 요리를 낸다. 막시밀리안스는 비스트로로서 보다 편안하고 캐주얼한 식당이다. 독일 요리도 하고 샌드위치나 샐러드만 먹어도 된다. 음식의 질은 상당히 괜찮다.(236쪽)

알 테아트로
Al Teatro Ristorante Augsburg

편안한 분위기를 지닌 이탈리아 식당이다. 리스토란테라고 하지만, 실은 피자도 되는 등 피체리아 같이 편안한 곳이다. 음식이 맛있다.

안티코 두오모
Ristorante Antico Duomo

비교적 음식도 좋고 이탈리아식 인테리어도 분위기가 있다. 이탈리아 리스토란테지만 피자 등의 대중적인 메뉴들도 다룬다. 두오모 주변에서 가장 괜찮은 식당이다.

무르나우

아우스차이트
Auszeit

옆에 넓은 공원이 있어 입지가 좋다. 독일 음식을 하는 곳으로 음식은 좋은 편이다. 테라스도 있고 슈파텐 맥주도 마실 수 있다.

일 두에토
Il Duetto

이 부근은 이탈리아가 가까워서 이탈리아 식당이 많다. 소박하나 간단히 먹을 만하다.

레겐스부르크

히스토리쉐 부르스트쿠흘
Historishe Wurstkuchl

슈타이네르네 다리를 건설할 때에 현장사무소로 쓰였던 건물이 식당이 되었다. 850년째 소시지를 굽고 있어서 "독일 전체에서 가장 오래된 소시지 식당"으로 소개된다. 슈타이네르네 다리와 도나우강을 바라보면서 소시지를 먹을 수 있다. 확실히 소시지는 명성만큼이나 맛있는데, 원하는 개수대로 주문할 수 있다. 여러 전통 음식도 있다.(286쪽)

레러 보이텔
Leerer Beutel

레겐스부르크 구도심의 한가운데에 있는 전통식당이다. 이 지방의 음식을 내는데, 상당히 맛있다. 요리뿐만 아니라 인근에서 가져온 치즈나 빵, 채소 등도 모두 질이 좋다.

담프누델 울리
Dampfnudel Uli

작은 카페 겸 식당이다. 담프누델이라는 케이크 때문에 유명해졌다. 보통 담프누델은 얼핏 찐빵처럼 부풀어 오른 모양인데, 이 집의 것은 케이크 모양에 가깝다.(290쪽)

파사우

알테스 브로이하우스
Altes Bräuhaus

강이 내려다보이는 좋은 위치에 있는 전통식당이다. 지역 전통 요리를 내놓는다.

하일리크 가이스트 슈티프트쉔케
Heilig-Geist-Stiftschenke und Stiftskeller

파사우의 전통적인 음식을 하는 식당이다. 테라스도 있고, 분위기도 좋다.

오버하우스
Das Oberhaus

페스테 오버하우스 요새의 언덕 위에 좋은 식당이 있다. 주변의 풍경을 바라보면서 식사를 할 수 있는데, 특히 해질 무렵에 방문하면 최고의 분위기를 만날 수 있다.(301쪽)

가는 방법

뮌헨
München

항공 뮌헨으로 가는 인천-뮌헨 직항은 루프트한자가 일주일에 5회 운항하고 있다. 유럽의 다른 허브 공항을 경유해서 가도 된다. 프랑크푸르트를 경유해서 가는 것이 가장 편수가 많고, 그 외 대부분의 유럽 도시에서 가능하다.
뮌헨공항 홈페이지 www.munich-airport.com

열차 뮌헨은 지리적으로 중부 유럽의 한가운데에 있고, 철도가 잘 발달해 있다. 독일 내에서 뿐만 아니라, 이탈리아, 오스트리아, 동유럽 등에서 기차로 가기가 편리한 곳이다.
프랑크푸르트 : 3시간 15분 소요
베를린 : 4시간 30분~5시간 소요
잘츠부르크 : 1시간 30분~50분 소요
부다페스트 : 6시간 30분가량 소요(야간열차는 9시간가량 소요)
프라하 : 5시간 45분가량 소요
베로나 : 5시간 25분 소요
밀라노 : (직행은 야간열차만 가능하다.)15시간가량 소요.
독일 철도 www.bahn.com
유레일 열차시각표 www.eurail.com/en/plan-your-trip/eurail-timetable

뮌헨 공항에서 시내로 들어가기
지하철 S-Bahn : 공항에서 S1과 S8노선이 10분 간격으로 운행한다. 중앙역, 카를스플라츠, 마리엔플라츠 역까지 40분에서 45분 소요. 가족티켓이나 그룹티켓 등 효율적인 티켓이 많으므로, 2명 이상일 경우는 이용하면 좋다.

버스 루프트한자에서 운행하는 리무진 버스가 15분 간격으로 공항에서 뮌헨 중앙역까지 운행한다. 요금은 성인 11유로, 인터넷으로 예매시 10.5 유로.
공항 출발 첫차 : 6:30, 막차 : 22:30 (2터미널 기준)

택시 시내 중심부까지 약 40킬로미터 거리다. 대략 30~40분 소요된다.

뮌헨 대중교통 홈페이지 www.mvg.de

그레펠핑 묘지

뮌헨 시내에서 S-Bahn 투칭(Tutzing)행 S6를 타고 그레펠핑(Gräfelfing)역에서 하차. 발트프리트호프(Waldfriedhof, Wendeschleife)행 268번 버스로 환승 후, 노이어 프리트호프(Neuer Friedhof) 정류장에서 하차.
또는 U-Bahn인 U6 클리니쿰 그로스하데른(Klinikum Großhadern)행을 타고 그로스하데른(Großhadern)역에서 하차 후, 파싱(Pasing Bf.)행 160번 버스로 환승. 노이어 프리트호프(Neuer Friedhof) 정류장 하차. 30분~40분 소요.
이미륵 묘소번호는 145-147번이다.

주소 Großhaderner Straße 2, 82166 Gräfelfing

님펜부르크 성
Schloss Nymphenburg

뮌헨 중앙역 북측 출구로 나가서, 아말리엔부르크 슈트라세(Amalienburgstrasse)행 17번 트람을 타고 님펜부르크까지 갈 수 있다. 슐로스 님펜부르크(Schloss Nymphenburg) 정류장까지는 15분가량 소요. 하차 후, 10여분 도보로 이동.

개관 4월~10월 15일 : 매일 09:00~18:00
  10월 16일~3월 : 매일 10:00~16:00
  교회와 정원은 4월~10월 15일만 개관(09:00~16:00)
휴관 1월 1일, 참회의 화요일, 12월 24일, 12월 25일, 12월 31일
주소 Schloss Nymphenburg 1, 80638 München
홈페이지 www.schloss-nymphenburg.de

다하우 수용소
KZ Gedenkstätte Dachau

뮌헨 시내에서 알토뮌스터(Altomünster)/피터스하우센(Petershausen)행 S-Bahn인 S2를 타고 다하우(Dachau)역 하차(25분 정도 소요), 726번 사우바흐시드룽(Saubachsiedlung)행 버스로 환승. 카제트 게덴크슈테트(KZ-Gedenkstätte) 정류장 하차. 도보로 3분 정도 소요.

개관 매일 09:00~17:00 | 기록보관소 및 도서관은 화요일부터 금요일까지 09:00~17:00
휴관 12월 24일
주소 Alte Römerstraße 75, D - 85221 Dachau
홈페이지 www.kz-gedenkstaette-dachau.de

아우크스부르크
Augsburg

열차 뮌헨 중앙역에서 급행 이체(ICE)와 지역선이 매시간 3편에서 4편씩 배치된다. 소요 시간은 30분~50분. 아우크스부르크 중앙역에서 시청광장까지는 도보로 15분.

퓌센 및 슈반가우
Füssen, Schwangau

열차 뮌헨 중앙역에서 퓌센행이 매시간 한 대가 있으나, 직행은 2시간 간격으로 있다. 홀수 시간대는 직행, 짝수 시간대는 부흐로에(Buchloe)역에서 환승해야 한다. 2시간 정도 소요. 거꾸로 퓌센에서 뮌헨으로 돌아올 때는 짝수 시간대가 직행, 홀수 시간대가 환승이다.
노이슈반슈타인 성과 호엔슈반가우 성은 역 앞에서 73번과 78번 버스로 이동(5분 소요). 버스에서 하차, 티켓센터 방향으로 가면 마차와 버스정류소가 있다.
슈반가우를 갈 때도 같은 73번과 78번 버스로 갈 수 있다. 나머지는 동일하다.

노이슈반슈타인 성
Schloss Neuschwanstein

버스 퓌센에서 버스를 타면, 성이 아닌 마리엔 다리(Marienbrücke)에 정차한다. 노이슈반슈타인 성 전체를 감상하려면 마리엔 다리로 가야한다. 성까지는 도보로 15분 가량 소요. 요금은 상행 2.5유로, 하행 1.5유로, 왕복 3유로.
마차 20분 소요. 내려서 성까지는 도보로 10여 분. 상행 7유로, 하행 3.5유로
도보 성까지 1.5킬로미터. 30분~40분 소요.
개관 4월~10월 15일 : 09:00~18:00 | 10월 16일~3월 : 10:00~16:00
휴관 1월 1일, 12월 24일, 12월 25일, 12월 31일

호엔슈반가우 성
Schloss Hohenschwangau

마차 퓌센에서 마차를 타면 10분 소요. 상행 4.5유로, 하행 2유로. 겨울에는 운행하지 않는다.
도보 20분~30분 소요.
노이슈반슈타인 성을 포함해 두 성의 티켓은 인터넷 예매 혹은 티켓센터에서 구매해야 한다. 입장료 각 13유로, 두 성의 콤비티켓 25유로. 입장은 가이드투어만 가능하다. 투어 시간 30분~35분.

개관 여름 09:00~18:00 | 겨울 10:00~16:00
휴관 1월 1일, 12월 24일
홈페이지 www.hohenschwangau.de

무르나우
Murnau

열차 뮌헨 중앙역에서 한 시간당 한 대 운행, 소요 시간 55분. 역에서 뮌터하우스까지는 도보로 15분.

레겐스부르크
Regensburg

열차 뮌헨 중앙역에서 한 시간당 한 대꼴로 직행이 있다. 소요 시간은 1시간20분~30분. 레겐스부르크 중앙역에서 대성당까지는 도보로 10분, 슈타이네르네 다리까지는 도보로 15분.
중앙역 앞에서 A번 버스로 구 시청사까지 갈 수 있다. 1번, 2번, 11번 버스로는 다리까지 갈 수 있다.

파사우
Passau

열차 뮌헨 중앙역에서 한 시간당 한 대꼴로 직행이 있고, 소요 시간은 2시간 15분이다. 레겐스부르크 중앙역에서는 두 시간 간격으로 직행이 있다. 소요 시간은 1시간.
파사우 중앙역에서 성 슈테판 대성당까지는 도보로 15분 정도 소요. 페스테 오버하우스까지는 산길이라 40여 분 소요.

뮌헨 추천 투어 코스

레지덴츠 궁전 주변 – 반나절 투어   제1코스

막스 요제프 광장 → 바이에른 국립 오페라극장 → 슈파텐하우스 → 춤 프란치스카너 → 레지덴츠 궁전 → 레지덴츠 박물관(초상화 갤러리 → 안티콰리움 → 보물관 → 동전 박물관) → 쿠빌리에 극장 → 헤르쿨레스잘 → 오데온 광장으로 이어짐

오데온 광장 방면 – 한나절 투어   제2코스

오데온 광장 → 펠트헤른할레 → 드뤼케버거 가세 → 테아티너 교회 → 카페 탐보시 → 비텔스바허 광장 → 카페 루이트폴트 → 문학의 집 → 오스카 마리아 브라세리 → 프로메다 광장 → 호텔 바이에리셔 호프 → 성모 교회 → 마리엔 광장으로 이어짐

막시밀리안 슈트라세 방면 – 반나절 투어   제3코스

막스 요제프 광장 → 막시밀리안 슈트라세 → 캄머슈필 극장 → 호텔 피어 야레스차이텐 켐핀스키 → 5대륙 박물관 → 막시밀리아네움 → 가슈타이크 → 이후 플라츨 방면 투어로 이어질 수 있음

플라츨 방면 – 반나절 투어 　　　　　　　　　　　　　　　　　　　제4코스

막시밀리안 슈트라세 → 암 코스토어 → 오를란도하우스 → 플라츨 → 호프브로이하우스 → 아잉거스 → 피스터뮐레 → 마술피리 → 탈 거리 → 슈나이더 브로이하우스 → 이자르 문(발렌틴 카를슈타트 박물관) → (독일 박물관 → 가슈타이크로 이어짐)

마리엔 광장 주변 – 반나절 투어 　　　　　　　　　　　　　　　　　제5코스

마리엔 광장 → 신 시청사 → 구 시청사 → 루드비히 벡 → 달마이어 → 후겐두벨 → 성 페터 교회 → 빅투알리엔 시장 → 카우핑거 슈트라세 → 성모 교회 → 프라우엔 광장 → 아우구스티너 클로스터비르트 → 노이하우저 슈트라세 → 춤 아우구스티너 → 카를스 문

쿤스트아레알 방면 – 한나절 미술관 투어 　　　　　　　　　　　제6코스

쾨니히 광장 → 프로필레엔 → 글립토테크 → 플라츨 → 슈타틀리헤 안티켄잠룽엔 → 알테 피나코테크 → 노이에 피나코테크 → 피나코테크 데어 모데르네 (현대미술관 → 신 미술관 → 건축 박물관 → 그래픽 미술관) → 터키 문 → 발라베니 아이스크림 → 브란트호르스트 미술관 → (이집트 미술관 → 렌바흐 하우스)

슈바빙 주변 - 반나절 투어   제7코스

오데온 광장 → 루드비히 슈트라세 → 바이에른 주립도서관 → 게슈비스터 숄 광장 → 뮌헨 대학교 → 지게스 문 → 레오폴트 슈트라세 → 뮌헨 미술원 → 워킹 맨 → 제로제 → 영국 정원으로 이어짐

영국 정원 남쪽과 영국 정원 - 반나절 투어   제8코스

샤크 미술관 → 바이에른 민족 박물관(베엔엠 레스토랑) → 하우스 데어 쿤스트(골데네 바) → 영국 정원 → 제로제 → 슈바빙으로 이어짐

뮌헨 주변 도시 추천 투어 코스

아우크스부르크 시내 - 한나절 투어 _{아우크스부르크 투어}

아우크스부르크 중앙역 → 반호프 슈트라세 → 라트하우스플라츠(시청 광장) → 시청 → 페를라흐 탑 → 야코버 슈트라세 → 밀레 → 콜로니알 → 브레히트 하우스 → 콘디토라이 에우링거 → 푸거라이 → 타펠데커 인 데어 푸거라이 → 카롤리넨 슈트라세 → 푸스테트 서점 → 대성당 → 모차르트하우스 → 카롤리넨 슈트라세 → 시청 광장 → 막시밀리안 슈트라세 → 모리츠 광장 → 푸거 하우스 → 드라이 모렌 호텔 → 셰츨러 궁전 → 성 울리히와 아프라 교회
(글라스팔라스트는 따로 시간을 내야 하며, 차량을 권유함)

레겐스부르크 시내 - 반나절 투어 _{레겐스부르크 투어}

레겐스부르크 중앙역 → 막시밀리안 슈트라세 → 돔 광장 → 대성당 → 아들러 약국 → 담프누델 울리 → 구 시청사 → 히스토리쉐 부르스트쿠흐 → 다리 박물관 → 슈타이네르네 다리 → 도나우강 건너갔다가 같은 길로 돌아옴 → 투른 운트 탁시스 성 → 중앙역
(왕의 빌라는 도나우 강변을 따라 동쪽으로 가야 함. 발할라와 해방의 전당은 차량 이용)

파사우 시내 - 한나절 투어 _{파사우 투어}

파사우 중앙역 → 루드비히 광장 → 성 슈테판 대성당 → 파사우 현대미술관 → 어린이 놀이 광장(킨더슈필플라츠) → 세 강 합류점 → 루이트폴트 섭정공 다리 → 루드비히스타이크를 따라 산으로 → 페스테 오버하우스

풍월당 문화 예술 여행 03
뮌헨

초판 1쇄 펴냄　2019년 3월 14일
초판 2쇄 펴냄　2021년 5월 20일

지은이　　　박종호
책임편집　　최원호
디자인　　　허성준

펴낸곳　　　풍월당
　　　　　　06018 서울시 강남구 도산대로 53길 39, 4층
　　　　　　전화 02-512-1466　팩스 02-540-2208
　　　　　　www.pungwoldang.kr
출판등록일　2017년 2월 28일
등록번호　　제2017-000089호

ISBN 979-11-89346-03-4 14980
ISBN 979-11-960522-4-9 14980 (세트)

이 책의 판권은 지은이와 출판사에 있습니다.
이 책 내용의 일부 또는 전부를 재사용하려면 반드시 양측의 동의를 얻어야 합니다.

이 책은 아리따 글꼴을 사용하여 디자인 되었습니다.